서울역사강좌 16

청와대,
파란 기와집 역사 이야기

서울역사강좌 16

청와대, 파란 기와집 역사 이야기

발행인 서울역사편찬원장 이상배

발행처 서울역사편찬원(history.seoul.go.kr)
서울특별시 송파구 올림픽로 424(방이동)
02-413-9511

기획·편집 박명호(시사편찬과장), 손용석

발행일 2023. 8. 25.

판매가 10,000원

디자인·인쇄 학고방(02-353-9908)
사진촬영 스튜디오6095

발간등록번호 51-6113542-000092-01

ISBN 979-11-6071-164-6
978-89-94033-95-2(세트)

서울역사강좌 16

청와대,

파란 기와집 역사 이야기

서울역사편찬원

영빈관
대정원
정문
소정원
여민관

청와대배치도

발간사

서울역사편찬원은 서울 시민에게 서울의 역사적 사실과 그 가치를 전하기 위해 2004년부터 서울역사강좌를 개설했습니다. 2016년부터는 서울역사강좌의 내용을 책으로 발간하여 더욱 많은 시민들이 강좌의 내용을 접할 수 있도록 노력하고 있습니다.

이번 서울역사강좌 제16권의 주제는 청와대입니다. 청와대가 일반에 전면 개방된 지 벌써 1년이 지났습니다. 지난 1년 동안 300만 명이 넘는 방문객이 청와대를 찾으면서, 이곳은 화제의 중심에 올랐습니다. 하지만 전면 개방 이전부터, 청와대는 항상 사람들의 관심과 이목이 집중된 대한민국과 서울의 중심지로 기능해왔습니다.

서울의 백악 자락에 펼쳐진 청와대 일대는 어떻게 국가의 중심 공간으로 자리 잡았을까요? 열여섯 번째 서울역사강좌 '청와대, 파란 기와집 역사 이야기'에서는 청와대에 얽힌 역사의 켜를 하나씩 밝히면서 이 장소의 본질과 변화의 계기를 전해드리려 합니다.

1104년 고려 남경의 궁궐이 지금의 경복궁 북쪽 일원과 청와대 일대에 자리하면서부터, 청와대 일대는 우리 역사의 무대에 본격적으로 등장하게 됩니다.

이후 조선은 새로운 왕조의 수도로 한양을 결정하고, 백악을 주산으로 궁궐터 등을 정하여 수도의 기틀을 다졌습니다. 지금의 청와대 권역에는 왕과 공신이 서로 간의 신뢰를 돈독히 하기 위하여 회맹단을 쌓는 등 궁궐의 배후 공간으로 기능했습니다.

고종 연간에는 임진왜란 이후 폐허가 된 경복궁 중건이 이루어지면서 청와대 일대는

경복궁의 후원 영역에 편입되어 국가 행사가 열리는 통치 공간이자 국왕의 휴식 공간으로 조성되기에 이릅니다.

일제강점기인 1939년에는 경복궁 후원에 조선 총독의 관저가 들어서면서 가슴 아픈 역사의 현장이 되기도 했으나, 광복 이후에도 계속해서 대통령의 집무실 겸 관저로 사용됐습니다. 1961년 당시 윤보선 대통령이 대통령 관저 명칭을 경무대에서 청와대로 바꾸었고, 이후 대한민국의 행정과 정치의 중심 공간으로 기능했습니다.

이번 서울역사강좌 제16권은 청와대가 우리 역사의 전면에 등장한 후 오랜 세월에 걸쳐 쌓아 온 역사를 되돌아보는 동시에, 청와대의 문화유산과 대한민국 정부 수립 이후 통치과정에서 만든 각종 시설의 연혁도 함께 살펴보는 기회입니다. 모두 알고 싶어 했지만, 누구도 몰랐던 공간, 청와대. 이 책을 통해 청와대의 역사와 그 의미에 대해 다시 한번 고찰해보시기 바랍니다.

청와대의 역사를 알리기 위해 소중한 글을 기고하고 같은 주제로 시민강좌를 맡아주신 선생님들께 감사드립니다. 이번 책을 발간하기 위해 힘써주신 여러분의 노력이 독자 여러분에게 알차게 전해지길 바랍니다. 감사합니다.

2023. 8.

서울역사편찬원장 이상배

목차

天下第一福地

제1강

청와대의 역사적 입지 조건은 어떠했나

고려시대 처음으로 건립된 궁궐

한양은 풍수지리상 최고의 명당

서울의 주산, 백악

천하제일복지天下第一福地 청와대

제1강

청와대의 역사적 입지 조건은 어떠했나

김윤정 서울역사편찬원 전임연구원

고려시대 처음으로 건립된 궁궐

서울시 종로구 청와대로1, 지번으로는 세종로 1번지, 바로 한국의 '정치 1번지'인 청와대의 주소이다. 백악(북악) 아래에 위치한 청와대는 오랜 기간 일반 사람들의 출입이 제한된 '금단의 공간'이었으나, 2022년 5월에 전면 개방을 통해 '국민의 공간'이 되었다. 오늘날 서울 지역은 초기 백제의 중심지로 한반도의 중앙에 위치하고 있었을 뿐만 아니라, 외국과의 교역로 확보라는 입지적 조건 때문에 삼국의 각축장이 되었다. 555년 10월 신라 진흥왕은 한강 하류 지역까지 영토를 확장하고 북한산에 직접 순행하여 진흥왕 순수비를 건립하였다. 이는 서울 지역을 신라의 영역으로 편입시키는 사업을 완수하고 통일의 기반을 마련했다는 것을 선포할 만큼 서울이 가진 지정학적 위치를 보여주는 것이었다. 이후 이 지역은 고려시대에 양주楊州라고 불렸는데, 983년(성종 2) 전국의 지방제도를 정비하며 주요 지역에 12목을 설치하는 과정에서 서울 지역은 그 가운데 하나인 양주목이 되었다.

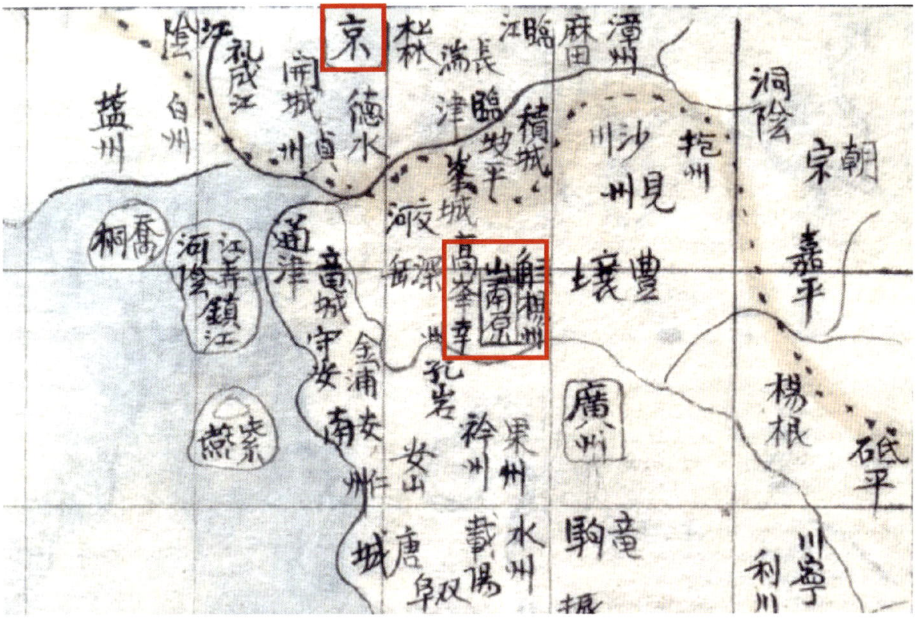

《청구도》 〈고려오도양계주현총도〉의 개경과 남경

이렇듯 역사 속에서 서울의 위치가 지닌 중요성이 컸음에도, 오늘날 청와대가 위치한 백악 일대가 주목받은 것은 고려시대 현종 즉위 이후부터라고 할 수 있다. 대량원군 시절 천추태후에 의하여 강제로 머리가 깎인 그는 삼각산 신혈사에 유폐되었다. 그 후에도 수차례 살해의 위협에 시달린 끝에 왕위에 올랐다. 따라서 현종의 자손들은 현종의 흔적이 남겨진 삼각산 지역에 자주 행차하며 그를 기렸다. 《고려사》에 따르면 현종의 아들인 정종과 문종은 물론이고 손자인 선종과 숙종 등 그의 후손들은 삼각산과 그 일대의 사찰들에 빈번히 방문하였다.

이 일대가 본격적으로 국가적 위상을 지니게 된 것은 '남경南京'이 되면서부터이다. 1067년(문종 21)에 양주가 남경으로 승격되고, 이듬해 이곳에 새 궁궐을 조성하였다. 궁궐이 완공되었는지 남경이 어떠한 모습으로 경영되었는지 구체적인 기록은 남아있지 않아 그 실상은 알 수 없으나, 문종대 남경 설치는 고려가 건국된 지 약 100여 년이 된 시점에 국정을 쇄신하기 위한 일련의 조치로 이루어진 것이었다. 문종은 안으로는 유교식 관료제도를 정비하고 밖으로는 외국[송]과의 문물교류에 힘쓰는 등 국왕의 위상을 강화하고 고려의 문물을 정비하는 데 힘쓴 인물로, 그가 새로운 지지 세력을 확보하기 위한 지역으로 남경에 주목했던 것이다.

곧이어 숙종대에는 남경 천도가 추진되며, 실질적인 도시 건설이 이루어졌다. 1096년(숙종 1) 위위승동정衛尉丞同正 김위제金謂磾가 《도선기道詵記》와 《삼각산명당기三角山明堂記》 등을 근거로 삼각산의 남쪽에서 목멱산의 북쪽에 이르는 평지에 도성을 건립하면 천하가 따를 것이라고 주장하며 남경 천도를 건의하였다. 이후 1099년(숙종 4) 숙종은 신료들과 남경 건립에 대하여 논의하는 한편 직접 도성 예정지를 방문하여 둘러보았다. 곧이어 남경개창도감을 세워 남경 건설에 착수하여 1104년(숙종 9) 남경 궁궐이 완성되었다. 이에 숙종은 남경에 행차하여 약 2달에 걸쳐 유람하고, 연회와 불교 도량, 기우제 등을 올리는 행사를 개최했다.

숙종대 완공된 남경 궁궐이 바로 경복궁 북쪽의 후원에서 청와대 일대에 걸친 지역에 위치했던 것으로 여겨진다. 일찍이 경복궁 흥복전지 발굴조사 과정에서 하층의 고려시대 배수로에서 일휘문 와당과 '官' 혹은 '宮'으로 추정되는 명문 기와가 출토되어 그 가능성이 제기된 바 있다. 더욱이 2023년 1월 문화재청의 발표에 따르면 청와대 경내에 대한 지표조사를 진행한 결과 궁장宮牆과 침류각 주변, 칠궁 북쪽 등에서 고려시대 것으로 추정되는 기와들이 발굴되기도 하였다.

한편 1394년(조선 태조 3) 조선의 새로운 도읍을 한양에 건설할 때 고려 숙종 때에 경영했던 남경 궁궐터가 좁아서 그 남쪽에 궁궐터를 정했다는 《태조실록》의 기사가 있어, 남경 궁궐의 위치가 경복궁보다 북쪽인 백악에 가까운 곳에 있었음을 짐작케 한다. 김정호 역시 《대동지지大東地志》에서 백악의 남쪽에 위치한 경복궁 일대를 고려 숙종이 경영한 남경 궁궐의 정전인 연흥전延興殿의 자리로 비정하였다. 고려

흥복전지 내 고려시대 유구 출토 명문 기와(좌)와 청와대 내 출토 기와편(우)

개경의 궁궐 만월대의 경우에 상대고도가 높은 구릉상의 대지 위에 계단상의 건물을 조성하였다는 점을 고려한다면, 약간의 경사가 있는 이 지대에 남경 궁궐이 조성된 것 역시 낯선 것은 아니었을 것이다. 비록 그 규모가 개성의 궁궐에는 비교할 바 못 되지만, 남쪽의 남명문南明門과 북쪽의 북녕문北寧門을 두고 연흥전을 중심으로 천수전天授殿 등의 건물을 배치하여 궁궐로서의 면모를 갖추고 있었다.

남경 천도는 여진 정벌의 실패 및 전쟁, 궁궐 중건에 따른 과중한 부담으로 더이상 진전되지 못하고 숙종이 사망하면서 일단락되었다. 하지만 문종~숙종대에 걸친 '남경의 등장'은 이곳이 지닌 입지적 조건을 환기시키는 계기가 되었다. 남경은 북쪽과 동쪽, 남쪽이 산악으로 둘러싸인 분지이자 비옥한 충적 평야 지대로 농사에 적합하다. 동시에 서쪽이 바다와 면하고 있어 중국과의 교섭과 세곡의 수송 역시 용이하다. 고려 속악俗樂 〈양주〉는 북으로는 삼각산에 기대고 남으로는 한강에 닿은 이곳이야말로 '토지가 평탄하고 넓으며 물자가 풍부하고 인구가 많아 번창하고 화려함이 다른 주州에 비길 바가 아니다.'라고 그 특징을 노래할 정도였다. 그렇기에 서경西京, 동경東京이

구릉에 위치한 개성의 고려 궁궐 만월대

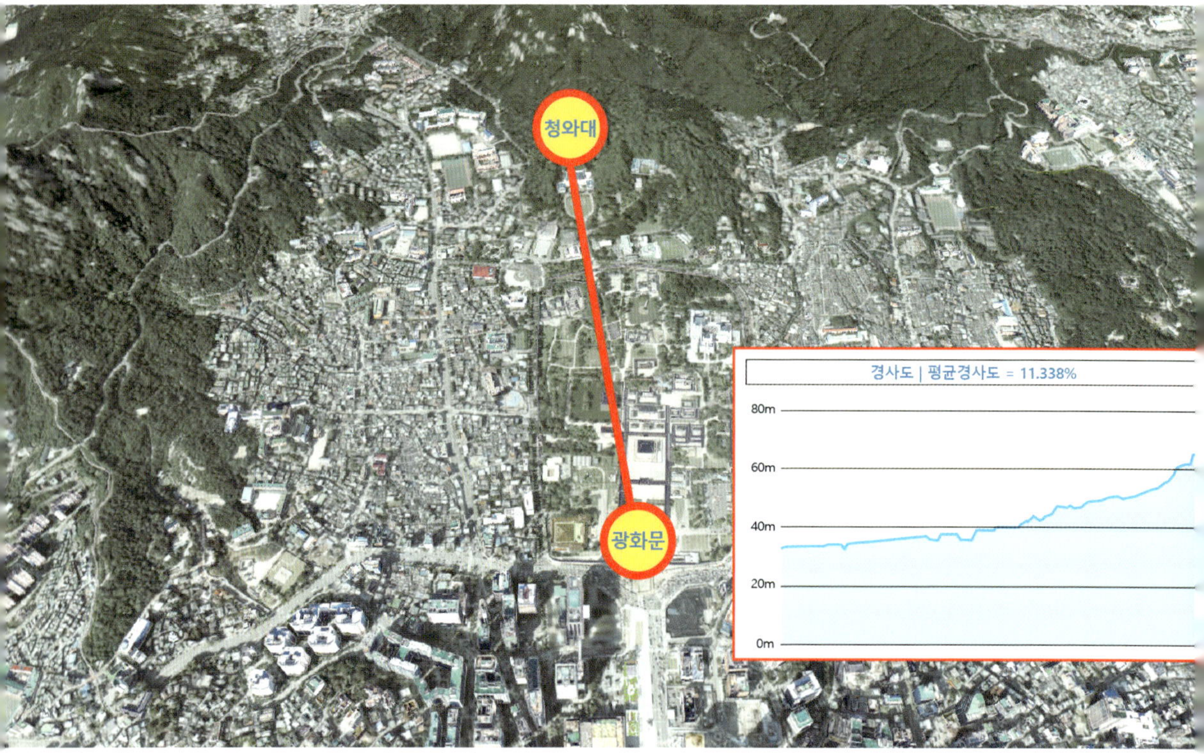

광화문부터 청와대까지의 경사단면도

각각 고구려와 신라의 옛 도읍이었다는 점을 바탕으로 '경京'이 된 것과 달리, 남경이 경으로 위상을 지녔다는 것은 남경의 상징성 혹은 지정학적 중요성을 방증한다고 할 수 있다.

이와 같은 지정학적인 입지 조건과 더불어 남경 궁궐의 자리는 풍수지리적 관점에서 명당 가운데 하나로 부상하였다. 남경 천도 논의가 이루어지는 과정에서 양주의 노원역, 해촌, 용산 등 다른 곳보다도 삼각산 남쪽 땅이 산의 모양과 물의 형세가 소위 '임좌병향壬坐丙向(북북서에 앉아 남남동을 향하는 방위)'으로 적당하여 택해졌다. 어린 조카인 헌종의 왕위를 찬탈하여 즉위하였던 숙종은 집권 과정에서의 취약한 정당성을 만회하고자, 삼각산 아래에 남경 궁궐을 건설하여 현종과 문종의 후계자임을 강조하고자 한 것이다. 이에 따라 과거 양주의 삼각산 면악 아래가 한반도의 손꼽히는 풍수지리적 명당이라는 점이 선전되었다. 특히 북쪽에서 거란·몽골이 침입하면서 남경은 개경의 지기地氣를 보완할 수 있는 공간으로 떠올랐다. 고종 연간 몽골의 침입으로 강화도로 수도를 옮긴 상황에서는 도참설에 따라 왕의 옷과 태조의 영정을 남경에 봉안하였는데, 모두 이와 같은 맥락에서였다.

그런 까닭에 남경은 국초부터 태조가 중시하였던 서경만큼이나 중요한 곳으로 여겨졌다. 이는 남경 궁궐이 만들어진 이후 국왕들이 자주 방문하는 것에서도 확인된다. 숙종의 아들인 예종부터 의종에 이르기까지 남경으로 국왕 행차가 꾸준히 이어지며 중요한 행사 가운데 하나로 자리잡고 있었다. 남경 행차시 이들의 주요 코스는 남경 궁궐을 거점으로 삼각산의 승가굴·장의사·인수사 등이었다.

2022년 서울 종로구 신영동 도시형생활주택 신축부지 내에서 발굴·보고된 유적은 이러한 상황을 뒷받침한다. 현재까지 일부 영역에서 확인된 석축들을 통해 볼 때 이 유적은 상당 규모의 건물로 추정되는데, 함께 발견된 청자편, 도기편 및 '承安三年(승안3년)' 명문 기와편이 발굴되어 주목된다. '승안'은 금나라 장종章宗 재위 기간의 연호 가운데 하나로, '승안 3년'은 고려 신종 1년, 즉 1198년에 해당한다. 최근에

삼각산 승가사의 승가굴

장의사 터 당간지주(서울 종로구 세검정초등학교 내)

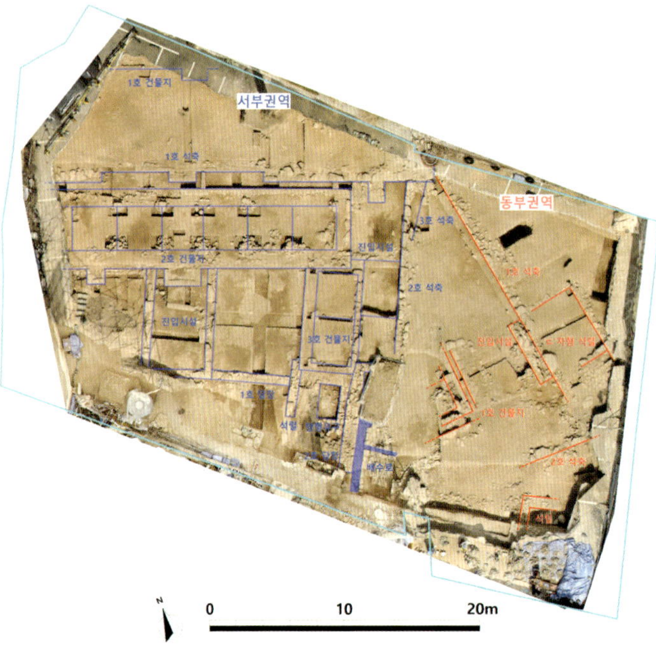

서울 종로구 신영동 유적(좌)과 출토된 '承安三年' 명문 기와편(우)

발굴된 신영동 유적은 남경 궁궐이 위치한 지역으로 추정되는 현재 청와대로부터 2.5km 정도 위치에 있는데, 남쪽으로 500m가량 떨어진 곳에 장의사 당간지주가 있고, 북쪽으로 2km 올라가면 승가사가 있다. 따라서 이 유적은 고려시대 유적이었으며, 남경 궁궐~삼각산 사찰들로 이어지는 국왕의 남경 행차 코스와 관련이 있을 것으로 추정된다.

한양은 풍수지리상 최고의 명당

원 간섭기에 남경은 한양부漢陽府로 격하되어 '경'으로서의 지위는 상실하였지만 고려 말로 갈수록 한양의 중요성은 더욱 강조되었다. 과거 '남경'이 3경 가운데 하나였다면, '한양'은 천도의 대상으로 자주 부상하였기 때문이다. 1356년(공민왕 5) 공민왕은 기철 등 부원세력附元勢力을 제거하고 원나라 연호 사용 정지, 정동행성이문소 폐지 등 일명 '반원개혁'을 단행하면서, 한양으로 천도를 추진하였다. 승려 보우普愚가 '한양에 도읍하면 36국이 조공해올 것이다.'라는 근거로 천도를 건의하였고, 공민왕은 서운관을 시켜 남경의 지세를 살피고 태조 진전에서 한양 천도 여부를 점친 끝에 천도를 추진하였다. 하지만 곧이어 홍건적의 난의 여파로 이들 세력이 고려 국경을 넘어오자 천도가 지지부진해지고, 불안정한 대외정세 속에 천도 대상지로 삼소三蘇 가운데 하나인 백악(장단 백악산)과 강화, 평양, 충주 등이 언급되었다.

한양의 입지는 우왕이 즉위한 이후 다시 한번 천도지로 논의되며 부각되었다. 우왕 즉위 직후에 폭우가 내려 삼각산 국망봉(만경대의 옛 이름)이 무너지는 등 천문 재이가 잇따르자, 우왕은 서운관의 제안에 따라 천도를 논의하도록 하였다. 최영 등 신료들의 반대 속에서도 철원, 연주漣州(연천), 회암檜岩(양주) 등 과거 남경 인근 지역을 천도지로 물색하다가, 1381년(우왕 7) 본격적으로 한양 천도를 논의하였다. 간관들의 반대에도 불구하고 우왕은 이듬해 한양으로 수도를 옮길 것을 정하고 이어하기도 하였으나, 불안한 국정 상황에 다시 개경으로 환도하였다.

고려의 마지막 왕인 공양왕 역시도 한양으로 천도를 추진하였다. 왕권이 불안정한 상황에서 《도선밀기道詵密記》를 근거로 개경의 지덕地德이 쇠하여 쉬도록 해야하므로 한양으로 도읍을 옮겨야한다는 의견이 나왔고, 공양왕은 곧바로 궁궐을 조성하도록 하였다. 곧이어 공양왕은 한양으로 옮겼으나 오히려 한양에 머무는 동안 정치적 주도권이 이성계 일파에게 넘어가는 결과만 낳은 채 공양왕은 개경으로 돌아왔고, 이듬해 폐위됨으로써 왕조의 마지막을 지켜보아야 했다. 이처럼 고려 말 지속적인 한양 천도 및 순주巡住 경험들은 조선왕조 개창 이후에 한양을 새로운 수도로 선정하는 데 큰 역할을 하였을 것이다.

1392년 7월 이성계가 개경의 수창궁에서 즉위함으로써 새로운 왕조를 개창하였으나, 한양이 새 왕조의 수도를 확정하기까지 오랜 기간이 소요되었다. 태조는 즉위한 바로 다음달에 개경을 떠나 한양으로 도읍을 옮기라고 명하고, 기존에 있던 한양 궁궐을 수리하도록 하였다. 하지만 조준趙浚 등의 신료들은 한양에 제대로 된 궁실과 성곽, 관청들을 갖추지 못하였으니 이에 관한 준비가 완료된 후에 천도할 것을 강력하게 주장하였다. 결국 태조도 이들의 의견을 수용하여 수도를 옮기지 않았다. 신료들의 입장에서는 오랫동안 대를 이어 자리를 잡고 있던 개성을 떠나 새로운 곳으로 옮기는 것을 반기지 않았던 것으로 보인다.

반면에 태조의 입장에서는 창업 군주로 고려 말부터 지기가 다했다는 몰락한 왕조의 수도보다는 새로운 명당에서 새 역사를 쓰고 싶었을 것이다. 비록 한양 천도가 무산되었으나 이듬해 신왕조의 수도가 자리잡을 공간을 물색하였고, 권중화가 새 도읍지로 계룡산을 제안하자, 태조는 무학 자초 및 여러 신료들과 함께 직접 이곳을 방문하였다. 태조 일행은 6일 동안 계룡산 일대에 머무르며 산수의 형세, 조운과 도로의 편리성, 성곽을 축조할 지세 등을 직접 살펴보고, 권중화가 올린 종묘·사직·궁궐·조정 등에 관한 도안을 바탕으로 지형을 측량하도록 하였다. 그 결과 계룡산이 적합하다고 판단을 내리고는 새 도읍 건설을 위해 김주金湊 등으로 하여금 건설사업을 감독하도록 하고, 경상도·전라도 일대의 인부들과 승려들을 모아 보내 건설에 참여하도록 하였다.

하지만 곧이어 계룡산이 도읍지로 부적합하다고 여겨졌다. 계룡산의 새 도읍 건설이 시작한 지 불과 1년도 되지 않아, 하륜河崙이 '도읍은 마땅히 나라의 중앙에 있어야 하는데, 계룡산은 지대가 남쪽에 치우쳐 동, 서, 북의 경계와 서로 멀리 떨어져있다.'는 것을 근거로 도읍지로 적절하지 않다는 반론을 제기한 것이다. 또한 하륜은 계룡산이 기존의 풍수지리 관련 서적들에서 이야기하는 명당과는 거리가 멀다고도 주장하였다. 이러한 하륜의 의견이 받아짐으로써, 계룡산 수도 건설은 전면 중단되었다.

다음으로 주목된 곳은 무악毋岳이었다. 태조는 하륜 등에게 역사를 상고하여 비록祕錄을 바치도록 하고, 이를 토대로 무악 남쪽의 땅을 천도지로 물색하도록 하였다. 하지만 무악을 살펴보고 온 권중화와 조준이 이곳은 땅이 좁아 도읍으로 적합하지 않았다고 하였다. 오직 하륜만이 비록 그 땅이 좁지만 개경과 서경의 궁궐지보다는 넓으며, 역대 지리서에서 이야기하는 명당에 부합하다고 주장하였다. 이에 이번에도 태조가 직접 무악을 방문하여 지세를 살피게 되었고, 이곳이 도읍으로 적절한지를 둘러싼 치열한 공방이 이어졌다. 하륜을 제외하고 정도전, 성석린 등 대부분의 신료들은 무악 천도가 옳지 않다고 강력하게 주장하였고, 결국 태조는 개경으로 돌아가 하늘에 결정을 따르겠다는 의사를 밝힌 채 무악에서 걸음을 돌렸다.

그런데 귀환하는 길에 뜻밖에도 한양이 새 도읍지로 결정되었다. 무악에 이어 과거 '남경'을 방문한 태조는 옛 궁궐터와 산세 등을 살피다가 한양에 대한 의견을 신료들에게 물었다. 서운관 관료들이 개경의 지세가 다했다는 과거 이야기들과는 달리 '개경이 제일 좋고 한양이 다음이다.'라고 무악에서부터 이야기해 온 터라, 태조가 눈여겨본 듯싶다. 국왕의 천도에 대한 강력한 의지를 확인한 여러 재상들 역시 논의 과정에서 '천도를 반드시 하고자 한다면, 이곳이 좋다.'고 의견을 모았다. 계룡산 순행부터

〈계룡산전도〉

태조를 따르던 무학 자초 역시 다른 후보지들에 대해서는 의견을 물을 때마다 '잘 모르겠다'라고 말을 아꼈던 것과는 달리 '사면이 높으면서도 수려하고 중앙이 평평하고 넓으니, 가히 성을 쌓아 도읍을 정할 만하다.'고 긍정적인 의견을 내비쳤다. 이후 개경으로 돌아가는 길에 적성의 광실원, 도라산 등도 둘러보았으나, 모두 적합하지 않다고 판단하였다. 10일간의 긴 여정을 통해 태조와 신료들의 의견은 한양으로 모아졌고, 도평의사사에서 한양으로 도읍을 정할 것을 청하고 태조가 이를 따르는 형식으로 한양으로의 천도가 확정되었다.

무악 아래에 조성된 연희궁 터 표석

수도는 만세에 더없는 왕업의 기초로 국가의 모든 것이 시작되는 곳이었기에, 태조가 즉위하고 2년간의 오랜 검토와 논의 끝에 새 왕조의 수도가 한양으로 결정된 것이다. 이에 곧바로 새 수도 건설을 위한 신도궁궐조성도감이 설치되고, 정도전, 권중화 등을 한양에 파견하여 국가 기반시설이라 할 수 있는 종묘·사직·궁궐·관청·시장·도로 등의 터를 정하도록 하였다. 이때 중심으로 살펴본 곳이 바로 과거 고려 남경의 궁궐터였다. 다만 고려 숙종 때 조성한 궁궐터가 너무 좁기 때문에 그 남쪽으로 평탄하고 넓은 곳을 궁궐 자리로 정하고, 이를 기준으로 종묘의 자리까지 정하여 도면을 제작하였다. 또한 과거 한양부의 객사를 이궁離宮으로 삼아 태조가 직접 방문하여 관리·감독하는 공간도 마련하고, 본격적인 공사에 앞서 천지산천에 천도 사실을 고한 후에 종묘와 사직, 궁궐부터 공사를 시작하였다. 그리하여 1395년(태조 4) 9월 태묘와 새 궁궐이 조성되어, '한성'은 조선의 수도로 자리매김하였다.

조선의 수도는 대부분의 이전 왕조들이 처음 수도를 정하는 방식과는 차이를 지녔다. 역대 왕조들의 수도가 왕실 출자지出自地라는 신성성을 기반으로 한 것과는 달리, 한양은 그렇지 않았기 때문이다. 한양이 명당으로써 새 왕조의 수도로 선택된 배경에는 고려 왕조 이래의 풍수도참사상의 영향과 더불어 한양 자체가 지닌 지정학적 조건이 모두 작용하였다. 풍수도참사상은 신라 말·고려 초에 도선에 의하여 널리 확산되어 일반화되었고, 특히 고려 건국 과정과 태조 왕건의 〈훈요 10조〉에도 언급이 됨으로써 고려사회에 큰 영향을 미쳤다. 고려의 이와 같은 모습은 송나라 사신 서긍徐兢의 눈에도 포착되어 《선화봉사고려도경宣和奉使高麗圖經》에 따르면, 고려는 '음양설陰陽說에 구애받아 꺼리는 것이 있으므로, 나라를 세울 때 그 지형이 장구한 계책으로 삼을 만한 곳인지 반드시 살핀 다음에야 자리잡았다.'라고 기록하고 있다. 애초에 개경을 떠나려고 했던 이유가 지기쇠왕설地氣衰旺說에 따른 것이었고, 조선 건국 이후 태조가 신도읍 후보지들에 순행할 때에 풍수지리에 관한 일 등을 맡는 서운관이 늘 함께 대동한 것 역시 이와 같은 맥락에서라 할 수 있다.

한양이 수도로 결정된 이유는 무엇보다도 인문지리학적 관점에서 명당이었기 때문이다. 수도 후보지를 검토하고 논의하는 과정에서 조준은 지기쇠왕에 따라 도읍을 옮기는 것은 백성들에게 부담을 가중한다는 점을 지적하였고, 정도전鄭道傳은 나라의 운수는 지기의 성쇠가 아닌 사람에게 있다는 점을 강조하였다. 성리학을 기반으로 조선 건국을 주도한 사대부 관료들에게 수도 이전의 문제는 '운수'의 문제가 아니라 '통치의 합리성'으로 접근해야 할 사항이었다. 이런 관점에서 한양은 최고의 명당이었다. 과거 신라의 계림과 후백제의 완산完山(오늘날 전주)은 한쪽 구석에 있고, 고구려의 평양은 북쪽이 너무 가깝다고 여겨졌었다. 또한 후보지인 계룡산은 남쪽에 치우쳐 있고, 무악은 땅이 기울어지고 그 터가 좁으며, 적성의 광실원은 조운이 용이하지 않고, 도라산은 더럽고 습하다는 이유로 수도 후보지에서 배제되었다. 반면에 한양은 산수의 형세가

都城圖
景福宮
昌慶宮
昌德宮
成均館
宗廟
社稷
慶德宮
文殊峯
普賢峯
三角山
弘濟院
弘濟橋
造紙署
厲壇
先蠶壇
先農壇
興德門
彰義門
肅清門
惠化門
敦義門
崇禮門
光熙門
南池
漢江
西江
麻浦
龍山
露梁
銅雀
讀書堂
東氷庫
西氷庫
《광여도》〈도성도〉

훌륭할 뿐만 아니라, 나라의 중앙에 위치하여 사방으로 통하는 도로의 거리가 고르고 조운이 통한다는 강점을 지니고 있었다. 특히 조운은 인력과 물자의 대량운송을 가능하게 함으로써 나라의 근간을 지탱하는 중요한 운송체제였다. 따라서 북쪽으로 삼각산을 끼고 남쪽으로 한강을 둔 한양은 천혜의 요지라 할 수 있다. 이렇듯 조선이 최고의 명당인 한양에 수도를 삼은 것에 대하여 사람들은 '동방의 으뜸'으로 과거 백제, 고려의 국왕들도 머물기도 하였으나 '모두 그 형세의 훌륭함을 감당하지 못하다.'가 조선 태조에 이르러서야 그 주인을 만난 것으로 평가하였다.

서울의 주산, 백악

조선의 도읍은 제왕의 만 년 터라 일컬어지는 백악의 남쪽과 목멱의 북쪽으로 설정되었다. 한양이 처음 자리를 잡을 때, 북쪽으로는 화산華山(삼각산)을, 남쪽으로는 한강을 두는 것을 기본으로 하였다. 특히 태조가 여러 후보지들을 둘러보고 한양으로 정할 때 기준이 된 지점은 백악 아래 위치한 옛 남경 궁궐 터였다. 고려 숙종대에 남경을 건설할 때에 삼각산 면악面嶽 남쪽의 지세를 살핀 후에, 동쪽의 대봉大峰, 남쪽의 사리沙里, 서쪽의 기봉岐峯, 북쪽의 면악을 경계로 하였다. 이때 언급되는 면악이 곧 백악이다. 새로운 도읍을 원했던 태조와 천도의 부담을 최소화하고자 하였던 신료들 사이의 절충지이자, 풍수적으로도 명당으로 이미 입증된 곳이 바로 이 백악 아래였다.

한양은 북쪽에 백악, 서쪽의 인왕산, 남쪽의 목멱산, 동쪽의 낙산을 사산四山으로 삼았으며, 이 가운데 북악이 주산이었다. 조선시대에 편찬된 서적들에서는 백악에 대하여 다음과 같이 기록하고 있다.

백악산 자락의 경복궁과 청와대

* 도성의 진산鎭山은 백악이다. 《세종실록》〈지리지〉
* 백악은 경도京都 북쪽에 있다. 삼각산에서 남쪽으로 뻗어 내려오다가 다시 솟아올라 이 백악이 되는데, 성이 그 산등성이를 따라 있다. 《동국여지지》
* 백악은 도성 북쪽의 평지에 우뚝 솟아 있다. 경복궁이 그 아래에 있다. 경성을 둘러싸고 있는 여러 산 중에서 이 산이 북쪽에서 우뚝 빼어나니, 국초에 궁궐을 지을 때 이것을 진산으로 삼은 것이 당연하다. / 백악산은 북한산 보현봉 아랫자락으로 도성의 주맥이다. 《한경지략》

이처럼 한양은 백악의 남쪽으로 도시 공간이 구축되어, 백악을 도성의 '진산' 혹은 '주산'으로 여겼다. 하지만 조선 건국 이후 처음 한양에 천도를 할 때에 백악은 하마터면 그 위상을 상실할 뻔 했다고 여겨지기도 한다. 한양으로 도읍을 정하고 태조가 정도전에게 궁궐 등의 자리를 정하도록 하였을 때, 무학 자초는 인왕산을 주산으로 하고 백악을 좌청룡, 목멱을 우백호로 할 것을 제안했다. 하지만 정도전이 그렇게 될 경우 궁궐이 동면을 하게 되는 형상이므로 제왕은 남면南面하고 정치를 해야하는 원칙에 어긋난다하여 이를 반대했다고 한다. 이와 같은 내용은 조선왕조실록에는 등장하지 않고 대체로 양난 이후에 등장한다는 점을 염두에 둔다면, 국초 도읍을 정할 때 논쟁은 아닐 가능성이 높다.

그런데 백악이 도성 주산으로서의 위상을 잃을 뻔한 위기는 세종대에 실제로 발생하였다. 1433년(세종 15) 풍수가 최양선崔揚善이 '경복궁의 북쪽 산이 주산이 아니라, 목멱에 올라 바라봤을 때 향교동鄕校洞에 연결되는 맥인 지금 승문원承文院 자리가 실로 주산이 된다.'라고 하며, 창덕궁을 승문원 자리로 옮기는 것이 좋지만 실질적으로 불가능하니 이곳을 별궁으로 삼아야한다고 건의하였다. 이를 둘러싸고 신료들은 치열하게 논쟁하였다. 백악이 주산으로 부적합하다는 입장은 삼각산 보현봉에서 내려오는 줄기가 두 갈래로 나뉘는데 정맥正脈은 승문원 터로 들어 오고 바로 이곳이 현무가

김윤겸의 〈백악산〉

머리를 숙인 땅으로 나라의 명당이라고 주장하였다. 반면에 이에 반대하는 입장에서는 보현봉의 정맥이 백악으로 이어진다고 보거나 혹은 풍수도참의 불합리성을 내세워 나라의 흥망과 왕의 성덕은 치자와 민심, 즉 사람의 문제일 뿐이며 경복궁은 애초에 태조가 신중하게 결정한 것으로 공사를 자주 일으켜서는 안된다고 주장하였다. 세종은 신료들에게 지리서를 샅샅이 검토할 것과 영의정 황희 등에게 삼각산 보현봉·목멱에 올라가 산의 내맥을 살피라고 명하였다. 결국 황희 등이 백악이 정맥이고 경복궁이 명당에 있음을 보고하고 관련 내용에 대한 반론들을 재반박하며 일단락되었다.

안중식의 〈백악춘효〉

백악은 나라의 정통성과도 밀접한 공간이었다. 태조가 조선을 개창하고 처음 도읍지로 선택한 곳이기도 하지만, '백악'이라는 명칭은 오래전 고조선의 도읍지였던 아사달과 관련되었기 때문이다. 《삼국유사》에서는 《고기古記》를 인용하여 단군왕검이 고조선의 도읍을 평양성에서 '백악산아사달'로 옮기고 이후 1,500년 동안 나라를 다스렸다고 한 바 있다. 고려 공민왕~우왕 때 천도지로 선택된 곳 중에 하나 역시 '백악'이었다. 비록 이때의 '백악'은 한양의 백악이 아닌 '임진현 북쪽 5리'라고 하여 개경 보다 북쪽 지역(오늘날 개성시 장풍군) 장단의 백악을 의미하는 것이지만, 그 명칭의 유래 역시 고조선의 아사달이라 할 수 있다. 즉, 백악은 고조선과 단군을 상징하는 이름이다. 따라서 한양이 백악을 주산으로 삼고 있다는 것은 한양이 곧 1,500년간 단군이 다스린 아사달과 같은 공간이라는 상징성을 지닌다. 더욱이 조선이라는 국호가 단군이 세운 나라의 이름에서 유래하여 선택한 만큼, 새로 개창한 조선의 도읍은 다른 곳이 아닌 백악을 주산으로 하는 것은 당연한 일이었다.

따라서 백악은 도성의 주산이자 역사성을 담지한 영험한 곳으로 여겨졌다. 1394년(태조 3) 한양으로 도읍을 옮기고 왕도 공사에 앞서 산천의 신에게 고유문告由文을 올리는데, 한강, 양진楊津 및 목멱과 더불어 백악이 그 대상이었다. 태조는 무탈한 공사의 완공을 기원하며 공사를 완공한 후에도 후세에 이르도록 때마다 제사를 지내도록 하겠다고 약속하며 왕조의 안녕을 기원했다. 실제로 백악산의 단에서 제사를 지내고, 태묘와 궁궐이 완성된 이후에는 백악을 '진국백鎭國伯'으로 삼아 일반인들은 제사를 올릴 수 없도록 하였다. 그렇기에 태종대에서 세종대에 걸쳐 전국의 여러 산과 명소에 행해지던 국가 차원의 제사를 간소화시키는 과정에서도 백악은 예외였다. 이후에도 조선후기까지 천변·지괴가 발생하면 재상들로 하여금 백악에 제사를 지내하였고, 날이 개기를 비는 기청제와 비를 바라는 기우제, 왕실의 안녕을 기원하는 기양제祈禳祭 등을 모두 백악에서 지냈다. 훗날 고종이 황제위에 올라 대한제국을 선포하기에 앞서 '백악의 남쪽[白嶽之陽]'에서 이를 천지에 고한 것 역시 백악이 나라를 지켜주는 수호신이

자 나라의 운명과도 같은 곳으로 여겨졌기 때문이다.

백악은 도성의 진산이기 때문에 정상에 별도의 사우祠宇를 두어 국가의 중사中祀로 다루었다. 한편 매년 봄과 가을에 초제醮祭를 지냈다는 백악신사는 《신증동국여지승람新增東國輿地勝覽》에서는 관련 내용을 기록하고 있으나, 고종 연간에 편찬된 《동국여지비고東國輿地備考》에서는 이미 없어진 것으로 기록하고 있다. 세조 연간 초제를 관장하는 소격서가 축소되고 관위가 정5품 아문에서 종6품 아문으로 격하되었다가 양난 이후 완전히 폐지되었고, 백악·삼각·목멱·한강 등에 신료를 파견하여 제사를 지내는 것이 조선후기에는 급격히 감소하는 것으로 보아 조선후기에 없어진 것으로 보인다. 구체적인 위치는 알 수 없으나 정상에서 조선시대 기와가 발견되고 정상의 바위에서 삼태성처럼 보이는 작은 돌을 이용하여 만든 성혈聖血이 있다는 현대 기록으로 보아, 현재 백악산 꼭대기인 '백악마루'로 추정된다.

이와 같은 중요성으로 인하여 백악은 '국도國都의 주산'으로 여겨져 국가적 차원에서 대우하고 관리하였다. 세종 연간에 담을 쌓아 주산의 내맥이 행인의 통로가 되지 않도록 하는 방 등 일반인들의 접근을 제한고자 논의하기도 하였다. 또한 백악을 비롯한 내사산은 비록 관청 등에서 공적인 용도를 목적으로 하여도 채석 및 벌목이 금지되어, 선조 연간 직언을 많이 하였던 신응시辛應時는 백악산 아래의 돌을 자신의 집 담장 쪽으로 옮겨두었던 것이 명분이 되어 직급이 3등급 강등되는 사례도 있었다. 대신 그곳의 조경을 가꾸는 것 역시 조정의 논의 대상이 되어, 나무가 희소한 곳에 군인들을 동원하여 소나무를 심고 해충의 피해가 있으면 역을 징발하여 구제작업을 하였다.

실제 백악은 한양을 지켜주는 역할을 하였다. 한양에 궁궐과 태묘를 건설한 다음 도성조축도감都城造築都監을 설치해 도성을 축조할 계획을 세우고 1396년(태조 5)부터 전국에서 역을 징발하여 내사산 능선을 따라 도성을 건설하였다. 이때 공사 시작의 기준점이 된 곳이 백악이었다. 이후 조선시대에 여러 차례 보수·개축되어 전체 길이 약 18.6km에 4대문(흥인지문, 돈의문, 숭례문, 숙정문)과 4소문(혜화문, 소의문, 광희문, 창의문) 및 도성 밖 물길을 잇기 위한 수문을 두었다. 이 가운데 창의문을 기점으로 동쪽으로 향하며 숙정문을 지나는 영역이 백악을 거쳐 지나간다. 경복궁 뒤편으로 위치한 백악의 동령과 서령은 '경복궁의 양팔'과 같다고 할 만큼 중시했다.

더욱이 숙종대에는 북한산성 축성 논의가 이루어지면서 백악이 재조명되었다. 조선은 병자호란을 거치며 강화도와 남한산성 등으로 대피하는 전략에 한계를 드러냈다. 이에 18세기에 이르러서는 북방에서 도성으로 향하는 의주로義州路의 종착지점에 위치한 북한산 일대를 방어의 거점으로 정비하는 작업이 본격화되었다. 이에 따라 북한산 일대에 새로운 보장처堡障處로 북한산성과 탕춘대성을 축조하여 도성 수비를 재정비하는 작업이 진행되면서, 내사산 가운데 가장 높은 백악에 대한 방비책도 강화되었다. 오늘날 한양도성의 '백악구간(창의문~숙정문~혜화문)'이 난이도가 높은 구간으로 꼽히는 것도, 백악의 산세가 그만큼 험준하였음을 실감하게 한다.

천하제일복지天下第一福地 청와대

오늘날 청와대가 위치한 일대는 백악의 기슭으로 조선후기 중건한 경복궁의 후원 일대이다. 조선의 법궁이었던 경복궁의 위치는 그 자리 자체가 명당으로 뽑힌 곳이었다. 백악 아래의 이곳은 고려시대에는 개경에 버금가는 명당으로 남경 궁궐이 있었고, 조선 건국 이후에는 신왕조의 왕업을 이어갈 길지로 태조에서 태종까지 3대에 걸쳐 어렵게 자리잡게 되었다. 천도 이후 정도전은 〈신도가新都歌〉를 통해 새 도읍 빼어난 모습과 이곳에서 만세萬歲에 걸친 번영을 기원하며, 명당에 자리잡은 천도의 기쁨을 노래하였다. 세종 때 변계량 역시 〈화산별곡華山別曲〉에서 이곳이야말로 '백옥경白玉京'이자 '황금궐黃金闕'이라고 극찬하였다.

하지만 백악 아래의 모든 사람에게 길한 일들만 있었던 것은 아니었다. 한양에 자리 잡은 지 5년이 채 되지 않아 왕위 계승을 둘러싼 '제1차 왕자의 난'이 발생하여 조선 개국 및 한양의 설계자라 할 수 있는 정도전이 숙청되고 왕세자 역시 숙청되었다. 조선 최고의 명당에 자리 잡은 태조에게도 비극은 피해갈 수 없었다. 더욱이 얼마 되지 않아 국왕과 신료들이 개성으로 돌아갔다. 1398년(태조 7) 8월의 '제1차 왕자의 난' 이후 태조에게 양위를 받은 정종은 이듬해 1399년(정종 1) 왕실 및 공신들과 논의하여 송도松都로 환도하였다. 정종은 근신들과 송도 수창궁을 바라보며 과연 고려 태조가 도읍을 세울 만한 곳이라고까지 하였다. 한양에서 발생했던 일련의 사건들로 인한 정치적 부담감 속에 송도로 복귀하였으나, 이미 신왕조를 위한 궁궐 및 종묘 등 제반 시설은 모두 한양에 있었다. 특히 신주를 모두 한양의 종묘에 안치하였으므로 종묘를 배알하는 의례는 한양에서 행해질 수밖에 없었다. 이에 따라 비록 국왕과 신료들은 송도로 돌아왔으나 종묘와 사직은 한양에 있어, 송도는 '구도舊都'·'송경松京', 한양은 '신도新都'·'한경漢京'이라고 불렸으며, 조선 초 이러한 상황을 '양도兩都' 혹은 '양경兩京'라 하였다.

한양으로 다시 복귀한 이후에도 백악 아래는 한동안 환영받지 못하였다. 1400년(정종 2) '제2차 왕자의 난'이 발생하며 세자로 책봉되었던 이방원이 양위를 받은 직후, 송도 수창궁은 침전에서 대전까지 화재로 소실되었다. 이에 1404년(태종 4)까지 다시 영건할 것인가, 한양의 종묘를 옮겨올 것인가 둘러싸고 논의하는 과정에서 한양으로 다시 환도하는 것이 대두하였다. 오랜 기간 첨예한 논의 끝에 결국 태상왕이 창건하고 사직과 종묘가 있는 한양으로 다시 돌아가기로 정하였다. 종묘에서 동전을 던져 점을 치는 방식을 빌어 송도와 한양, 무악 가운데 한양을 선택하였다. 태종은 2차례의 왕위계승 분쟁을 겪으며 왕위에 올랐던 만큼, 태상왕[태조]의 개국건도開國建都의 뜻을 계승한다는 의미에서 한양으로 돌아가는 것은 정통성과 직결된 중요한 문제였다. 하지만 한양으로 돌아온 태종은 백악 아래 경복궁이 아닌 그 동편 응봉鷹峯 자락

한양도성의 백악 구간

향교동鄕校洞에 이궁離宮, 즉 창덕궁을 건설하여 이곳에서 생활하였다. 신료들이 경복궁을 방치하고 있는 태종에게 문제를 제기하자, 경복궁 행랑을 풍저창豐儲倉과 광흥창廣興倉의 곡식을 저장하는 창고로 이용하도록 했다가, 이후 사신 접대 및 조하朝賀와 같은 의식을 행하는 공간으로 활용하였다. 경복궁에 경회루慶會樓까지 건설하였음에도 태종은 '경복궁은 음양의 형세에 부합하지 않는다.'는 설을 내세워 실질적인 국왕의 거처로는 활용하지 않았다. 국초 자신이 주도한 정쟁의 발생지이자 골육상잔의 비극이 일어났던 이곳이 태종에게 거처로 머물 만큼 편한 공간은 아니었을 것이다.

비록 청와대 자리는 아니지만 세종의 아들인 안평대군은 백악 아래 창의문 인근에 별서 무계정사武溪精舍를 지었다. 이개李塏가 지은 〈무계정사기武溪精舍記〉에 따르면 안평대군이 일찍이 도원桃源에서 노는 꿈을 꾸었는데 이곳이 그 모습과 너무 비슷하여 지었다고 하였다. 하지만 단종 즉위 이후 수양대군과 혜빈 양씨는 백악 아래 방룡傍龍, 즉 종손이 아닌 지손支孫이 흥하는 자리라는 곳에 안평대군이 무계정사를 지은 것이라고 경계하였다. 결국 1453년(단종 1) '계유정난癸酉靖難'에 안평대군 역시 연루되어 사사되면서 무계정사의 철거가 건의되었고 이후 폐허가 되었다.

한편 백악 아래의 땅은 조선시대 사람들에게 마음의 안식처가 된 곳이기도 하다. 조선의 법궁인 경복궁은 가장 큰 비운이라 할 수 있는 임진왜란을 겪으며 소실되었고, 이때부터 고종대 중건될 때까지 방치되었다. 오히려 백악 아래 오늘날 청와대 지역은 많은 이들에게 즐거움을 주는 공간이었다.

일찍이 성수침成守琛은 백악 기슭에 청송당聽松堂을 지었다. 그는 기묘사화己卯士禍 이후 이곳에서 학문 수학과 후학 양성을 하며 은자의 삶을 살았는데, 외진 곳에 푸른 소나무가 숲을 이루고 시냇물이 굽이쳐서 흐르는 이곳은 산수가 빼어나 박상朴祥, 임억령林億齡 등 당대 내로라하는 문인들이 칭송했다. 그의 사후 오랫동안 방치되어 몇 차례 중건하려 하였으나 실패하고 이후 윤순거尹舜擧, 윤선거尹宣擧가 중건하고 송시열宋時烈이 기문을 지었다. 은자로서의 성수침의 모습과 서인西人들의 사상적 연원, 이곳의 풍경이 결합하여 많은 이들이 칭송하는 공간이 되었다.

청송당 옆 독락정獨樂亭 역시 이와 같은 곳이라 할 수 있다. 독락정은 현종과 숙종 때 영의정을 지낸 장동 김씨 김수흥金壽興이 건립한 정자이다. 그는 기문에서 백악산 아래 궁벽한 곳에 바위 골짜기 위로 물줄기가 내려오고, 처음 한 채의 초가집을 지어 물과 돌 사이를 홀로 소요하다보면 울적한 기운이 풀어진다 하여 '독락'이라 하였다고 한다. 이곳은 김수흥 뿐만 아니라 장동 김씨 일족들과 그들의 지인들이 회포를 푸는 공간이기도 하였다.

정선의 《장동팔경첩》
① 〈청송당〉, ② 〈독락정〉,
③ 〈대은암〉

청송당과 독락정 북쪽으로는 백악 아래 또 다른 상징적인 공간인 대은암大隱巖이 있다. 큰 바위와 물, 정자가 어우러진 곳으로, 이곳을 흐르는 '만리뢰萬里瀨'는 경복궁 서쪽으로 들어간다. 대은암은 기묘사화의 주역인 남곤의 집 뒤편에 있었는데, 은둔하지 않고도 은둔하는 사람을 기다리는 것만 같아 박은朴誾이 바위에다 '대은암'이라고 썼다고 한다. 그때부터 조선후기까지 많은 문인들이 시를 창수하며 풍류를 즐긴 곳이었다.

지금은 비록 그 흔적조차 찾을 수 없지만, 정선, 장시흥 등이 그 풍경을 그림으로 남겼다. 이처럼 백악의 기슭에 자리잡은 청와대 지역은 빼어난 경치와 한적함으로 인하여 조선시대 사람들에게 휴식처가 되었다. 비록 일제강점기를 거치며 지금은 그 모습이 남아 있지는 않지만, 많은 조선의 문인들이 남긴 시와 정선·장시흥 등이 남긴 그림 속에서 그 모습이 짐작할 수 있다.

1990년 대통령 관저 신축 공사중에 '천하제일복지天下第一福地'라고 새겨진 표석이 청와대 건물 뒤편에서 발견되어 주목을 끌었다. 혹자는 300~400년 전 조선시대에 제작된 글씨라고도 하고, 혹자는 1850년대 전후 흥선대원군의 중건 시기에 집자集字하여 새긴 것으로 보는 등 이에 대한 다양한 의견 존재한다. 이와 동시에 다른 한편에서는 많은 이들이 일제강점기~한국 현대정치사 속 그곳의 '주인'들의 역사를 언급하며 과연 이곳이 천하제일복지가 맞는지에 대하여 의문을 제기하기도 하였다.

조선 태조가 한양으로 수도를 정한 직후부터 수많은 '변고' 속에서도 조선인들은 이곳을 '만세의 명당'으로 인식하였다. 혁명을 달성하고 새 왕조의 청사진을 그렸던 태조는 자식들 사이의 유혈사태를 지켜봐야했다. 고종은 을미사변 등의 치욕을 겪었으나 근대화의 꿈을 실현시켜가며 이후 천자天子로 등극하기도 하였다. 백악 아래에 기거하며 목숨을 잃거나 배신자로 낙인찍힌 자들도 있었지만, 빼어난 경치 속에 즐거움과 행복을 느끼며 천상의 낙원이라 느낀 자들도 있었다. 근현대 수많은 사람들에게 이곳은 자신의 꿈을 실현시키고자 열망한 곳이었다. 누군가는 불명예스러운 혹은

불운의 결말을 맞이했던 곳이었지만 반대로 그 누군가에게는 새로운 역사를 이룩한 곳이기도 한 것이다. 결국 '명당'은 그 옛날 조선의 정치가들이 이야기했듯이 '자리[地利]'의 문제가 아니라 '사람[人和]'의 문제였으니, 지금 우리가 행복하고 의미 있는 그곳이 천하제일복지가 아닐까.

三角山
白雲臺
仁壽峰
萬景臺
露積峰
碑峰
僧伽峰
羅漢峰
暗門
文殊峰
北漢
普賢峰
獅子項
白岳山
鵲巖
前營
肅靖門
北營
延祐宮
神武門
光化門
九坊

제2강

조선시대 경복궁 후원의 모습은 어떠했나

왕과 공신들이 피로써 맹서한 회맹단이 있었다

도성민들의 삶의 공간이었다

풍류를 즐긴 선비들의 공간이었다

영조는 경복궁 후원에 친어머니 사당을 짓고 최초로 궁이라 불렀다

제2강

조선시대 경복궁 후원의 모습은 어떠했나

이상배 서울역사편찬원 원장

왕과 공신들이 피로써 맹서한 회맹단이 있었다

조선은 500여 년의 역사에서 수많은 우여곡절과 내우외환을 겪으며 발전해왔다. 고려에서 조선으로 나라를 개창한 것을 비롯하여 왕권을 놓고 벌인 정치적 분쟁과 반정反正은 물론이고 외적의 침략으로 큰 전쟁을 겪기도 했다. 이러한 역사적 고비마다 국가와 왕실을 위해 자기 몸을 헌신하며 환난을 극복한 존재가 바로 공신功臣이다. 공신은 왕이 죽은 뒤 종묘에 위패를 모실 때 함께 배향하는 배향공신이 있고, 1등에서 4등으로 나누어 포상을 받은 훈봉공신이 있다. 조선시대 종묘에 배향된 공신은 94위이다. 신하들은 공적을 세우고 죽어서 신주가 종묘에 배향되는 것을 큰 명예로 여겼다. 훈봉공신에는 공을 세운 당사자인 정공신正功臣과 왕을 수종隨從하여 공을 세운 사람이나 공신의 자제 및 사위 또는 수종자들에게 녹훈되는 원종공신이 있다. 조선시대 정공신은 1392년 개국공신에서부터 1728년(영조 4) 이인좌의 난을 토벌하고 내린 분무공신까지 모두 28종이 있다.

〈한양도성도〉에 표시된 회맹단

공신은 왕과 함께하는 정치적 운명 공동체이다. 공신에게는 교서나 녹권을 지급하여 대대로 공신임을 입증하는 근거 자료로 삼았다. 나아가 토지와 노비를 하사하는 경제적 혜택뿐만 아니라 자손들에게도 관직 특별 채용이나 승진을 시켜주었다. 또한 공신들 간의 결속력을 다지기 위해 특별한 의식을 거행하였는데 그것이 공신회맹제이다. 공신회맹제는 공신을 책봉한 뒤에 공신과 그 자손들 및 왕이 함께 모여 천지신명과 종묘사직 및 산천에 공신 책봉을 고하는 의식이다. 이 의식은 왕과 공신 간의 신뢰를 돈독하게 하여 한배를 탄 동지임을 확인하는 절차로서 왕은 그들의 충성과 단결을 담보하는 효과를 거두었고, 공신들은 권력의 또 다른 한 축으로 객체가 아닌 주체자로서 인정받는 자리였다. 그 제단은 경복궁 뒤쪽 신무문 밖에 쌓아 만들었는데, 이를 회맹단會盟壇 또는 북단北壇이라 불렀다. 지금의 청와대가 있는 자리이다. 고지도에도 회맹단의 위치가 경복궁 북쪽에 위치해 있어 명확하게 확인할 수 있다.

조선시대에 처음으로 회맹제를 주관한 왕은 태조 이성계이다. 《태조실록》에 의하면, 1392년 9월 28일에 개국공신과 그 자손 및 동생, 사위 등이 충효계를 맺고 개경의 왕륜동에서 회맹제를 실행하였다. 이후 회맹제는 수도를 옮기기 전까지 개경에서 이루어졌다. 경복궁 뒤쪽의 북단에서 처음 회맹제를 실시한 왕은 태종이다. 《태종실록》에는 1411년(태종 11) 11월 원종공신들이 경복궁 북쪽에서 처음 회맹을 하였고, 1417년(태종 17) 4월에도 공신의 적장자들이 경복궁 북동北洞에서 회맹하였다는 기록이 있다. 공식적으로 북단에서 회맹한 기록은 1453년(단종 1) 정난공신 회맹 때이다. 이후 1728년(영조 4) 7월 18일 21공신 회맹제를 마지막으로 행할 때까지 조선시대 회맹제는 모두 북단에서 시행되었다.

회맹단의 규모는 구체적인 기록이 없어 확인하기 어렵다. 다만 조선시대 회맹 의식이 《주례周禮》를 기본으로 삼고 있기 때문에 주례의 회맹단 규모와 비슷할 것으로 추정된다. 《주례》의 회맹단은 높이 1m, 가로·세로 각 20m이며, 동쪽과 서쪽에 두 개의 계단을 설치하였다. 청와대 자리에 설치되었던 조선시대 회맹단도 대략 이와 유사할 것으로

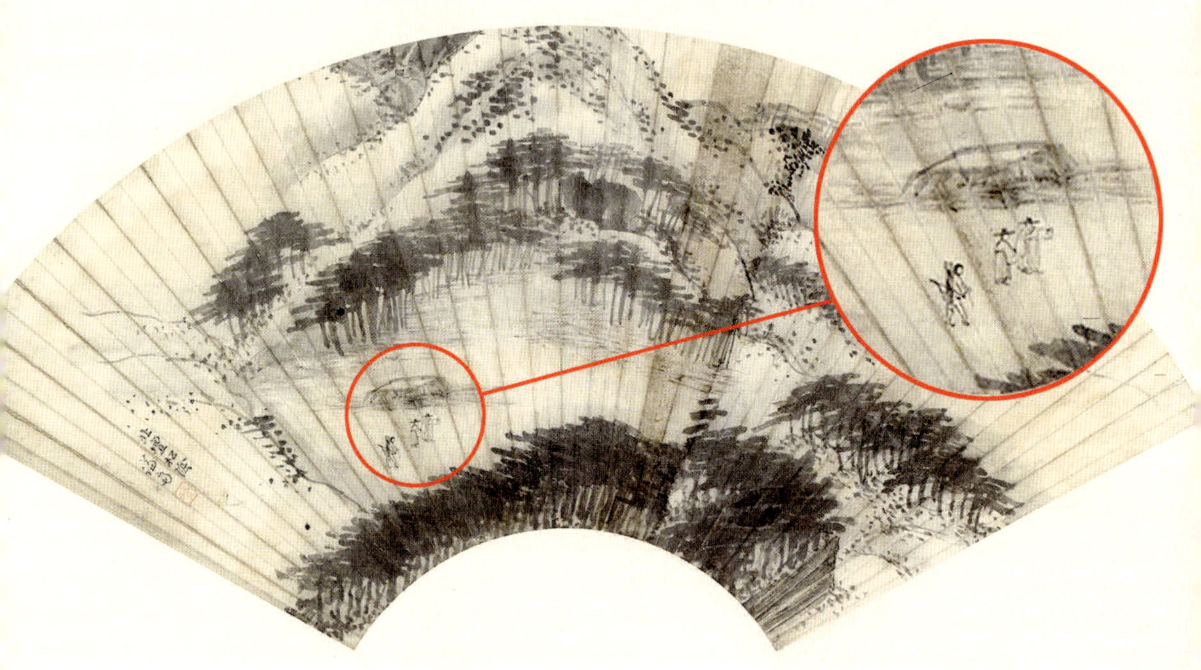

정선이 그린 〈선면북단송음도〉

보이는데, 그 실제 모습은 정선이 그린 〈선면북단송음도扇面北壇松陰圖〉에서 백악 아래 우거진 소나무와 함께 확인할 수 있다. 회맹단에는 단 이외에 따로 건물을 설치하지는 않았다. 《인조실록》의 기록에 의하면, 왕이 회맹제를 거행하기 전에 하룻밤 묵기 위한 임시 건물을 짓는 문제를 논의하였으나 재목과 이엉 등이 많이 들어가므로 낭비가 심하여 장막을 설치했다. 결국 회맹제 자체가 자주 열리는 의례가 아니었기 때문에 어쩌다 하루 묵기 위한 건물은 세우지 않았고, 임시로 장막을 치고 의식을 거행했음을 알 수 있다.

회맹제는 공신과 그 자손들 그리고 왕이 함께 참여하여 천지신명에 제를 올리는 의식으로 예조에서 주관하였다. 제단에 천지신명의 신주를 모셔놓고, 소·양·돼지를 희생犧牲으로 잡아 고기를 올렸다. 아울러 소·닭·돼지·말 등의 피를 구리 쟁반에 받아놓았다. 제례는 자시子時인 밤 11시에서 새벽 1시 사이에 이루어지는데, 왕과 공신들이 제단 신주를 향해 네 번의 절을 올린 뒤 왕은 동쪽 계단을 통해 제단에 올라가 향을 피우고 술을 올렸다. 그러고 나선 제단 아래로 내려와 왕과 공신들이 함께 삽혈歃血 의식을 거행한다. 삽혈 의식은 회맹제에서 가장 의미 깊은 행사이다. 미리 담아놓은 동물의 피를 왕을 비롯해 의식에 참여한 공신들이 돌아가면서 자신의 입가에 바르는 의식이다. 삽혈 의식이 끝나면 맹서문을 낭독했다. 맹서문은 공신들과 그 자손들이 왕과 나라에 충성한다는 의미를 담고 있으며, 이를 천지신명에 알리는 의식이다. 맹서문의 기록은 실록에도 남아 있어 구체적인 내용을 확인할 수 있다. 결국 삽혈과 맹서문으로 왕과 신하들은 혈맹의 관계임을 세상에 공표함으로써 정치적 공동체임을 강조한 것이다. 왕은 공신들 간의 불화를 막고 이들을 단결시켜 왕권을 확립하는 데 도움이 되므로 회맹제에 적극적이었고, 공신들에게는 자신들만의 특권을 도모하는 자리이자 단합을 통해 권력의 중심부에 자리 잡을 수 있는 기회였다. 그래서 조선의 왕 가운데 공신을 책봉한 모든 왕들은 북단에서 회맹제를 거행했던 것이다. 회맹제가 끝나면 참가자 모두를 회맹록에 올리고, 이어 연회가 개최되었다. 회맹연은 일반적으로 국왕이 주최하며, 궁궐에서 따로 시간을 내어 시행하곤 하였다. 공신회맹제와 관련된 의례는 《국조오례통편國朝五禮通編》과 《춘관통고春官通考》, 《회맹등록會盟謄錄》 등에 의식 준비와 의례 과정 등이 기록되어 있을 뿐 아니라 실록에도 절차와 회맹문 등이 상세히 기록되어 있다.

조선시대 회맹단에서 의식을 거행하는 장면을 생생하게 묘사한 시가 있다. 조선 후기 실학의 선구자인 지봉芝峯 이수광李睟光은 다음과 같이 〈회맹제에 임금을 모시고 즉석에서 지음會盟祭隨駕卽事〉이라는 시를 지었다.

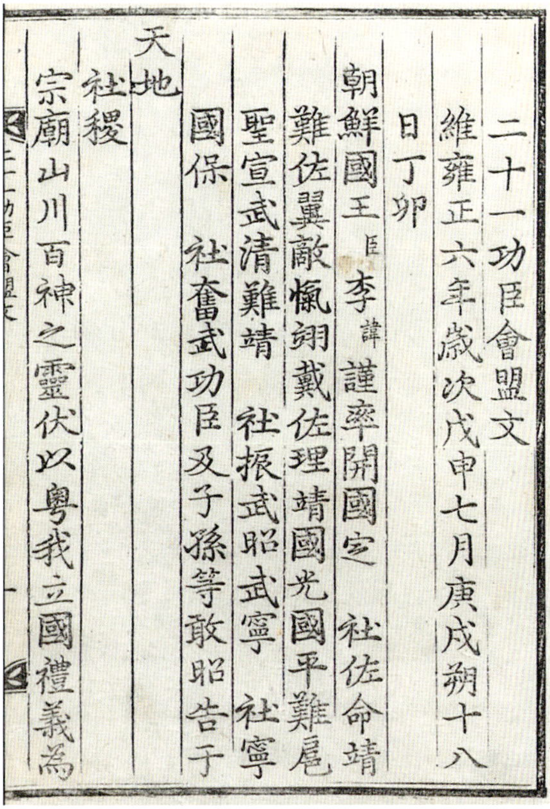

二十一功臣會盟文
維雍正六年歲次戊申七月庚戌朔十八
日丁卯
朝鮮國王臣李諱謹率開國定社佐命靖
難佐翼敵愾翊戴佐理靖國光國平難扈
聖宣武清難靖社振武昭武寧社寧
國保社奮武功臣及子孫等敢昭告于
天地
社稷
宗廟山川百神之靈伏以粤我立國禮義爲

《이십일공신회맹록》

삼경 일점에 궁문을 나서서 행차하니	三更一點出宮行
영단에 제사하고 회맹하려 해서이네	將祀靈壇要會盟
맹추위 몰아내 한밤이 따뜻하게 하고	驅却寒威敎夜暖
화기 불러들여 양이 생기도록 채근하네	喚回和氣逼陽生
하늘 자태 거룩하고 구름은 장막 되며	天容穆穆雲爲幄
호위는 성대하고 횃불은 성이 되었네	羽衛煌煌火作城

예식이 끝나도 산하 여전히 어둑한데　　　　禮罷山河猶未曙
관료들 기뻐 춤추며 승평을 하례하네　　　　群官抃舞賀升平

〈회맹제수가즉사會盟祭隨駕卽事〉

이수광의 《지봉집芝峯集》 제4권에 수록된 위의 시는 칠언율시로 노래한 것이다. 이수광은 1604년(선조 37) 10월 28일 삼공신의 회맹제를 거행하는 자리에 왕을 호종하며 감회를 적었다. 이때의 삼공신은 임진왜란을 겪으면서 공을 세운 호성공신扈聖功臣, 선무공신宣武功臣, 청난공신淸難功臣을 의미한다. 새벽에 밤을 새워 제를 올리기 위해 삼경, 즉 새벽 1시에 궁문을 나섰는데 날씨가 너무 추웠다는 것을 묘사하고 있다. 당시는 음력을 썼기 때문에 실제 회맹제를 거행한 날은 동지 이틀 전으로 매우 추웠다. 하늘 자태가 거룩하다는 것은 임금을 의미하는 것이고, 구름은 신하를 뜻하는 것으로 군신이 서로 도와 하나가 됨을 묘사하였다. 회맹제가 모두 끝났는데도 아직 밤이었고, 제례에 참여한 공신 이하 신료들이 일심동체가 되어 국가의 발전을 기원하는 장면을 담고 있어 당시 회맹제의 모습을 보여주는 시이다.

영조 때 영의정을 지낸 김수항金壽恒은 노론의 핵심 인물로 정치적 영향력이 컸던 사람이다. 그가 영조를 모시고 공신회맹제를 거행하기 위해 경복궁 후원을 찾았을 때 "(경복궁) 북문 밖은 바로 회맹단이 있어서 삼청동과 가깝고 수석이 상당히 아름다운 곳인데도 (경복궁) 후원에 포함시키지 않았습니다. 주색과 유람에 빠진 연산군도 감히 그곳을 후원으로 만들지 못하였으니 선왕께서 후손을 위하여 세우신 계책을 여기에서 알 수 있습니다."라고 하면서 회맹단의 가치와 의미를 강조하고 있다. 역대 왕들이 경치가 좋은 청와대 자리를 궁궐 안으로 포함하여 주색과 풍류를 즐기지 않은 것은 성스러운 회맹단이 있기 때문이라는 이야기다.

도성민들의 삶의 공간이었다

청와대는 서울시 종로구 세종로 산1번지였는데, 도로명 주소로 교체되면서 청와대로 1이 되었다. 조선시대는 이곳의 행정 구역이 한성부 북부 순화방順化坊이었고, 1914년에는 순화방 궁정동宮井洞이 되었다. 임진왜란이 일어나기 전까지는 도성민들이 많이 살았고, 경복궁이 가까워 관리들도 꽤 거주하던 곳이다. 그러나 임진왜란 때 경복궁이 화재로 소실된 이후 고종이 중건하기까지 270년간 경복궁터는 폐허가 되어 전쟁 이전만큼 사람들이 활발하게 생활하는 공간은 아니었다.

지금의 청와대 본관과 칠궁 뒤쪽 백악에는 큰 바위가 있었다. 이 바위를 대은암이라 불렀는데 그 연유와 관련해서는 중종 때 학자인 어숙권魚叔權의 《패관잡기稗官雜記》 권 2에 나온다. 이 기록에는 백악산 기슭에 남곤南袞이 집을 짓고 박은朴誾과 이행李荇이 함께 자주 모여 놀았는데, 남곤이 승지로 바빠 만날 수 없게 되자 박은이 장난으로 바위를 대은大隱이라 하고 시내를 만리萬里라 하였다. 또한 조선 후기 서직수徐直修가 지은 〈대은암기大隱巖記〉에도 그 내력이 자세하게 기록되어 있다.

> "읍취헌挹翠軒 박은이 남곤을 찾아왔다가 만나지 못하고 시냇가 바위에 '대은암大隱巖 만리뢰萬里瀨'라 써놓았는데 그 글씨 그대로 새기자 동네 이름이 되었다."
>
> 〈대은암기〉

이들의 기록을 종합하면 처음으로 대은암이라는 명칭을 사용한 사람은 박은이 분명하다. 나아가 이것을 바위에 새겨놓은 이후부터 마을 이름을 대은암동이라 불렀다는 것도 알 수 있다. 여기서 대은은 은둔하여 사는 큰사람을 의미한다. 은둔하여 사는 데에도 등급이 있어 소은과 대은으로 나뉜다. 소은은 깊은 숲속에 숨어 사는 사람을 의미하고, 대은은 속세에 살면서도 마음만은 은둔한 것과 같은 자세로 사는 사람을 의미한다. 즉 "작은 은자는 산림 속에 숨고, 큰 은자는 번화한 도시에 숨어 사는지라 백이伯夷는 수양산에 숨었고, 노자는 주사柱史 벼슬에 숨었다[小隱隱陵藪, 大隱隱朝市 伯夷竄首陽 老聃伏柱史]."라고 한 중국 진나라 왕강거王康琚의 〈반초은시反招隱詩〉에서 유래한 말이다.

그러면 박은은 누굴 가리켜 대은이라 했을까? 박은과 남곤은 모두 조선중기 연산군 때 활동했던 사람으로 아주 절친한 사이였다. 그런데 박은이 친구인 남곤을 만나기 위해 그의 집을 찾을 때마다 없었다. 당시 남곤은 승정원의 도승지로 아침 일찍 경복궁으로 출근하고, 밤이 늦어서야 퇴청하여 집으로 돌아오곤 했기 때문에 만나기가 힘들었다. 박은이 이를 안타깝게 여기면서도 친구인 남곤을 조롱하며 그의 집 뒤에 있는 바위를 대은암이라 하였고, 집 앞을 흐르는 물줄기를 만리뢰라 묘사했다. 결국 남곤이 속세에 살면서도 친한 친구인 자신을 만날 수 없을 정도로 바쁜 삶을 사는 모습을 보고 대은이라 표현한 것이다. 또한 만리뢰는 1만 리나 떨어져 있는 시냇물이라는 의미로, 시냇물이 집 앞에 있는데도 멀리 떨어진 것처럼 볼 기회가 없을 만큼 바쁜 일상을 조롱하면서 지은 것이다. 이들의 친밀한 관계를 보여주는 시가 하나 있다.

대은암 앞에 쌓인 눈은 大隱岩前雪
봄 들어 또 한 경치일세. 春來又一奇
우연히 흥이 나서 놀러 왔고 偶因清興出
주인과는 기약도 없었네. 不與主人期
혼자 서 있으니 새가 가까이 오고 獨立鳴禽近
길게 읊조리나 붓 들기 더디어라. 長吟下筆遲
그대 집에서는 나의 방광함을 용납하겠지만 君家容放曠
지금 사람들 해괴하게 여길까 두렵네. 却恐駭今時

〈만리뢰〉《속동문선續東文選》

정선이 그린 〈대은암〉

이 시는 박은이 친구인 남곤을 보고자 따로 기별도 없이 갑자기 찾아왔다가 역시나 집에 없는 것을 보고 돌아가면서 지은 것이다. 초봄에 들렀는데 아직 바위에 눈도 녹지 않았고, 역시나 보고 싶은 벗은 없어 아쉬운 마음에 서성이다가 돌아가는 자신의 아쉬운 마음을 노래하였다. 잠시 들어가서 쉬었다 갈 수도 있지만 남자 주인도 없이 아낙네만 있는 집에 머물렀다고 세상 사람들이 오해할까 두려워 그냥 돌아간다는 내용이다. 오언율시의 이 작품은 《신증동국여지승람》 한성부조漢城府條와 조선시대 시 가운데 명작으로 꼽히는 것들만 따로 모아 편찬한 《속동문선續東文選》에도 수록되어 있다. 이 대은암은 겸재 정선이 그린 그림이나 옛 지도에도 표기되어 있어 실제를 확인할 수 있다. 특히 정선의 그림에는 거대한 소나무가 울창한 가운데 그 사이로 초당이 보이고, 초당 뒤에 대은암의 바위가 그려져 있다. 초당 아래로는 만리뢰의 시냇물이 굽이굽이 여울을 내며 흐르고, 그 아래쪽에 대저택이 반듯하게 묘사되어 있다. 그러나 지금은 그 바위의 흔적이 남아 있지 않다.

이곳 대은암동 일대에는 조선시대 인물이 많이 살았다. 서직수의 〈대은암기〉에는 대은암 아래에 집을 짓고 살았던 사람들의 연관 관계가 잘 기록되어 있다. 즉 제일 먼저 이곳에 살았던 사람으로, 조선 건국의 일등 공신이자 수도를 한양으로 천도하는 데 앞장섰던 정도전鄭道傳이 등장한다. 정도전의 집은 지금의 종로구청 자리로 비정되고 있는데, 이 기록에는 대은암 아래 처음으로 집을 지어 살았다고 되어 있어 한양 천도 직후에 살다가 경복궁이 완성되고 난 이후 언젠가 거처를 옮긴 것이 아닌가 추정된다. 정도전을 이어 그 집에 살았던 사람이 남곤이다. 그는 이곳에 살면서 호를 지정止亭으로 지었다. 이후 신응시辛應時가 남곤이 살던 집을 개축하여 살았다. 신응시는 본관이 영월이며, 명종과 선조 때 관직을 지냈던 인물로 호를 백록白麓이라 하였다. 백록은 그가 살았던 집 뒤의 산이 백악이었던 데서 연유한 것이다. 그의 아들 신경진辛慶晉도 이 집에 살면서 아호丫湖라는 호를 사용했는데 집 앞을 흐르는 두 갈래의 물줄기에서 취한 것이다. 이후 영월 신씨 집안에서 모두 8대가 대를 이어 살았다. 이의현李宜顯의 《도곡집陶谷集》에는 신응시의 5대손인 신태동辛泰東의 묘갈명이 있다. 여기에도 신태동이 대은암에서 대를 이어 거주하고 있었음이 확인된다. 또한 삼연三淵 김창흡金昌翕 등 노론의 여러 선비들이 이곳에 모여 함께 자연을 즐기고 시를 지으며 놀았다고 기록되어 있다. 이와 같이 영월 신씨 집안에서 대략 250여 년간 이곳에 살았다는 사실은 여러 기록에서 확인된다.

이후 집이 황폐해져서 팔기 위해 내놓았을 때 서직수가 이 집을 샀다. 그가 많이 훼손된 이 집을 사려고 아내에게 상의하자 그의 처는 "예전에는 궁궐 가까운 요지였으나

정선이 그린 《장동팔경첩》 중 〈대은암〉

지금은 사방에 이웃이 없고, 단지 바위와 소나무와 시냇물로 둘러싸여 있으며, 남산과 관악산이 저 멀리 구름 사이로 보일 뿐입니다. 조정과 시장이 아득히 멀고 도둑과 호랑이가 돌아다니니 결코 우리처럼 가난한 사람이 살 데가 아니지요."라고 말하면서 반대 의사를 보였다. 그러나 서직수는 "우리가 부자라면 이 집을 사지 않아야 옳을 것이오. 가난하니까 살 만하다오. 집 안에 세간살이가 없는데 도둑을 왜 걱정하고, 밤이면 책이나 읽을 텐데 호랑이를 왜 겁내며, 높은 벼슬아치가 아닌데 조정이 멀다고 왜 염려하시오? 주머니에는 술값도 없으니 시장이 멀다는 걱정일랑 마시구려."라며 빙그레 웃고 집을 구매하였다.

이들 외에도 대은암 아래 살았던 인물에 관한 기록으로는 《동국여지비고東國輿地備考》 한성부 제택조에 김주신金柱臣의 집이 순화방 대은암동 연우궁 옆에 있었다. 김주신은 숙종 때 활동했던 문신으로 영돈녕부사 호위대장 등을 역임하였다. 딸이 숙종의 계비인 인원왕후仁元王后로 경은부원군에 봉해졌다. 따라서 인원왕후가 태어난 곳도 이곳이다. 또한 유본예柳本藝가 편찬한 《한경지략漢京識略》에는 구봉龜峯 송익필宋翼弼이 이곳에서 태어났고, 송강 정철과 청송 성수침이 옛날에 살던 집이 있었다고 적고 있다. 송익필은 율곡 이이李珥, 우계 성혼成渾과 친밀하게 교류했던 학자로 율곡학파의 핵심 인물이며, 김장생金長生, 김집金集 등 많은 학자를 양성했다.

풍류를 즐긴 선비들의 공간이었다

청와대 자리는 지리적으로 경복궁 북쪽에 해당하면서 뒤로는 우뚝 솟은 백악이 있고, 이곳에서 발원하여 두 갈래로 흘러내리는 물길인 만리뢰가 있다. 산과 물이 있는 곳이어서 일찍부터 풍류를 즐기는 선비들이 모여 낭만을 만끽하는 장소로 주목받았다. 선비들의 풍류와 관련한 기록은 조선왕조실록이나 《승정원일기》와 같은 관찬 사료에서 찾기는 어렵다. 성격상 풍류를 즐긴 당사자들이 기록을 남겨야 했기 때문이다. 따라서 선비들의 풍류와 관련하여 많은 기록을 기대하기는 어렵다. 다행히 조선후기 개인의 문집에서 백악 아래에서 풍류를 즐긴 장면의 편린을 발견할 수 있어 이를 소개한다.

1759년(영조 35) 12월 14일에 연암燕巖 박지원朴趾源은 이구영李耈永, 이서영李舒永, 한문홍韓文洪 등과 함께 밤에 대은암 아래에서 줄지어 앉아 놀았다. 이구영과 이서영은 본관이 한산으로 한양에 거주했던 선비들이며, 한문홍은 연암과 같이 과거 공부를

大隱菴唱酬詩序

戊寅十二月十四日。與國之誼之元禮。夜登白岳之東麓。列坐大隱岩
下。澗冰溜漏。蹲蹲累積。冰底幽泉。琮琤蕭瑟。月嚴雪玄。境靜神爽。相視
笑諾。樂而和詩。已而歎曰。此昔南袞士華之遺址。而朴誾仲說。一國之
名士也。仲說之飮酒。必於大隱之巖。而其賦詩也。未嘗不與士華相屬
也。當是時也。文章交遊之盛。可謂極一代之選。流而數百年之間。前人
之勝迹。皆已湮滅而不可知。則而況於袞者乎。今其頹垣廢址之間。慨
然而爲之躊躇者。悲盛衰之有時。而知善惡之不可磨也。今元禮寓居
於此。歌嬉傾倒。殆將軒輊仲說。而澗流松風。尙有餘韻。嗚呼。當二子之
遊於此也。其意氣之盛。顧何如哉。劇飮大醉。兩相吐露。握手歔欷。氣可
以崩山岳。辯可以決河漢。尙論千古。顧何嘗不嚴於君子小人之辨哉。
然而仲說諫死於燕山之朝。而其爲詩也不爲不多。然尙恨其少至今
讀其詩。凜凜乎想有以立也。袞啓禍北門。斬艾正類。而袞之將死。悉焚
其藁曰。使藁傳者。執肯觀之哉。由是觀之。文章奇遊。信一餘事爾。何與
於其人之賢不肖。而在君子則來者慕其迹。後世尙恨其傳之不多也。
而在小人則猶且自剞之不暇也。而況於他人乎。詩凡幾篇。仲美序。

박지원이 지은 〈대은암창수시서〉

하던 사이였다. 이들은 돌아가며 몇 편의 시를 주고받았고, 이를 묶어 시집을 만들었는데 그 서문을 연암이 썼다. 서문에 의하면, 과거 박은과 남곤이 이곳에서 풍류를 즐기고 젊은 혈기를 드러내며 의기투합한 장소였다는 점을 높이 평가하면서 자신들도 같은 마음으로 모여 시를 짓게 되었음을 회고하고 있다. 나아가 박은은 연산군 때 왕의 잘못된 정치를 적극적으로 간하다가 죽임을 당하여 재주가 뛰어났음에도 일찍 죽는 바람에 시를 많이 남기지 못했고, 남곤은 기묘사화를 일으켜 많은 선비를 죽이는 일에 앞장서 자신이 죽을 때는 스스로 자기 글을 없애는 바람에 전해오는 작품이 없다는 것을 언급하였다. 결국 한 사람은 군자이자 충신으로 평가되어 그의 시가 많지 않음을 후대의 선비들이 한스러워하지만, 다른 한 사람은 소인이 되어 자기 손으로 글을 없애는 데 바빴다며 평가절하하고 있다. 자신들이 이곳에 모여 시를 짓고 젊은 기개를 함께 나누지만 박은이나 남곤과 같이 두 사람의 엇갈린 평가를 교훈으로 삼고자 함을 드러낸 것이다. 이와 관련된 기록은 박지원의 문집 《연암집燕巖集》 제3권 〈대은암창수시서大隱菴唱酬詩序〉와 이희천李羲天의 《석루유고石樓遺稿》 〈화백록시서和白麓詩序〉에 함께 기록되어 전한다.

또한 정조와 순조 때 문신으로 병조판서를 지낸 권상신權常愼은 대은암에서 선비들과 모여 놀았던 사실을 기록으로 남겼다. 1788년(정조 12) 삼짇날 대은암 아래에 14명의 선비들이 모였다. 이해는 이인좌의 난이 일어난 무신년(1728)으로부터 60년이 지난 해이다. 이인좌의 난을 평정한 이래 서울에서는 무기를 들고 싸우는 일이 없었고, 성군을 만나 태평성대가 이어졌으니 이를 기념하여 잔치를 벌이자는 의도로 권상신이 모임을 주도하였다. 이들은 경산京山 이한진李漢鎭을 모시고 하루 종일 거문고를 타고 술을 마시며 시를 짓고, 다른 한쪽에서는 그림을 그리고 글을 쓰며 놀았다. 산과 흐르는 물을 배경으로 주변의 풍광을 맘껏 구경하고 밤이 되어 달빛을 배경으로 귀가하였다. 이러한 장면을 문장으로 남기며 사대부들의 풍류라 하였다. 또 이들이 놀았던 장면을 그림으로 그려 남김으로써 후대에 전하고자 했다. 이 자리에 함께 참석했던 단원 김홍도에게 그림을 부탁하여 그려진 그림이 〈대은암아집도大隱巖雅集圖〉이다. 그림이 완성된 후에 이를 찬미하여 글을 남겼는데 다음과 같다.

> 저 뽀얀 안개 속에 뾰족하게 솟은 산은 북악산 기슭이로다!
> 바위틈에서 솟아 깊은 골을 구불구불 흐르는 샘물은 만리뢰의 물굽이로다!
> 그중에 난간이 있어 나무에 기대 세운 누각은 대은암의 집이로다!

술잔 돌리고 악기 연주하며 종이와 붓이 날아다니니 좋은 날을 가렸도다!
봄옷이 지어지자 여럿이서 즐기노니 옛 철인을 계승함이로다!
그림으로 그려 사람들 눈에 길이 빛나게 하니 앞으로 이 화폭에 느낌이 있으리라!

〈은암아집도찬〉

이 글만 읽어도 백악을 배경으로 대은암과 만리뢰의 모습이 살아 숨 쉬는 듯하고, 이곳에서 자연을 벗 삼아 시를 짓고 풍류를 즐기는 사대부들의 생생한 모습을 상상할 수 있다. 그러나 아쉽게도 김홍도가 그린 그림은 현재 남아 있지 않고, 글만 전하고 있다.

경복궁이 임진왜란 때 불탄 후 다시 중건하지 않아 250여 년간 그 자리는 빈 공간으로 남아 있었다. 주인이 없으니 당연히 잡초가 무성하고 을씨년스러운 모습으로 변해갔다. 가끔씩 회맹단에서 열리는 회맹제를 위해 왕이 행차하거나 활쏘기하는 기록이 있을 뿐이다. 따라서 이곳을 여행하는 시인 묵객들이 지은 작품에는 옛 영광이 사라진 을씨년스러운 모습으로 묘사되곤 했다. 이러한 때에 사대부들이나 젊은 선비들이 백악 아래에 모여 떠들썩하게 놀며 풍류를 즐길 수 있었던 것은 어쩌면 경복궁이 궁궐로서의 위상을 잃었기 때문에 가능하지 않았을까 싶다.

영조는 경복궁 후원에 친어머니 사당을 짓고 최초로 궁이라 불렀다

조선은 예禮를 중시한 나라이다. 일반적으로 길례吉禮, 가례嘉禮, 빈례賓禮, 군례軍禮, 흉례凶禮를 오례라 부르며 중시해왔다. 국가 최고 책임자인 국왕에서부터 일반 서민에 이르기까지 모든 일상생활 속에 예의 문화가 투영되어 있다. 예와 관련된 다양한 문화가 오늘날까지 이어지고 있는데 그 가운데 제례·혼례·상례 등은 우리가 흔히 만날 수 있는 것들이다.

조선후기 영조는 경복궁 후원에 조선시대 제례와 관련하여 새로운 문화를 만들었다. 《국조오례의》의 기록에 의하면, 역대 국왕과 왕비는 죽은 후에 능묘를 만들고, 신주는 궁궐 혼전에 모셨다가 삼년상을 치른 후 종묘로 모셔져 향사를 받는다. 그러나 왕족이면서도 종묘에 들 수 없는 사람들은 능묘보다는 한 단계 규모가 작은 묘墓에 묻혔고, 신주는 별묘別廟를 만들어 사당으로 관리하였다. 그런데 영조는 자신을 낳은 친어머니의 사당을 묘廟에서 궁宮으로 높이면서 파격적인 변화를 추진했는데, 그 장소가 경복궁 후원 지역이다.

영조는 1724년 10월 16일 31세의 나이에 조선의 제21대 왕으로 즉위하여 1776년 4월 22일 향년 81세로 사망할 때까지 무려 52년이라는 최장기간을 집권했다. 조선의 국왕 가운데 가장 장수한 군주로서 탕평책, 〈균역법〉, 청계천 준설 등 다양한 치적을 남겼으나 그 이면에는 아들 사도세자를 뒤주 속에 넣어 굶어 죽도록 한 왕으로도 널리 알려져 있다.

영조를 낳은 이는 무수리 출신의 최씨였다. 최씨는 숙종의 계비인 인현왕후仁顯王后를 섬기며 궁궐 생활을 하다가 1693년(숙종 19) 숙종과의 사이에 아들을 낳아 종4품의 숙원淑媛에 봉해졌다. 첫아들은 두 달 만에 세상을 떠나고, 이듬해 낳은 아들이 훗날 왕에 오른 영조이다. 이후 영조의 생모는 종2품 숙의淑儀와 종1품인 귀인貴人을 거쳐 1699년 정1품인 숙빈淑嬪에 봉해졌다. 이후 영조가 25세 때인 1718년(숙종 44)에 세상을 떠났다. 영조는 친모가 숙빈 최씨였으나 어머니의 출신이 미천했던 관계로 노론의 유력자인 김창집金昌集의 종질녀로서 숙종의 후궁이던 영빈 김씨의 양자로 들어갔다.

한편 숙종은 계비인 인현왕후가 죽자 세 번째로 왕비를 들였는데 그녀가 인원왕후다. 당시 영조의 친모인 숙빈 최씨도 후궁으로 있었지만 희빈 장씨의 사례를 경험한 뒤 후궁을 왕후로 올리지 않았다. 새로운 계비인 인원왕후는 1702년 왕비로 책봉되었으

칠궁 전경

나 숙종에게서 후사를 얻지 못했다.

이런 상태에서 숙종은 재임 말기에 후사를 정하는 과정에서 희빈 장씨의 소생인 원자와 숙빈 최씨의 아들인 연잉군(후에 영조)을 두고 고민에 빠졌다. 원자는 정치적으로 남인의 지지를 받던 친모가 죽임을 당한 후 질환이 많고 후사가 없어 안심이 되지 않았고, 연잉군은 신분이 낮은 후궁의 소생이었기 때문이다. 이에 노론의 대신을 만나 연잉군을 후사로 정했지만 뜻을 이루지 못하고 죽으면서 원자가 경종으로 즉위하였다.

이후 경종은 몸이 약하고 후사가 없어 이복동생인 연잉군이 노론의 정치적 지지를 받아 세제世弟로 책봉되었다. 경종이 4년의 짧은 시기를 재위하고 죽자 뒤를 이어 영조가 즉위하였다. 노론의 지지를 받은 영조는 공식적으로 대비 김씨(숙종의 두 번째 계비인 인원왕후)의 삼종혈맥三宗血脈 논리의 지원을 받아 적통성을 확보한 후에 경종의 뒤를 이어 왕위에 올랐다. 삼종혈맥의 논리는 영조가 효종·현종·숙종의 뒤를 잇는 적통자임을 대비가 인정한다는 것이다. 이 때문에 영조는 생모인 숙빈 최씨를 추숭하여 왕후의 반열에 올릴 수가 없었다.

1724년 11월 20일 영조는 자신이 왕자로 있을 때 거처하던 집을 숙종의 후궁이면서 자신을 낳은 숙빈 최씨의 사당으로 활용하도록 했다. 그러나 영의정 이광좌의 반대로 뜻을 이루지 못하고 새로운 사당을 짓는 것으로 합의했다. 1년 후인 1725년(영조 1) 12월 23일에 어머니 숙빈 최씨의 사당을 경복궁 북쪽에 건립하면서, 이름을 숙빈묘淑嬪廟라고 했다. 이후 1744년(영조 20) 3월 7일 숙빈묘를 육경묘毓慶廟로 바꾸었다가 다음 날인 3월 8일에 육상묘毓祥廟로 바꾸었다. 육경이 인조의 생모 계운궁의 이름인 육경원毓慶園과 같았기 때문에 교체한 것이다. 이어 묘지 이름을 소령묘昭寧墓로 정했다.

1753년(영조 29)은 영조의 생모가 처음으로 종4품인 숙원에 봉해진 지 60주년이 되는 해로서 이를 계기로 6월 25일에 숙빈 최씨에게 화경和敬이라는 시호를 추가하고 사당을 궁宮으로, 묘소를 원園으로 올려 부르도록 했다. 이때부터 육상묘는 육상궁으로, 소령묘는 소령원昭寧園으로 불렀다. 육상궁 안에는 제사를 담당하는 전사청, 육상궁의 사무를 담당하는 헌관집사청, 제례에 필요한 향과 축문 등을 보관하는 향대청, 육상궁을 관리하는 사람들이 머무는 공간인 수복방 등의 부속 건물이 있었다.

이로써 영조는 자신의 소망이었던 어머니의 사당과 묘소를 세자와 세자빈의 위치에 버금가는 지위로 올리는 데 성공했다. 조선에서 후궁의 자녀로 왕위에 오른 경우 생모의 사당을 궁의 반열에 오르도록 한 것은 최초의 일이고, 향후 이것이 표본이 되었다. 영조가 생모의 사당을 짓고 단계적으로 지위를 올려 궁으로 만드는 데 무려 30년의 세월이 흘렀다. 사당을 지은 후에는 생모의 탄생일과 제삿날을 전후하여 직접 현장으로 행차함으로써 어머니에 대한 예를 다했다. 이렇듯 영조는 자신이 이루고자 했던 일들을 무리하게 서두르지 않고 단계를 밟아 신하들을 설득하며 목적을 달성하는 신중함을 보였다.

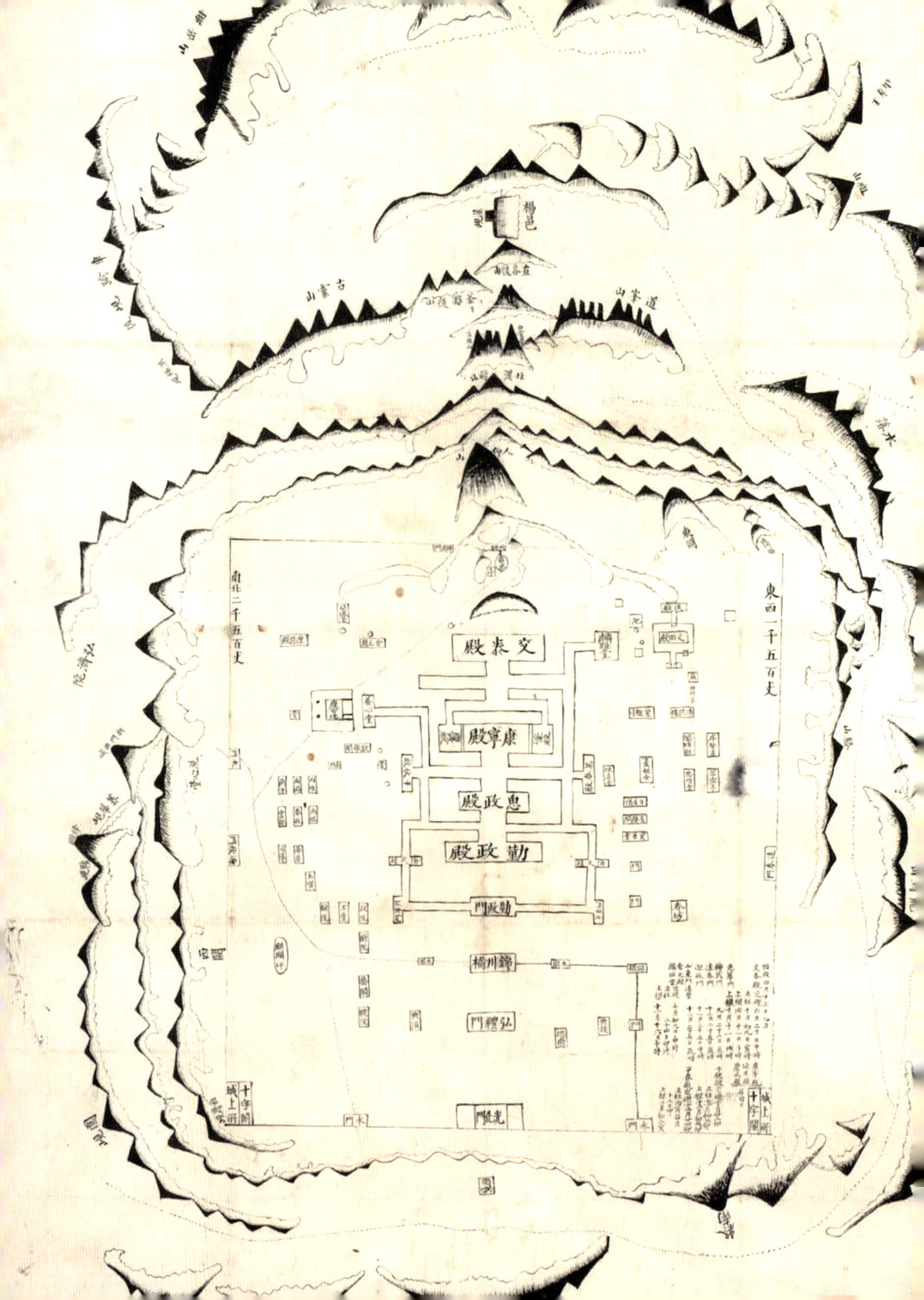

交泰殿
康寧殿
思政殿
勤政殿
勤政門
錦川橋
弘禮門
光化門
十字閣
城上所
十字閣
城上所
東西一千五百丈
南北二千五百丈
古臺山
道峯山
弘濟院

제3강

경복궁 중건으로 궁궐 영역이 되다

오랜 기간 빈터로 남아 있던 경복궁

경복궁 중건 공사가 마침내 시작되다

중건 경복궁에 조성된 대규모 후원

백성이 스며든 임금의 공간, 경복궁 후원

제3강

경복궁 중건으로 궁궐 영역이 되다

한보람 대전대학교 역사문화학전공 강사

오랜 기간 빈터로 남아 있던 경복궁

경복궁 중건 사업은 1865년(고종 2)에 착수되었다. 때는 60여 년간 권력을 독점하던 세도 정권이 한발 물러서고, 고종을 앞세운 흥선대원군이 집권한 직후였다. 중건 공사는 새로운 시대를 기대하는 사회적 분위기 속에 활기차게 시작되었다. 공사 소식이 전해지자 기꺼이 자원하여 부역하는 백성들도 많았다. 이에 조정에서는 한창 농사가 시작되는 계절에 궁궐 공사로 인해 농사의 때를 놓치게 할 수 없다는 이유를 들어 자원한 백성을 돌려보내는 조치까지 취할 정도였다. 《경복궁 영건일기景福宮營建日記》에는 백성들에게 궁궐 터와 작은 물길들을 청소시키자 덩실덩실 춤을 추며 일했다는 기록도 남아 있다. 당시 광화문에 걸려 있었다는 노래 가사에는 "조정에 가득한 충신들이 힘을 합치고 팔도의 백성들이 기꺼이 따르니 천명을 말하는 비기秘記가 심상치 않고 백성들이 성심으로 스스로 오는 일이 거룩하다."라는 내용이 들어 있다. 이를 통해 경복궁 중건 사업이 사회 구성원들의 폭넓은 공감과 지지를 받았음을 어느 정도

짐작할 수 있다. 공사 현장에서는 징과 북, 피리와 장구가 요란하게 울리며 일하는 사람들의 흥을 돋우었다. 주점과 식당, 엿장수와 담배 장수가 곳곳에 전을 벌였고, 춤판과 각종 공연이 펼쳐졌다. 구경꾼들도 몰려들어 남녀 구별 없이 어깨가 스치고 발길이 섞이는 북적북적한 장면이 연출되었다. 재원을 확보하기 위한 원납전願納錢은 비록 공사를 무리하게 이어가면서 폐단으로 굳어졌지만, 중건을 시작한 첫해에만 500만 냥 넘게 모였다. 이처럼 경복궁 중건 사업은 희망이 흘러넘치는 떠들썩한 분위기 속에 착수되었다.

이렇듯 모두가 환영하는 분위기에서 공사가 시작되었지만, 경복궁 중건은 역사적으로 그리 쉬운 일이 아니었다. 실제로 경복궁은 고종대에 중건되기 전까지 270여 년이라는 긴 시간 동안 빈터로 남아 있던 공간이었다. 임진왜란 때 불에 타서 없어진 후 오랜 기간 원래의 모습을 찾지 못했던 경복궁은 조선 왕조의 법궁法宮이라는 상징성을 가지고 있었다. 이 때문에 임진왜란 이후 이를 중건하고자 하는 국가적 의지는 사라지기 힘든 것이었다. 임진왜란으로 궁궐이 소실된 직후인 1593년(선조 26)에는 경복궁 터에 임시로라도 궁궐 건물을 지을 수 있도록 준비하라는 국왕 선조의 전교가 내렸다. 그리고 전쟁이 끝난 후인 1606년(선조 39)부터는 궁궐 영건도감에서 중건의 구체적인 방법을 논하기도 했다.

선조대 이후의 국왕들에게도 경복궁을 다시 세워야 한다는 생각은 계속되었다. 광해군은 경복궁 중건의 당위성을 강조하며 경복궁에 친히 행차하기도 했으나 민폐를 걱정하는 여론 때문에 공사를 착수하기란 현실적으로 어려웠다. 현종도 경복궁 옛터에 간단히 새 궁을 짓고자 하는 뜻을 신료들에게 내비쳤다가 가뭄이 심한데 토목 공사를 일으킬 수는 없다는 반대에 부딪혀 무산되었다. 이후로도 경복궁을 수리하여 국왕의 거처를 옮기는 일에 대해 상소와 논의가 끊임없이 이어졌다. 숙종은 〈경복궁을 바라보며 지은 시[望景景福詩]〉를 지어 "소나무 숲 울창한 법궁을 언제 어떻게 중수할 것인가."라며 한탄했다. 하지만 숙종도 경복궁 수리를 요청하는 상소에 "법궁을 중건하는 일은

정선이 그린 〈경복궁도〉

누구나 마음에 두고 있겠지만 궁한 시기에 토목 공사를 생각할 수 없다."라는 답변을 내렸다. 이를 통해 경복궁 중건의 당위성과 현실의 어려움이 함께했던 당대의 사정을 엿볼 수 있다.

하지만 건물이 없는 빈터의 상태에서도 경복궁은 조선시대 내내 법궁으로서의 상징성을 잃지 않았다. 18세기 무렵 조선후기 국왕들은 왕조 자체를 상징하는 경복궁의 의미에 주목했다. 비록 당장은 민력民力이 부족하여 본격적인 중건 공사에 착수할 수 없었지만, 경복궁 빈터는 조종祖宗의 정치를 본받으면서도 새로운 정치를 다짐하는 국왕의 행사를 수행하는 공간이 되었다. 특히 국가 체제를 재정비한 중흥의 군주 영조 때 이런 움직임이 두드러졌다. 영조는 경복궁 빈터에서 수차례 과거를 실시하며 경복궁이 왕조의 창업과 중흥의 사적을 담고 있음을 분명히 했다. 또한 1770년(영조 46)에는 근정전 옛터에 나아가 손수 다음과 같은 글을 지어 하교함으로써 훗날 정조가 되는 세손의 입지를 확인했다.

> 손자는 그 할아비를 의지하고 할아비는 그 손자를 의지하며 앞에 앉고 뒤에서 시중들고 있다. 구궐舊闕의 터에서 널리 효유曉諭하니, 열성조께서 위에서 굽어보시고 많은 백성이 아래에서 모두 듣고 있다.

이 글에서 당대 경복궁은 단순히 옛 궁궐 터가 아니라 열성조가 내려다보고 백성이 바라보는 국가의 중심 장소로서 대표적 상징성을 지니고 있음을 볼 수 있다.

세도 정권기에 접어들자 19세기 국왕들은 경복궁의 위상에 더욱 주목했다. 1800년 정조 서거 후 성리학을 기반으로 한 개혁 군주가 중심이 되어 국가를 안정시키고자 했던 18세기 조선 정치의 지향도 중단되었다. 안동 김씨 세도 정권은 국왕권을 견제하고 독단적으로 정국을 운영했다. 이에 정조를 이은 19세기 전반의 군주들, 즉 순조, 효명세자(익종), 헌종은 기회 있을 때마다 국왕권의 회복을 도모했다. 순조는 스스로가 젊은 나이였음에도 불구하고 1827년(순조 27) 아들 효명세자에게 대리청정을 맡겼다. 대리청정을 시작한 효명세자는 국왕의 권한을 강조하고 독자적 권위를 세우려 하면서 적극적으로 국정 운영을 추진하였다. 1830년(순조 30) 효명세자의 갑작스러운 죽음으로 국왕이 국정 운영의 주체로 나서려는 시도는 좌절되었다. 하지만 그의 아들 헌종이 성년이 된 1845년(헌종 11)부터 국정을 주도하려는 국왕의 시도는 다시 한번 펼쳐졌다. 그러나 헌종마저 1849년(헌종 15) 스물세 살의 젊은 나이로 세상을 떠나면서 국왕권의 회복 시도는 또다시 좌절되었지만, 19세기 전반을 통틀어 사적 권력을 배제하고 공적 권력으로서 국왕권의 회복이라는 시대적 과제는 궁궐에 대한 커다란 관심과 경복궁 중건에 대한 의지로 표면화되었다. 효명세자와 헌종은 모두 궁궐 공간에 큰 관심을 보여, 효명세자 대리청정 기간에는 〈동궐도東闕圖〉가 제작되었고, 헌종 재위 기간에는 《궁궐지宮闕志》가 편찬되었다. 특히 헌종은 경복궁 중건 비용이 엄청날 것을 계산하여 사비를 저축해 공사비 수백만 냥을 가죽 부대에 담아두었다는 이야기까지 전해질 만큼 의지가 강력했다.

이처럼 임진왜란으로 불에 탄 이후의 경복궁은 빈터조차도 조선 왕조를 상징하는 공간으로 인식되었다. 역대 국왕들과 신료들에게 국가를 상징하는 경복궁 중건 필요성에 대한 공감대도 끊임없이 이어졌다. 그러나 백성에게 폐를 끼치고 물자를 마련하기 힘들다는 현실적 이유로 경복궁의 중건은 오랜 기간 요원한 일이었다.

경복궁 중건 공사가 마침내 시작되다

수백 년간 왕조의 숙원 사업이던 경복궁 공사는 고종 즉위 후 드디어 시작되었다. 이는 19세기 전반 동안 누적되어온 사회적 모순들을 극복하고 국가 기강을 바로 세울 필요성에 동의하는 사회적 공감대가 있었기에 가능한 일이었다. 1863년 고종이 즉위하고 2년 남짓 지난 1865년(고종 2) 4월, 대리청정 중이던 신정왕후는 경복궁을 다시 지어 중흥의 큰 업적을 이루겠다는 전교를 내렸다.

> 경복궁은 바로 우리 왕조가 설 때 가장 먼저 자리를 잡은 정궁正宮이다. 규모의 정대함이나 위치의 정제함에서 성인聖人의 심법心法을 우러러볼 수 있고, 정령의 시행이 하나도 바른 것에서 나오지 않음이 없어 팔도 백성들이 모두 복을 입은

> 것이 이 궁궐로부터 시작되었다. 그러나 불행하게도 병란으로 불타버린 뒤 미처 중건하지 못하여 뜻있는 이들이 탄식해온 지 오래되었다. 지금 정부의 중수重修로 인하여 왕조가 번창하던 시기에 백성과 물산이 번창하고 훌륭한 이들이 등용되었던 것을 늘 생각하면 사모하고 추모하는 마음이 간절해진다. 돌이켜보면, 익종께서 정사를 대리하실 때도 여러 번 옛 궁궐에 행차하시어 옛터를 둘러보시면서 분연히 중건할 뜻을 가지셨지만 이루지 못하였고, 헌종께서도 여러 번 그 뜻을 계승하려 하셨으나 또한 미처 거행하지 못하였다.

신정왕후의 전교에는 당대 경복궁이 지닌 국가적 상징성과 역대 국왕들의 중건 노력이 그대로 담겨 있다. 대규모 토목 공사가 벌어지면 민생이 지탱하기 어렵다는 우려 때문에 오랫동안 경복궁의 중건은 현실화되지 못했다. 하지만 고종의 즉위와 흥선대원군의 집권은 극도의 혼란으로 치닫던 기존의 사회적 분위기를 쇄신할 수 있다는 희망을 안겨준 정치적 사건이었다.

고종이 왕위에 올랐던 1860년대 초반의 조선 사회는 불안과 동요의 공기로 가득 차 있었다. 60여 년의 긴 세월 동안 세도 정권은 공공의 이익보다는 사적 이권을 도모하며 독단적으로 정국을 운영했다. 불안의 요소는 국내에만 있는 것이 아니었다. 1860년 말에는 영국과 프랑스 연합군이 북경을 함락시켰다는 소식이 전해졌다. 제국주의 열강의 동양 진출이 바로 코앞까지 닥친 상황에서 조선인들은 극심한 공포에 시달렸다. 1862년에는 쌓이고 쌓인 사회적 모순을 더 이상 참지 못한 농민들의 항쟁도 폭발했다. 농민 항쟁의 역동적인 힘 앞에서 세도 정권은 수습할 방안을 찾지 못하고 한발 물러섰다. 이처럼 국내외를 막론하고 심상치 않은 분위기가 요동치던 상황에서 고종을 앞세운 흥선대원군이 집권했다. 조선 사회는 새로운 정국에 대한 기대로 술렁였다. 조선 집권층은 국가 기강이 바로 세워진 새 시대가 열릴 것이라는 기대에 걸맞은 상징적인 조치가 필요하다고 판단했다. 그리고 거기에 정확히 부합하는 국가사업은 경복궁의 중건이었다.

흔히 고종대의 경복궁 중건 사업은 흥선대원군이 주도적으로 추진한 대표적인 왕권 강화책으로 널리 알려졌다. 그러나 수백 년간 많은 국왕들이 경복궁 공사의 당위성을 충분히 인식하고 있었음에도 불구하고 실제 공사로 이어지지는 못했다. 흥선대원군 역시 자신의 권력 강화를 위해 역사적으로 막대한 상징성을 가지고 있는 공사를 단독적으로 감행하기는 힘든 일이었다. 그것이 가능했던 배경에는 당대의 시대상을 바탕으로 한 관료 집단과 여론의 공감대가 자리하고 있었다.

신정왕후의 전교를 다시 살펴보면 경복궁이 조선 왕조의 정궁이라는 점과, 팔도 백성들의 복이 여기서 시작되었음을 강조하고 있다. 국가의 기반이 이곳에서 비롯되었음을 강조함으로써 국가와 왕조의 대표적 상징으로서 경복궁의 의미를 짚은 것이다. 그리고 이 같은 의미를 띤 경복궁은 선대왕 익종과 헌종이 중건할 뜻을 가지고 있었음을 밝혔다. 임진왜란, 즉 조선중기 이후 방치되다시피 하던 경복궁을 중건할 뜻을 가지고 있었던 선대왕들이 19세기의 두 임금인 익종과 헌종이었다는 것은 당시의 정치 상황에서 경복궁 중건의 문제가 19세기 조선의 상황과 밀접한 관련을 가지는 주제였음을 의미한다. 또한 19세기 전반의 임금인 익종과 헌종이 등장하는 것은 이 문제가 단순히 19세기 중후반에 권력을 잡은 흥선대원군이라는 한 명의 인물이 독자적인 의도로 추진할 수 있는 사업이 될 수 없음을 의미하는 것이기도 하다.

선대왕 사업의 계승이라는 측면이 경복궁 중건 사업에서 중요한 의미를 띠고 있었다는 점은 신정왕후가 전교를 발표한 다음 날 있었던 정부 내 2품 이상 관료들의 의견들을 통해서도 알 수 있다. 의견 대부분이 경복궁 중건은 선대 사업의 계승이라는 점과, 토목 공사에 소용되는 민력에 대한 대책을 중점적으로 다루고 있다. 특히 이날 논의에 참여한 2품 이상 관료 88인 중 53인이 "선대의 유업을 계승하는 것" 또는 "어버이의 사업을 자식이 받드는 것" 등의 표현을 사용하여 경복궁 중건이 선대왕 사업의 계승이라는 점을 명확히 하였다. 19세기 내내 무너져가던 왕조 국가의 위상을 바로잡아야

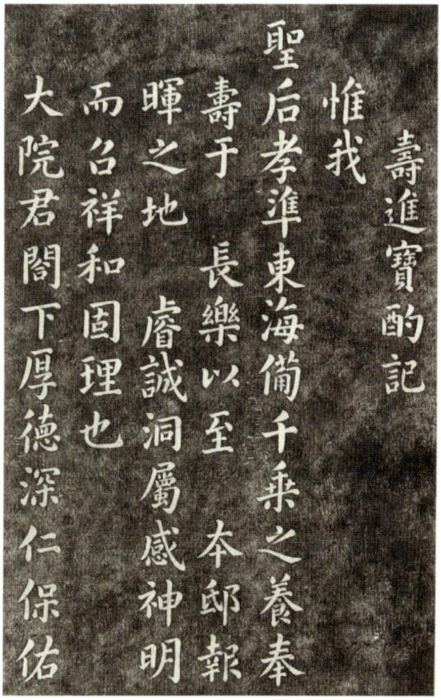

壽進寶酌記
惟我
聖后孝準東海備千乘之養奉
壽于長樂以至本邸穀
暉之地 睿誠洞屬感神明
而占祥和固理也
大院君閤下厚德深仁保佑

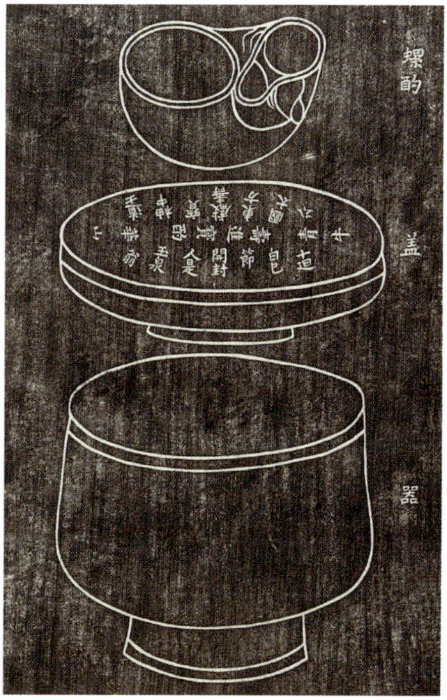

〈수진보작기〉

한다는 당대인의 문제의식 속에 경복궁 중건 공사는 착수되었다.

그리고 흥선대원군은 이 상징적 사업의 책임자가 되었다. 그 과정에서 박규수의 활약이 눈에 띈다. 박규수는 세도 정권기 권력의 핵심에서 멀리 떨어져 있다가 세도 정권 말기에 비로소 정계로 나왔다. 그는 세도 정권이 갖추지 못한 현실 대처 능력이 뛰어난 인물이었다. 특히 그는 1862년 농민 항쟁의 최전선에서 안핵사의 직무를 수행하며 국가적 위기 상황을 수습했다. 따라서 철종이 서거하고 새로운 국왕 고종이 즉위했을 때 관료 집단 내 박규수의 무게감은 결코 무시할 수 없는 것이었다. 그런 그가 공사가 막 시작된 시점에 대원군을 '국태공國太公'으로 칭하면서 전폭 지원했다. 《승정원일기》에는 그때의 현장 상황이 묘사되어 있다. 1865년(고종 2) 5월 4일, 고종은 신료들과 공부하는 경연 자리에서 경복궁 부근 석경루石瓊樓 아래에서 소라 모양의 잔 하나를 발견했다는 말과 함께 뚜껑이 닫힌 그릇을 내놓았다. 뚜껑 속에는 시가 적혀 있었다. 그 내용은 "화산도사華山道士가 소매 속에 간직한 보배를 동방의 국태공에게 바치며 축수祝壽하노라."라는 것이었고, 중앙에는 '수진보작壽進寶酌'이라는 네 글자가 있었다. 바로 이때 강관으로 참석한 박규수가 나서서 이 일은 우연한 일이 아니며 시의 의미를 살펴보면 여기에 등장하는 국태공은 곧 대원군인 듯하다고 발언했다.

수진보작 출토 사건은 조작의 혐의가 짙은 것으로 평가된다. 하지만 세도 정권이 막을 내리고 새로운 정국으로 나아가는 과정에서, 관료 집단의 중심인물인 박규수가 대원군에게 공사 책임자 역할을 부여하는 일에 적극 협조하고 있었다는 점은 의미심장하다. 경복궁 중건이 단순히 흥선대원군의 권력 장악을 위한 사업이 아닌, 당대 관료 집단의 동의를 얻은 국가적 사업이었음을 보여주기 때문이다. 고종대의 경복궁 중건은 몇백 년간 이어진 국가적 당위를 확보하고 있었을 뿐 아니라, 19세기 무너져 내린 국가 기강을 바로 세우고자 하는 시대적 공감대를 바탕으로 성사될 수 있었다. 이처럼 극단적인 혼란 속에서 새 희망의 상징으로 경복궁은 중건되었다. 그리고 새롭게 지어진 경복궁은 고종대의 집권층이 추구한 시대적 지향을 보여주는 다양한 공간으로 채워졌다.

중건 경복궁에 조성된 대규모 후원

태조대에 창건된 경복궁에서 후원은 그리 크지 않은 공간이었다. 창건되었을 당시의 경복궁은 내전과 외전, 부속 전각들을 합쳐도 700여 칸이 겨우 넘을 만큼 소규모였기 때문이다. 조선초기 경복궁 후원의 범위는 경회루 연못 북쪽 및 교태전 뒤 아미산에서 경복궁의 북문인 신무문 영역에 국한되었다.

조선초기 경복궁에서 후원은 신무문 안쪽 공간에 마련되었으나 고종대의 중건

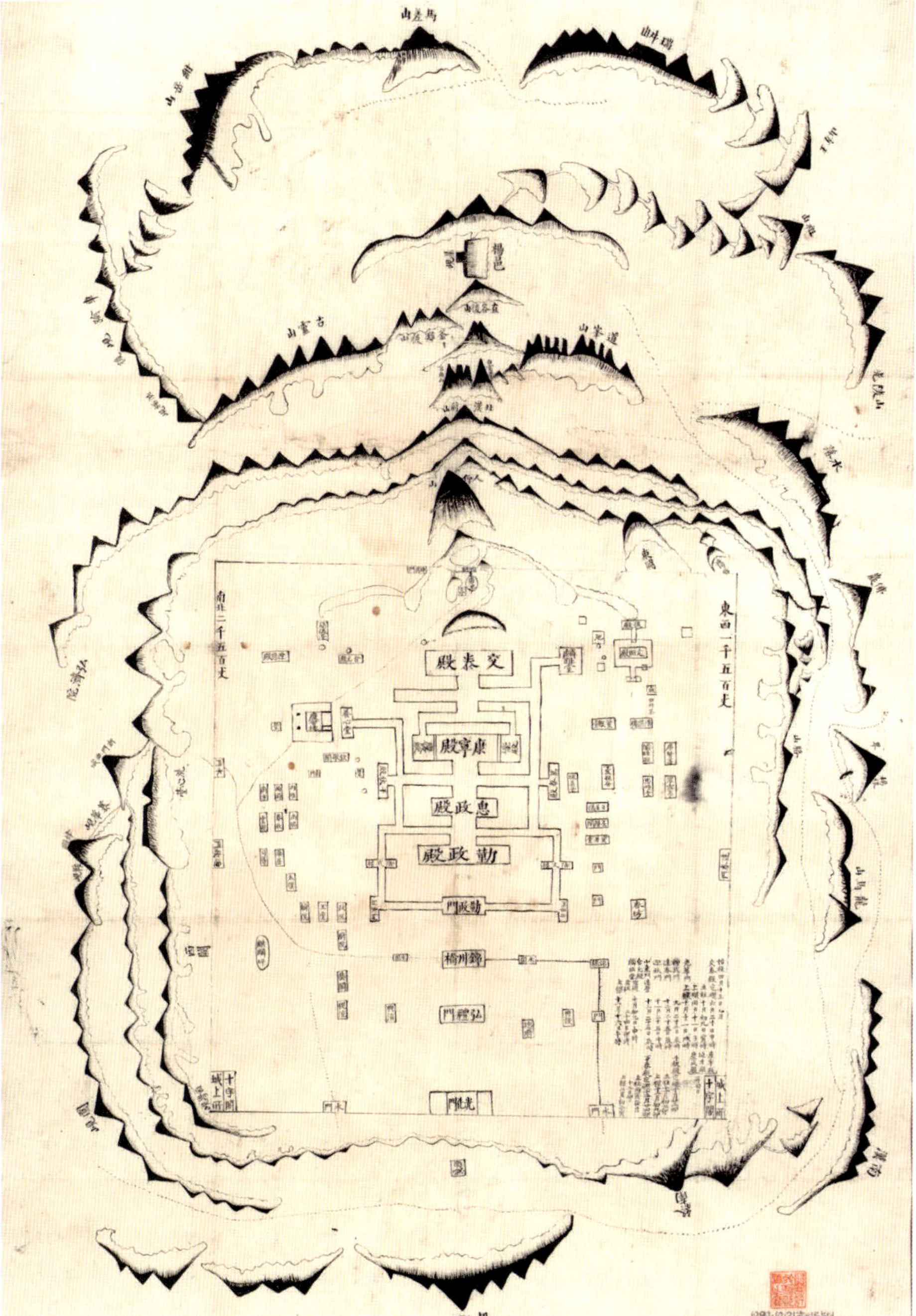

〈경복궁도〉

사업으로 경복궁 후원 영역은 획기적 변화를 맞이한다. 후원이 신무문 바깥 공간으로 나가면서 경복궁 북쪽 담장을 넘어간 넓은 영역에 자리를 잡게 된 것이다. 중건 경복궁은 전각만 7,000칸 이상이 될 만큼 초기 경복궁과 비교했을 때 규모가 상당히 확대되었다. 중건 공사 당시 전각들은 위치 변동 없이 초기 경복궁 옛터의 섬돌을 토대로 그 위에 지어졌다. 해당 위치에 터를 잡은 선조들의 식견을 존중하며 선대의 사업을 이어받으려는 뜻을 지키기 위해서였다. 하지만 후원 공간만큼은 초기 경복궁 건축 당시와 비교할 때 확연한 변화를 보인다. 초기 경복궁이 미치지 못했던 영역으로 중건 경복궁의 후원은 과감하게 확장되었다.

중건 경복궁의 후원이 자리한 신무문 북쪽 일대는 수려한 경치를 자랑하던 구역이다. 이곳을 배경으로 겸재 정선은 여러 개의 그림을 남기기도 했다. 경복궁 후원 영역이 되기 전까지 이곳에는 회맹단會盟壇이 있었다. 회맹단에서는 국왕과 신료의 결속을 다지는 상징적 의식인 회맹제會盟祭를 올렸다. 임진왜란으로 경복궁이 불에 타서 궁궐의 기능이 여타 궁으로 옮겨졌을 때도 회맹제는 변함없이 이곳에서 수행되었다. 숙종이 회맹제를 위해 건물 터만 남은 경복궁에 들렀을 때 함께 있던 김수항金壽恒은 그곳이 “궁궐 후원으로 들어가 있지 않으니 조종祖宗의 검소한 덕을 생각할 수 있다.”라면서 소감을 밝혔다. 후원으로 적합한 경치를 지닌 공간임에도 불구하고 궁궐 영역에 들어가 있지 않았던 조종의 검소한 덕을 칭송한 것이다. 그만큼 이 구역은 궁궐의 후원으로 삼기에 알맞은 공간이었다. 이곳은 경복궁의 뒷부분에 붙어 있으면서도 백악산 자락을 타고 경치가 뛰어났다. 또 북쪽으로 들어가면 일정한 경사가 있어 궁궐과 한양을 내려다보는 위치에 있으면서도 일정 공간의 평지가 있어 많은 사람이 참여하는 궁궐 행사를 개최하기에도 부족함이 없었다. 중건 경복궁은 이런 적절한 공간을 활용하여 궁궐 후원으로 만들었고, 궁궐의 영역은 그만큼 확장되었다.

경복궁의 기존 궁궐 영역 내 공사는 1865년(고종 2) 4월에 시작되어 1867년(고종 4) 11월에 일단락되었다. 이후 후원 건축은 경복궁 전각들의 공사가 어느 정도 마무리되고 왕실 가족들이 이사까지 마친 1868년에 착수되었다. 후원 영역은 궁성 북문 밖 백악산 자락을 낀 구릉 지역에 새로 개발되었다. 1868년 9월에 궁궐 북쪽 담장과 인접한 중앙 공간에 융문당隆文堂과 융무당隆武堂의 건립 공사가 시작되었다. 이 영역은 '경복궁 신무문 밖의 대臺'라는 의미의 경무대景武臺로 불렸으며, 후원의 중심 공간이자 다양한 국가 행사가 열리는 통치 공간이기도 했다. 경무대 서편에는 국왕이 농사의 시범을 보이는 논과 몇몇 건물이 들어섰다. 이 공간은 후에 경농재와 대유헌 등이 들어서면서 경농재 영역이 된다. 그리고 경무대와 경농재 권역을 넘어 북쪽으로 더 깊이 들어간 공간에는 오운각五雲閣, 옥련정玉蓮亭, 벽화실碧華室 등 세 개의 건물과 '천하제일복지天下第一福地'라는 이름의 샘을 포함한 국왕의 휴식 공간이 조성되었다.

그런데 이처럼 후원의 권역이 남북으로 크게 나누어진 한편으로 세 개의 기능을 가진 권역으로 구분된 것은 경복궁만의 특징은 아니다. 창덕궁 역시 후원의 전반부인 남쪽 구역은 춘당대·관풍각 권역, 후반부인 북쪽 구역은 존덕정·옥류천 권역으로 구분되었다. 창덕궁과 경복궁은 모두 남쪽에 통치에 필요한 각종 행사를 치르는 공간이 자리하고 북쪽에 국왕의 사적인 휴게 공간이 위치했다는 점에서 공통점을 가지고 있었다.

궁궐 후원은 민간의 정원처럼 단순한 조경 공간의 역할만 한 것이 아니었다. 과거 시험이나 군대 사열 등 대규모 행사장으로 활용되거나, 국왕이 시범을 보이는 농사처럼 농경 국가의 상징적 통치 예식이 실행되기도 한 공간이었다. 그만큼 궁궐의 후원은 공적, 정치적 성격을 강하게 띠고 있었다. 또한 후원은 국정을 운영하느라 지친 국왕이 쉴 수 있는 사적 성격을 띤 공간으로, 대부분의 시간을 궁궐 안에서 많은 사람과 부딪치며 살아가야 했던 임금의 일상에 작은 휴식을 주는 거의 유일한 공간이었다. 그리고 후원은 임금과 신하, 제한된 수의 고위 대신들뿐 아니라 다수의 인원이 드나들며 과거 시험을 보거나 군사 훈련에 참여함으로써, 백성이 모여 국가의 중대사를 도모하는 공간이라는 정체성을 보여주기도 했다. 따라서 조선시대 궁궐 구성에서 후원은 매우 중요한 위상을 차지하는 공간이었다.

조선전기 명종 때 국왕과 신료들의 대화를 통해 조선시대 궁궐 후원의 성격을 짐작해볼 수 있다. 1562년(명종 17) 명종은 궁궐 후원의 은행정銀杏亭에 나아가 200여 명의 참석자를 모아놓고 왕세자의 가례嘉禮를 축하하는 연회를 베풀었다. 이 자리에서 명종은 마음껏 술을 들고 흡족하게 즐기기를 권하면서, "후원에서 특별히 벌이는 연회는 대궐 뜰에서 하는 법회法會와 같지 않으니, 임금과 신하가 함께 즐기며 위아래의 정이 돈독해진다면 어찌 아름다운 일이 아니겠는가."라며 신료들이 어울려 춤출 것을 권했다. 하지만 신료들은 "비록 이 모임이 대궐 뜰에서 법도를 차리는 연회가 아닐지라도 조정의 신하가 모여 있으므로 법도를 갖춘 연회와 다름없으니, 춤을 추는 것은 예법에 지장을 주는 것"이라며 명종의 권유를 거절했다. 이 대화를 통해 조선시대 궁궐 후원은 국가 행사를 치르는 공적 공간인 동시에 국왕과 신료의 친목을 도모하는 사적 공간으로도 인식되었음을 알 수 있다. 비록 신료들이 춤을 추는 행동은 예법에 맞지 않는다며 거절하고 있지만, 궁궐 후원은 궐내 공식적인 업무 수행의 엄격함에 숨 고를 여유를 주는 독특하고도 중요한 공간이었다.

궁궐 후원의 중요성은 경복궁 중건으로 다시 한번 강조되었다. 당시 조성된 후원의 규모는 경복궁 전체 영역의 3분의 1에 이를 만큼 방대했다. 경복궁 후원은 조선시대 궁궐 후원이 담고 있어야 할 공적, 사적 공간 요소를 빠짐없이 구현한 공간으로 탄생하였다. 또한 이를 바탕으로 시간이 지나면서 고종이 추구한 정치 운영의 특징을 담아내기도 했다. 중건 경복궁 후원은 점차 고종 시대의 역사성을 담고 있는 공간으로 발전하였다.

백성이 스며든 임금의 공간, 경복궁 후원

다양한 국가 행사가 열린 경무대

중건 경복궁 후원의 중심이 되는 공간은 경무대이다. 경무대에는 두 개의 중요한 건물, 융문당과 융무당이 있다. '융문隆文'과 '융무隆武'라는 용어는 경복궁 창건 당시부터 궁궐 전각에 사용되었다. 태조 때 경복궁 근정전의 동각을 융문루, 서각을 융무루라고 하였는데, 그 의미에 대해 정도전은 다음과 같이 설명했다.

> 다스림에는 문文을 사용하고 난리에는 무武를 사용하니 마치 사람에게 두 어깨가 있는 것처럼 어느 한 쪽도 없어서는 안 됩니다. 예악의 문물과 융병戎兵의 무비를 찬연하고도 정연히 아울러 갖추었으며, 사람을 등용함에는 문장 도덕의 선비와 과감 용력한 무부들을 중외에 포열하였으니, 이는 극도의 융문과 융무를 이룬 것입니다. 전하의 문무를 병용하여 장구한 다스림을 이루었다는 것을 보이는 것입니다.

국왕이 거처하는 경복궁의 중심 건물 근정전의 양옆으로 문과 무가 나란히 배열하여 장구한 다스림이 이루어지는 모습을 건물 배치로 상징화하는 과정에서 융문과 융무라는 용어가 쓰였음을 알 수 있다. 중건 경복궁 후원에는 이러한 국가적 상징이 그대로 옮겨져 시각화되었다. 후원 중심 공간의 건물에 융문과 융무의 두 단어를 활용하여 융문당과 융무당이라는 이름을 붙여놓은 것이다.

국가의 통치가 조화롭게 이루어짐을 상징하는 융문당과 융무당, 즉 경무대 영역에서는 그 이름의 뜻대로 국정 운영에 필요한 대규모 행사들이 열렸다. 이 두 건물 앞으로는 월대와 함께 넓은 마당이 펼쳐져 있어 사람들이 모이기에 적합했다. 또한 궐 밖에서 궁궐을 통하지 않고도 서쪽 문인 추성문秋成門으로 바로 드나들 수 있어 궁궐 외부인도 출입하기 쉬웠다.

1920년대(추정) 융문당과 융무당

융문당과 융무당, 건물에 붙은 이름의 의미대로 이곳에서는 과거 시험과 군사들의 활쏘기 시험, 군사 훈련 등 문과 무가 짝을 이루는 국가의 중요 행사가 경무대 공간에서 실시되었다. 이처럼 중요한 자리에는 국왕과 왕세자도 친히 행차하여 백성과 함께 자리했다.

중건 경복궁의 후원에서 가장 많이 시행된 국가 행사는 문·무과 과거 시험이었다. 후원이 조성된 직후인 1869년(고종 6) 3월, 고종의 친림親臨하에 경과정시慶科廷試를 실시하여 문무과 인재를 선발하였다. 이해에만 삼일제三日製, 추도기秋到記, 구일제九日製,

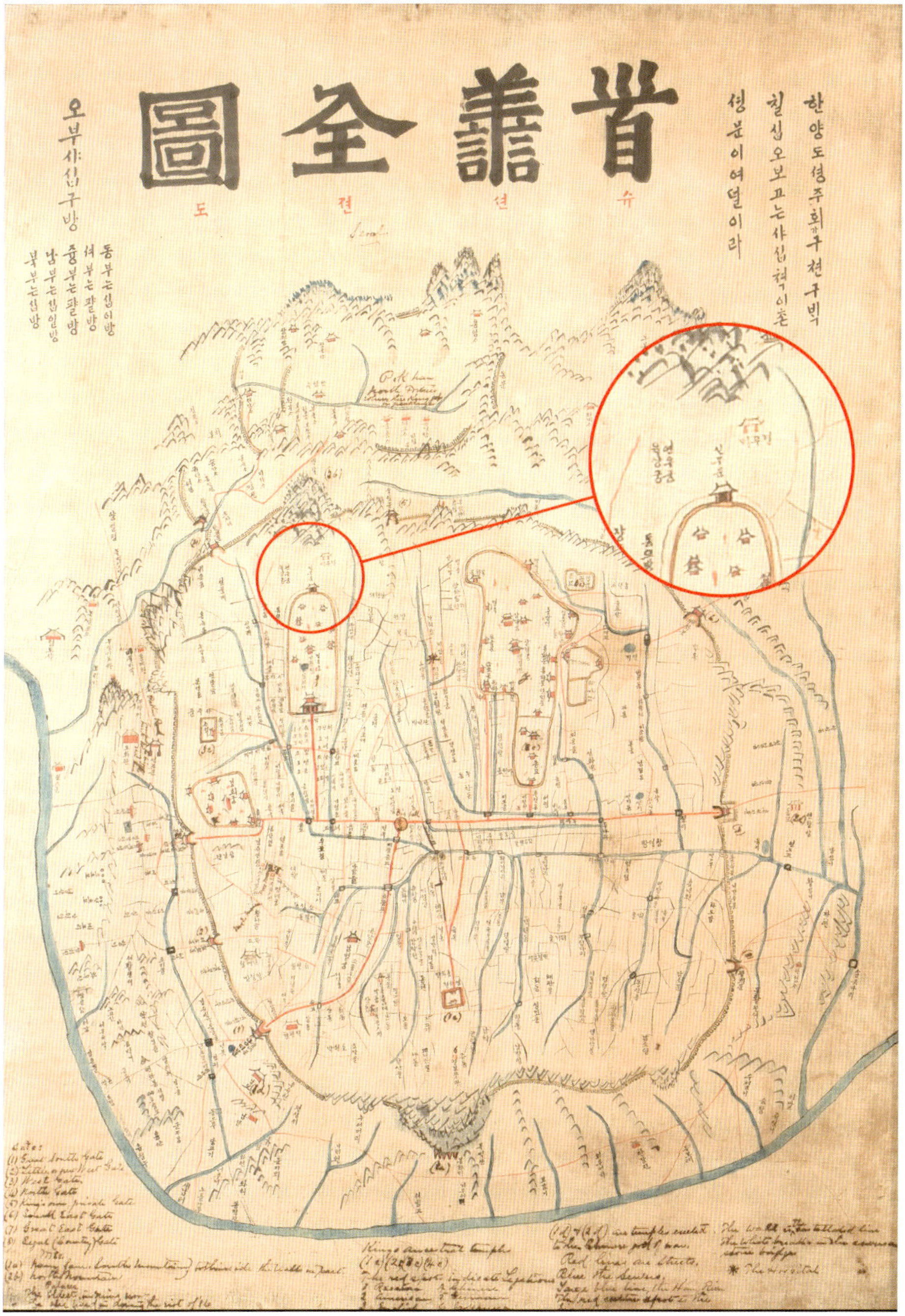

〈수선전도首善全圖〉에 보이는 경무대

감제柑製 등 다양한 명목으로 총 6차례의 과거 시험이 경무대에서 시행되었다. 경무대의 과거 시험은 계속 이어졌고, 시대의 필요에 따라 다양한 의미의 과거 시험이 열렸다. 흥선대원군이 권좌를 차지하고 있던 1871년(고종 8)에는 왕실 종친회인 대종회大宗會 행사를 개최하면서 대규모 종친 대상 과거 시험을 실시하여 100명을 선발하기도 했다. 1888년(고종 25)과 1890년(고종 27)에는 대왕대비의 나이에 맞추어 80대 노인을 대상으로 기로응제耆老應製를 실시했다. 또한 개화 정책이 이루어지던 1889년(고종 26)에는 육영공원育英公院 학도들을 대상으로 시험을 치르기도 했다.

경무대에서는 문과 시험과 마찬가지로 무관들을 대상으로 하는 활쏘기 시험인 시사試射도 시행되었다. 1876년(고종 13)에는 세자가 태어난 지 1,000일이 된 경사를 맞아 경무대에서 무관들에게 활쏘기 시험을 보도록 하여 인재를 선발하기도 했다.

무관과 관련한 행사로 활쏘기 시험 외에도 열무閱武, 진법 훈련, 조련 등 각종 군사 훈련이 경무대에서 시행되었다. 후원 조성 직후인 1869년 3월에는 국왕이 친히 경무대에 임하여 군대를 사열하겠다는 전교를 내리기도 했다. 이후에도 친군親軍을 조련하거나 숙종 비와 영조 비의 능행 때 군령軍令을 재가하고 장위영壯衛營 병정들에게 음식을 내리며, 때로는 말을 조련하는 등 군사와 관련된 각종 국가 행사도 경무대를 배경으로 수행되었다.

이처럼 경무대는 국왕이 문무 양편으로 업무를 총괄하는 존재임을 상징적으로 보여주는 국가 행사가 시행되는 공간이었다. 국왕은 이곳에 친히 임하여 국정을 운영하는 주체로서의 면모를 보였다. 경무대에서 수행된 각종 행사는 형식만 갖춘 의례적 행사가 아니라 시의에 맞는 것들이었다. 이 공간에서 국왕 고종은 국정의 현 상황을 문무 인재들과 공유하고 소통함으로써 자신만의 정국 운영 방식을 마련해갔다.

옥련정 추정 정자

왕의 휴식, 옥련정

옥련정은 후원 북쪽 숲속에 깊숙이 자리 잡고 있어 국왕이 바쁜 일상 속에 숨 돌릴 여유를 주는 공간이었다. 임금은 왕조 국가의 운영자로서 누구도 누릴 수 없는 높은 위상을 가지고 있지만, 실제 생활은 그리 편안하지 못했다. 궁궐 밖 행차는 비용과 민폐 문제로 자주 할 수 없었기에 국왕의 일상 대부분은 궁궐 안으로 제한되었다. 또한 국왕은 국정의 모든 일을 주재하는 존재로서 바쁜 업무에 시달려야 했고, 신료들로 둘러싸인 생활 때문에 혼자만의 여유로운 시간을 찾기 힘들었다. 임금으로서 이러한 어려움을 조금이나마 덜어주는 공간은 궁궐 깊은 곳에 위치하여 사람들의 발길이 닿기 어려우면서도 궁궐 안에 존재했던 후원이었다. 인조가 사적 공간을 마련하기 위해 처음에는 창덕궁 주합루 앞에 용지龍池라는 연못을 팠다가 나중에는 더 멀리 떨어진 곳에 옥류천玉流川을 만든 것은 국왕의 그러한 사정을 잘 보여주는 일화이다. 경복궁에서 창덕궁의 옥류천과 같은 역할을 하는 곳은 옥련정이었다.

이 공간은 궁궐에서 가장 높은 위치에 자리하여, 궁궐을 전체적으로 바라볼 수 있을 뿐 아니라 날씨가 좋을 때는 남산까지 조망할 수 있는 탁 트인 공간이었다. 고종은 궁궐 내에서도 개인 공간인 옥련정에서 쓴 시를 몇 편 남겼는데, 〈옥련정玉蓮亭〉이라는 시를 통해 전망 좋은 이곳에 올라 종종 여유를 즐기며 "상서로운 안개가 남산을 가리고, 소나무 그늘은 작은 정자에 들었다."라는 감상을 글로 썼다.

옥련정이 있었던 영역에는 온돌방과 누마루, 대청으로 구성된 오운각五雲閣과 행각인 벽화실이 있었다. 또한 '천하제일복지'라는 글자가 새겨진 암석 밑으로 샘물도 흐르고 있었다.

오색 구름이 드리운 곳이라는 의미를 가진 오운각의 이름에서도 후원 깊숙한 높은 곳에 자리한 옥련정 공간의 정취를 살필 수 있다. 고종은 자신의 문집《주연선집珠淵選集》에서 오운각의 감상을 이렇게 읊었다.

> 울창한 녹음 사이로
> 맑은 물소리가 곳곳에서 들리는데
> 가마를 받들고 오운각에 올랐으니
> 이날 진심으로 만수무강을 축원하네.

〈자성을 모시고 오운각에 올라 노래하다[奉陪慈聖登五雲閣有吟]〉라는 이 시는 1869년(고

'천하제일복지'가 새겨진 바위

종 6) 경복궁 후원이 조성된 후 고종이 대왕대비 신정왕후를 모시고 오운각을 둘러보며 지은 것이다. 이 시가 작성된 해가 기사년己巳年, 즉 1869년으로 나와 있어 오운각은 경무대 일대의 건물들이 건축된 시점에 함께 조성되었음을 알 수 있다. 이 시를 통해 좋은 경관과 빼어난 자연이 어우러진 국왕의 개인 공간이 마련되었을 때 왕실 웃어른과 함께 둘러보며 울창한 녹음과 맑은 물소리를 감상했던 고종의 모습을 상상해볼 수 있다.

옥련정 권역의 흔적은 청와대 영역 내에서 아직 찾아볼 수 있다. 현재 옥련정은 '오운정' 현판을 달고 현존하는 것으로 추정되기도 한다. 오운정은 현 청와대 관저 별채 자리에 있다가 관저가 신축되면서 북측으로 옮겨갔다. 또 '천하제일복지' 글자가

현재 오운정 현판을 달고 있는 옥련정(추정)

새겨진 암석도 1990년 청와대 관저의 신축 공사를 하다가 발견되었고, 현재 그 자리에 있다.

국왕이 농사를 살핀 경농재

경농재는 국왕이 농사를 장려하는 뜻에서 건립한 후원의 공간이다. 농경 국가였던 조선에서 농업 생산력은 민생의 기반이었다. 국정의 주재자인 국왕에게는 스스로 농사일을 훤히 알아서 백성을 이끌고 갈 능력이 필요했다. 이에 궁궐 안에 국왕이 농사의 모범을 보이는 농경지가 조성되었다.

궁궐 후원에 농사짓는 공간을 맨 처음 설치한 왕은 세종이었다. 세종은 우리나라

이방운의 〈빈풍칠월도〉

풍토에 맞는 농서의 필요성을 인식하고 《농사직설農事直說》을 편찬했다. 그는 이 책을 각 고을 수령들에게 보급하여 우리 풍토에 맞는 경작법에 따라 백성들이 농사짓도록 할 것을 지속적으로 권유하였다. 그리고 세종 자신도 경복궁 북쪽 후원 일대의 땅을 논밭으로 개간하여 새로운 농사 기술을 시험했다. 그 결과 세종은 "후원에 농사를 짓고 사람의 힘을 다하였더니 가뭄에도 불구하고 벼가 매우 잘되었다."라고 말하면서, 사람의 힘으로 가뭄과 같은 재난을 극복할 수 있음을 강조하였다. 세종은 임금이 앞장서서 농업의 모범을 보이고 백성들에게 고난을 극복할 방법을 제시함으로써 국정을 이끄는 통치자로서 위엄을 바로 세웠다.

이러한 세종의 뜻은 의례로 정비되었다. 성종대에는 임금이 몸소 밭을 가는 친경례親耕禮를 거행하였다. 조선왕조실록에는 성종이 친히 쟁기를 잡은 광경을 보고 감탄하여 눈물을 흘리는 자도 있었다고 당시의 분위기를 전하고 있다. 임금이 농사를 지으며 백성의 일에 솔선수범하는 모습에서 백성들은 깊은 인상을 받았던 것이다. 직접 농사에 임하는 모습을 보이는 국왕과 이를 목도하는 백성 사이에는 소통의 기류가 흘렀다. 하지만 성종대 이후 친경례는 자주 거행되지 못했다. 흉년이나 전쟁으로 상황이 어려울 때도 많았고, 예식을 행하기 위한 의식들이 번거로워 민폐가 되었기 때문이다.

영조는 광해군대 이후 100여 년간 멈췄던 친경례를 국왕의 강력한 의지로 재개했다. 영조는 농민의 생활상을 노래한 《시경詩經》의 '빈풍豳風' 편 중 〈칠월七月〉의 내용을 강조하면서, 이를 토대로 한 선대왕들의 친경 의례를 실시하였다.

친경례에서 영조는 친히 다섯 번 쟁기를 밀었고, 이 장면을 구경하는 백성들을 위해 호위 군인을 없애기도 했다. 국왕의 친경뿐 아니라 왕후가 행하는 친잠례親蠶禮도 거행했다. 백성의 1인 농사와 길쌈을 국왕 부부가 직접 수행하는 모습을 보여준 것이었다. 왕세자를 관풍각에 데리고 나아가 후원에 벼를 심는 모습을 견학시키기도 했다. 궁궐에서 태어나 자란 후계자도 백성의 농사짓는 어려움을 알아야 한다는 이유에서였다. 이러한 예식들은 영조의 정치 지향을 보여주는 상징성을 띠고 있었다. 이를 통해

《동아일보》 1921년 5월 22일자에 실린 경농재

국왕은 민생의 근간인 농사를 국왕이 손수 행함으로써 백성에게 모범을 보이고 백성의 노고를 위로하는 뜻을 보였다. 또한 백성의 삶과 격리되지 않고 임금이 항상 백성과 함께한다는 점을 깊이 각인시키는 의식이기도 했다.

고종 때 중건된 경복궁에도 선대왕들이 조성한 궐내 농경지의 틀은 이어져 내려왔다. 그런데 1893년(고종 30)에 이 영역은 큰 변화를 맞는다. 고종은 경무대 영역의 서쪽으로 둥근 모양의 밭이 있던 공간에 경농재와 대유헌大有軒을 건립하고 직접 상량문을 지었다. '대유'는 '대풍大豐', 즉 큰 풍년을 의미하여 농사를 돌보고 풍년을 바라는 국왕의 뜻을 이름에 담았다.

또한 기존에 둥근 모양이었던 후원의 논 내농포內農圃를 사다리꼴 모양으로 바꾸고 8개로 구획했다. 이 논은 팔도의 모양을 본뜬 것이라 하여 '팔도배미'라는 명칭이 있었으며, 각 도에서 들여온 종자를 심었다고 전해지기도 한다.

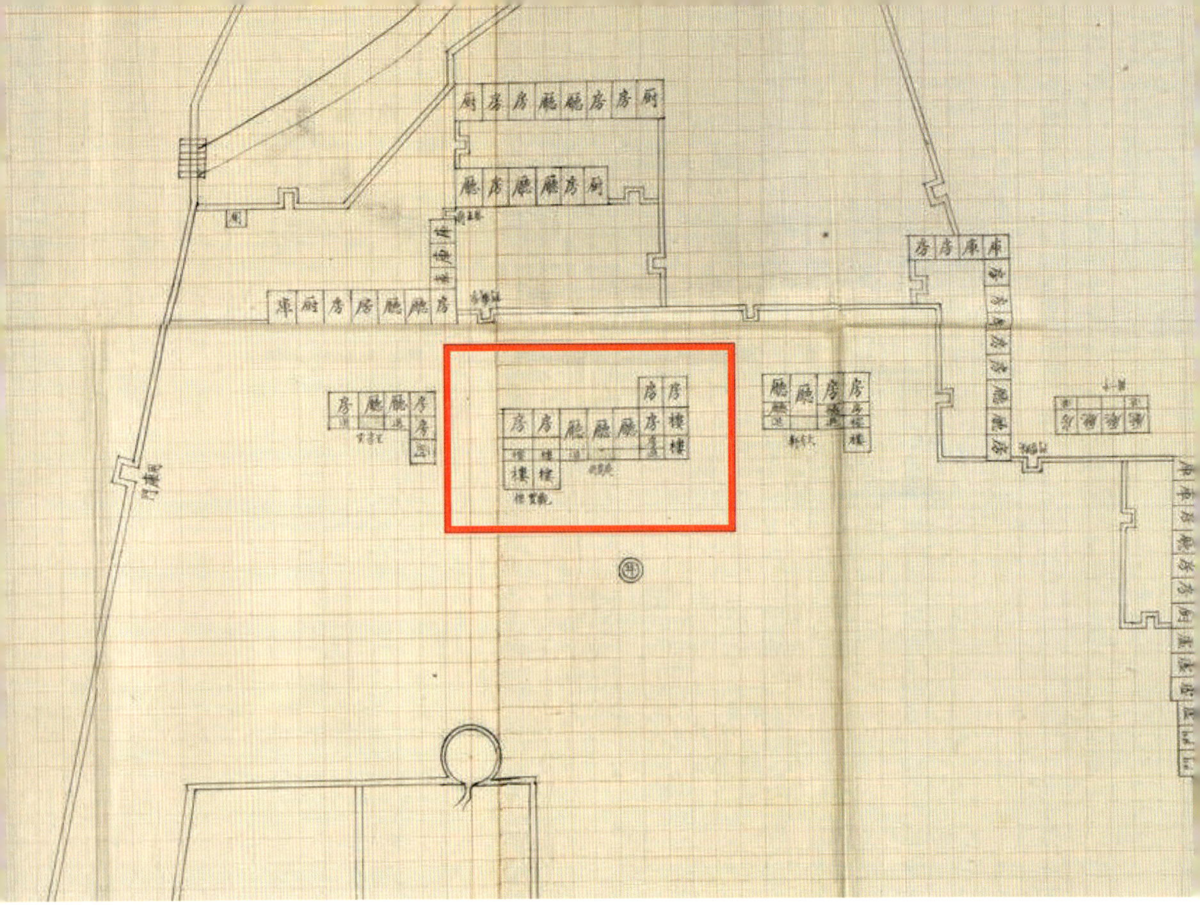

〈북궐후원도형〉의 경농재

이 시점에 경농재 영역이 새롭게 정비된 것은 고종의 국정 운영 구상과 연결된다. 고종 즉위 당시 세도 정권의 독단적 정국 운영이 아닌 국왕이 중심이 되는 왕도 정치를 추구해야 한다는 데 사회적 공감대가 모였다. 이러한 공감대는 오랜 기간 왕조의 숙원 사업이었지만 현실적으로 이루어지기 힘들었던 경복궁 중건 사업의 착수를 통해 표출되었다. 그런데 경복궁 중건 공사와 비슷한 시기에 창덕궁의 연경당演慶堂과 의두합倚斗閣이 수리된다. 이 두 건물은 효명세자의 정조 계승 의식과 왕권 강화 시도를 보여주는 대표적인 건물이었다. 경복궁 중건과 창덕궁의 두 건물의 수리는 모두 정조대의 왕권 강화 의지를 계승하는 의미를 지닌 것이었다.

경복궁 중건 공사가 지속되면서 민생의 피로도가 심해졌고 공사 중지를 요구하는 비판 여론도 거세졌다. 이런 상황에서도 1873년 친정을 선포할 무렵 고종은 자신의 사재인 내탕금을 내어 경복궁 북쪽에 건청궁乾清宮의 건축을 성사시켰다. 건청궁은 창덕궁의 규장각 건물이었던 주합루宙合樓와 서향각書香閣을 모방한 건물이었다. 성인이 된 고종은 정조가 설립한 규장각 건물을 자신이 살고 있던 경복궁에 재현했다. 정조 계승책은 고종이 자신을 중심으로 정국을 운영하고자 하는 강력한 의지의 표현이었다.

경농재 영역의 정비는 건청궁 조성과 짝이 되어 이루어진 사업이었다. 경복궁의 건청궁이 규장각을 재현했다면, 후원의 경무대·경농재 구역은 창덕궁 후원의 춘당대, 관풍각觀豐閣 영역을 재현한 것이었다. 고종은 정조가 벼 베는 것을 관람했던 관풍각의 '관풍'이라는 단어를 사용하여 경농재의 돌출된 누각 이름을 관풍루觀豐樓라고 붙였다. 그리고 누각의 전면을 개방하여 논의 작황을 관찰할 수 있도록 하였다. 창덕궁에서 국왕이 농사를 관람했던 관풍각과 같은 역할을 하는 것이었다.

고종은 1873년 친정을 선포하고 아버지 흥선대원군을 정국 운영에서 배제했다. 이제 그가 마주한 과제는 국왕으로서 입지를 탄탄하게 만드는 것이었다. 친정 이후 고종은 1880년대 개화 정책을 추진하며 국왕이 주도하는 국정 운영을 도모했다. 또한 그는 19세기 국왕들이 선대왕의 유업을 계승함으로써 왕권 강화를 추구했던 시도를 이어갔다. 그러한 시도는 경복궁 후원의 조성과도 연결되었고, 1893년 경복궁 후원에는 건청궁과 짝이 되는 경농재 영역이 조성되었다.

제4강

식민지기 경무대 총독관저 이야기

'널븐 마당'의 다양한 활용과 그 주체들

경무대 총독 관저의 신축

전쟁에 활용되는 / 전쟁을 활용하는 권부權府

제4강

식민지기 경무대 총독관저 이야기

전영욱 동북아역사재단 연구위원

1940년 10월 현재, 안병식安炳軾은 조선총독부 총독관방 비서관실 속屬으로 재직하고 있었다. 그는 1929년부터 1942년까지 총독관방의 속으로 매년 승급을 거듭했다. 조선인이 총독관방에서 근무한다는 것 자체가 꽤 이례적인데다가 재근연수 또한 매우 두드러진다. 구체적인 직무는 무엇이었을까? 이를 알 수 있는 방법은 없지만, 1940년 10월 1일자 《매일신보》가 "경무대 숲 그늘을 … 거닐고 있는 국방복의 사나이" 안병식을 취재한 내용은 마치 그 직무의 위상을 말해주는 것 같다. 그는 "역대 총독의 관저에서 기나긴 세월을 하루같이" 조선총독을 '섬겼다.' 일반적으로 재근연수가 5년이 넘지 않는 다른 이들과 비교할 때, "조선의 성장을 지켜온 분"이라는 찬사

'행복한' 안병식

는 나름의 이유가 있었다.

조선총독부 관료로서 안병식의 이력은 총독관방에서 끝난다. 그는 1942년 9월 25일에 경기도 도이사관에 임명되면서 판임관에서 주임관으로 승진하지만, 이튿날 스스로 면관免官한다. 저간의 사정을 알 수는 없다. 그러나 이 광경은 안병식 스스로의 결심과 연결되고 있었는지 모른다. 앞의 기사에서 "나는 참으로 행복한 사람"이라며 "일생을 오로지 이 문전에 바칠 결심"이라고 말하고 있기 때문이다. 총독관방의 이력과 동시에 생애 두 번째로 서보장瑞寶章을 수여받는 1942년을 끝으로 공식 기록에서 사라지는 안병식의 이야기는 무엇을 말하고 있을까? 조선총독이 권력을 온전히 발휘하는 가장 원초적인 장소로서 관저의 아우라는 누군가 누리는 행복의 시작과 끝이었다. 권부權府의 상징적 위상이란 결국 권력을 '섬기는' 행위와 연결되고 있었다. 총독관저에서 '청년 조선이 커가는 모습'을 찾고, 이를 안병식의 행복과 연결하는 기사의 마지막 문장이 의미심장한 것은 이 때문이 아닐까? "어찌 한 사람만의 행복이랴."

경무대의 총독관저는 식민지 조선의 마지막 총독관저이다. 이 장소와 이 건물의 이력은, 권력을 섬기는 행복이 곧바로 사라지지 않았음을 보여준다. 주한미군정 사령관의 관저였다가 대통령관저로 '반환'되는 "국민된 자의 기쁨과 감격"부터 '주인'이 바뀔 때마다 반복되는 풍수 논란까지 오늘 날 청와대로 알려져 있는 공간의 과거 및 현재는 권력과 장소를 잇는 획일적인 인식이 언제, 어디에서 본격화되었는지 고민하게 한다. 식민지 역사가 지금의 한국에 미치는 여러 관성을 고려할 때, 특별히 식민지기의 경무대와 총독관저를 살펴보는 것은 작지 않은 의미가 있을 것이다.

'널븐 마당'의 다양한 활용과 그 주체들

경복궁 뒤의 넓은 공간에 경무대景武臺란 이름을 붙이며 활용하기 시작한 것은 고종 때부터이다. 고종은 1863년 12월 13일 창덕궁 인정문에서 즉위한 이후, 아관파천 이전까지 주로 창덕궁과 경복궁에 임어臨御했다. 고종이 두 개의 다른 궁궐에서 같은 성격의 통치 활동을 전개한 것은 두 궁궐의 장소성에도 많은 영향을 끼친다. 이를테면 경무대와 창덕궁의 후원인 춘당대春塘臺는 모두 문무과 과거 시험, 전강殿講, 북원망배례北苑望拜禮가 이루어지는 장소가 된다. 실제로 고종은 재위 기간 중에 159번에 걸쳐 경무대에 친림親臨하였다. 경과정시慶科庭試, 문무과전시文武科殿試, 구일제유생시취九日製儒生試取, 삼일제유생시취三日製儒生試取, 칠석제유생시취七夕製儒生試取, 관학유생응제館學儒生應製 등, 다양한 형태의 과거 시험이나 전강, 망배례는 대체로 고종의 거둥 하에서 진행되었다. 고종은 이를 주관하거나 관전함으로써 자신의 정치력을 관리했다.

갑오개혁으로 과거제가 폐지되고, 아관파천 이후의 정치 무대가 경운궁으로 이동하면서 경무대의 풍경은 기존과 많이 달라진다. 고종과 순종은 경무대를 통해 통치를 '표현'하지 않았다. 그러나 경무대가 가진 광장으로서의 속성은 지속되었다. 소나무 숲이 우거진 북악산 지류의 풍광은 권력층의 회합 장소로 각광받기에 충분한 조건이었다. 1909년 7월 8일, 대한제국의 내각총리대신이 된 이완용은 내외국의 고위 관료 1,000명 가량을 소집해 원유회園遊會를 열었다. 그는 "이토[伊藤] 공작의 과거 공로를 찬

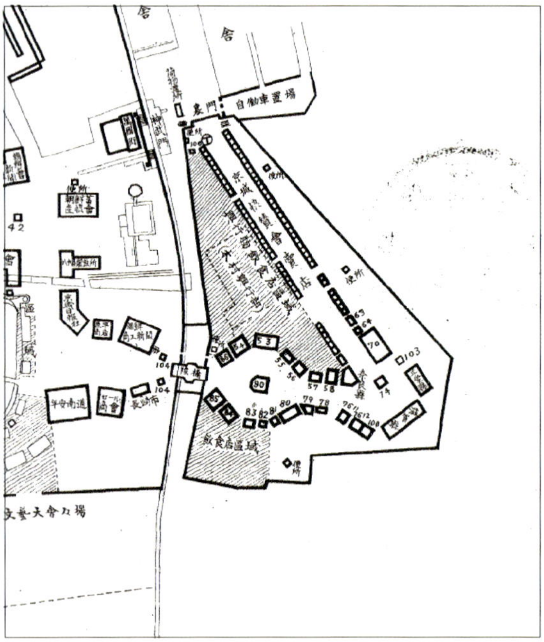

1929년 조선박람회장의 경무대 구역

송"하고, "소네[曾禰] 통감에게 장래 희망을 기도"한 뒤 "만세를 외쳤다." 대한제국과 통감부, 조선총독부의 유력 관료들은 이곳을 대운동회 장소로 곧잘 활용했다.

조선총독부를 비롯한 식민지의 여러 권력들은 경무대의 "널은 터"를 각각의 목적에 맞게 활용하기 시작했다. 다만 총독부가 경무대를 직접 활용한 사례는 많지 않다. 총독부가 시정施政을 과시하려는 목적으로 기획하는 크고 작은 국가의례는 주로 경복궁이나 광화문 앞길에서 이루어졌다. 이런 맥락에서 진행된 두 차례의 '박람회'는 경무대를 활용하는 총독부의 방식을 대표한다. 예를 들어 1915년 10월 1일에 경복궁에서 열린 조선물산공진회의 경우, 개회식 이후 열린 축하 연회장으로 경무대를 활용했다. 1929년 9월에 열린 조선박람회에서는 경무대 구역이 매점 및 음식점 구역으로 설정되었다. 이곳에는 "임대 계약을 맺은" 총 70호의 매점이 설치되어 관련 상품을 판매했다.

경무대는 넓은 터였지만, 통치권력이 스스로를 과시하는 용도로 활용되기에는 입지나 풍광이 적절하지 않았던 것으로 보인다. 게다가 1926년까지 조선총독부 청사가 남산에 있었다는 점도 이에 영향을 주었을 것이다. 오히려 이곳은 위에서 언급한 두 차례의 박람회를 제외하고, 여러 단체나 조직이 주관하는 운동회, 기념식, 행사 등의 장소로 활용되었다. 경무대는 어느덧 '공공 공간'으로서의 성격을 띠게 되었다. 이를 보여주는 사례를 몇 가지만 시계열적으로 정리해보자. 1921년 7월 3일과 4일에 걸쳐 대정친목회는 재만조선인을 위한 자선행사의 일환으로 궁술대회를 개최하였다. 예원사藝苑社 주최의 제1회 조선궁술대회도 1923년 6월 16일부터 18일까지 경무대에서 열렸다. 1925년 10월 23일에는 조선중앙기독교청년회가 이곳에서 창립기념식을 가졌다. 1926년 5월에는 6월 10일로 예정되어 있던 순종 인산因山의 예행 연습이 한창 진행되었다.

경무대를 무대로 삼은 여러 행사 중에 운동회는 다소 자세히 다뤄도 좋을 것이다. 특정 집단의 단합을 위한 정치적 이벤트로서 운동회가 작동하기 위해서는 경무대처럼 넓고 풍광 좋은 장소가 필요하다. 이런 맥락에서 경성부민을 '위안'하기 위해 기획된

1920년대로 추정되는 경무대 전경

경무대에서 연습하는 여사군轝士軍

"시민위안단오운동대회"는 좋은 예시가 될 것이다. 매일신보사가 1925년부터 주최하기 시작한 이 대회는 1933년의 7회 대회까지 이어졌다. 이 이벤트는 식민지기에 단오가 도시의 지역축제로 자리매김하는 양상을 대표한다. 이때부터 "국민적 오락" 단오를 맞이한다는 행사의 취지에서 연상되듯이 명절을 보내는 방식이 놀이, 운동으로 전형화되는 듯하다. 제1회 운동회는 6월 26일, "경무대 대광장이 인산인해"를 이루며 성황리에 마무리되었다. 이후 개최 장소가 장충단으로 이어지다가 1933년 5월 28일 제7회 때 다시 "시민 위안의 …… 이상적 장소"인 경무대로 바뀌었다. 이로써 경무대는 공교롭게 운동회의 처음과 마지막을 장식한 무대가 되었다.

다른 하나는 조선일보사가 1929년부터 1939년까지 9차례에 걸쳐 주최한 "전경성유치원연합원유회"(이하 유치원원유회)이다. 1931년의 제3회까지는 장충단에서 열렸지만, 1932년 제4회부터 경무대에서 진행되었다. 유치원원유회는 1930년대 들어 유치원이 급증하는 현상과 맞물린다. 어린이가 "가정의 꽃이자 장래 사회의 주인공"으로 규정되고, 어린이를 "양육하고 고도하는 가정과 유치원의 책임"이 강조되면서 유치원원유회가 그려내는 어린이상像이 매우 중요해졌다. 어린이는 1920년대까지 소년운동의 주체로 강조되었지만, 1930년대 들어 가정과 유치원의 울타리 안에 머물며 '미래의 역군'으로 성장해야 하는 존재로 고정되었다. 이를 반영하듯이 원아園兒는 오랫동안 창가나 율동 등을 연습하고, 유치원원유회가 마련한 프로그램 안에서 이를 공연해야 했다. 유치원원유회가 잘 '훈련'된 '천사'들의 이미지를 지속적으로 재현하고자 한 것도 이와 관련이 깊을 것이다. 1932년의 대회부터 경성부내의 24개 이상의 유치원에서 2,000명 전후의 원아가 참석하는 등, 경무대는 제9회로 마무리되는 유치원원유회의 가장 유력한 무대였다.

경무대 총독 관저의 신축

권부權府가 들어서기 이전의 경무대가 식민지의 공공성을 구현하는 최적의 장소로 활용되던 시기에 총독관저는 왜성대와 용산 두 곳에 위치하고 있었다. 왜성대의 총독관저는 원래 1885년 1월에 건축된 일본공사관 건물이었는데, 1905년 11월에 공사관이 폐쇄되고, 이듬해 통감부가 설치되면서 통감관저로 활용되었다. 이후 자연스럽게 총독관저가 되었다.

총독관저는 식민지 조선에서 말 그대로 총독의 '집'을 의미했다. 조선에 사저私邸가 없는 조선총독의 경우, 총독관저에 '무사히' 들어가는 것 자체가 조선에서 느끼는 은연한 '위험'으로부터 완벽히 벗어나게 됨을 의미했다. 특히 1919년 9월, 사이토[齋藤實] 총독을 향한 강우규姜宇奎의 의거 이후, 식민지 조선에서 가장 '안전한' 공간으로 들어갈 때까지의 긴장감은 완전히 사라지지 않았을 것이다. 1920년대의 언론기사가 총독의 순회, 도일渡日 등을 보도하면서 경성에 도착, 관저에 들어가는 것으로 기사를 마무리하

우가키 가즈시게 총독대리의 문패

야마나시 한조 총독의 문패

는 것도 이와 연관되지 않을까? 다시 말해 총독관저는 식민지의 최고 권부라는 공적인 성격을 가지는 동시에 가장 사적인 공간이 된다는 역설 속에 있었다. 관저가 '주인을 기다린다'는 인격체로 표현되었던 것도 이와 연관이 있을 것이다. 관저에는 총독의 문패가 달렸다.

왜성대의 총독관저가 '총독의 집'으로 활용되었다면, 용산의 총독관저는 주로 연회 및 국빈의 숙소, 행사의 용도로 쓰였다. 용산 총독관저의 기원에 대해서는 후지무라 도쿠이치[藤村德一]가 발간한 《거류민의 옛날 이야기[居留民之昔物語]》(1927)의 기록이 가장 참고가 된다.

세간에 용산의 아방궁이라고 칭하는 곳은, 하세가와 요시미치[長谷川好道] 씨가 일찍이 러일전쟁 직후 한국주차군사령관으로서 경성에 재임 중, 러일전쟁비의 잉여금 50만 원을 투자하여 군사령관 관저로 하고자 건설했던 것임에도 불구하고, 하세가와 씨는 물론 아직 그 누구도 이곳에 거처를 정한 바가 없는 불가사의한 건축물이다. (……) 아무리 생각해도 비경제적인 건축으로서 전등료만 하더라도 1개월 400여 원을 요한다는 모양으로, 과연 호방하면서 금전에는 자못 염담恬淡(돈을 아끼지 않는)한 이토 공으로서도 거주하지 못했을 정도이니, 이 건물에 거주한다면 기타 비용이 많이 들 것이라고 유추하는 것이 어렵지 않다.

용산 총독관저 앞 제초 작업

용산의 총독관저가 "그 누구도 이곳에 거처를 정한 바가 없는 불가사의한 건축물"이 된 이유는 교통과 비용 문제가 가장 컸다고 알려져 있다. 이 건물은 한국주차군사령관 관저로 착공되었다가 (1910년 4월 준공) 완공되기 이전부터 '통감관저'로 용도 변경이 추진되었고, 이후 총독부가 지은 별도의 건물과 맞교환되었다. "용산의 아방궁"으로 지칭되었을만큼 그 규모와 외관이 크고 화려했는데, 이로 인해 '집'으로 활용하기에는 "너무 굉장한 까닭에 그대로 버려두었"다는 식의 평가가 식민지기 내내 일관된다. 실제로 우가키 가즈시게[宇垣一成] 정도가 몇 차례에 걸쳐 짧은 기간 기거했다는 기록 외에 역대 총독이 이곳을 집으로 활용한 흔적은 발견할 수 없다. 대체로 방치되다가 국빈

경무대 총독관저에서 짐을 푸는 미나미 총독의 부인

방문, 초청행사, 연회 등 특별한 일이 기획될 때마다 관리되었다. 경무대에 총독관저가 건립된 이후에도 용산 관저의 용도는 그대로 유지되었다. 1943년 3월부터는 조선총독부지도자연성소 건물로도 활용되었다.

총독관저를 신축하려는 계획은 1926년에 처음 등장했다. 이 계획은 마침 완공된 조선총독부 신청사에 수반한 것이며, "경복궁 비원"이 그 예정지로 떠올랐다. 1926년의 〈신무문외관사배치도神武門外官舍配置圖〉는 이 계획이 반영된 지도일 것이다. 관사의 신축이라는 맥락에서 이 계획이 사라지지는 않았지만, 현실적으로 신축보다는 왜성대 관저의 수리나 용산 관저 근처의 별관 개축이 부각되었다. 그러나 이 분위기는 1935년부터 확실히 뒤바뀐다. '시정 25주년'에 해당하는 이해, 총독부에 출입하는 기자단은 이마이다 기요노리[今井田清德] 정무총감과의 면회에서 "남산 밑 일대는 (……) 여러 가지로 협착함을 느끼게 되고 태양도 잘 들어오지 않는 곳이니 모든 활동의 무대를 북촌으로 옮기는 것이 어떠하냐?"고 질문했고, 정무총감은 "그렇게 될 것"이라고 말함으로써 경무대 총독관저 신축을 공식화했다.

조선총독부 관방회계과가 계상한 50만 원의 예산은 1936년말에 척무성의 심의를 거쳐 40만 원으로 확정되었다. 약 6개월에 걸쳐 부지를 선정하고 설계를 점검한 뒤, 1937년 9월부터 착공되었다. 이후 10월 12일의 지진제地鎭祭, 1938년 5월 7일의 정초식, 6월 13일의 상동식上棟式을 거치면서, 비록 "예정보다 질을 낮춰 건축되게 되었"더라도 공사의 진행은 순조로운 듯 했다. 언론 역시 1938년 내의 준공을 기정사실화하면서 다음 단계를 보도했다. 다음 단계란 '시정 30주년'을 기념하기 위한 "그 후의 왜성대관저"에 해당한다.

표면적으로 순조로워 보였던 관저의 신축은 사실 1926년의 최초 계획이 10년 이후에 비로소 실현되었다는 맥락이 암시하듯이 '돈 문제'로부터 자유로울 수 없었다. 게다가 중일전쟁 이후 급변한 시국은 공사 관계자들에게 시나브로 불안감을 주었을지 모른다. 이 불안감은 1938년 7월 6일, 조선총독부 국장회의를 주관한 미나미의 한 마디로 증폭되었다. 그는 "긴급하지 않은 공사는 일체 중지키로 결정"했고, 이로부터 공사가 재기공된 때는 1939년 4월 5일의 일이다. 1년에 가까운 기간, 총독관저 건축에 관한 사정을 알 수는 없다. 이런 상황에서 결국 중요한 것은 7월 25일의 준공과 9월 20일의 낙성식일 것이다. 미나미는 총독관방과 함께 9월 23일부터 이튿날에 걸쳐 이사를 완료하고, 새로운 관저에서의 공식 집무를 시작했다.

전쟁에 활용되는 / 전쟁을 활용하는 권부權府

새로운 총독관저는 전황 속에서 등장했다. 미나미가 공사 중지를 지시했던 맥락이 보여주듯이 전쟁은 관저 정도의 규모를 가진 건축물을 신축하는 데 가장 큰 걸림돌이었다. 이를 대변하듯이 총독관저 이후, 식민지 조선에 더 이상의 서양식 건축은 건립되지 않는다. 그러나 관저가 건립된 이상, 그 역할은 전쟁과 확실히 연결되었다. 총독의 '관저정치'는 식민지 조선이 전쟁을 수행하는 데 분명한 효과가 있어야 했다. 이 시기의 관저정치는 여느 때와 다른 새로운 맥락 위에서 수행되었다.

우선 미나미 총독은 새로운 관저에서 이루어지는 정치의 위상을 높이는 데 집중했다.

「배」가될景武臺나무

어제總督官邸서造船用材授與式

小磯總督人事

1943년 5월 1일자 《매일신보》에 게재된 조선용재수여식 기사

관저의 논에서 벼를 베는 고이소 총독

방송하는 미나미 총독

각계각층의 인사를 초청하여 관저의 낙성을 피로한 일은 이와 관련이 깊을 것이다. 예를 들어 미나미는 총독관저의 위상을 세간에 환기하는 데 매우 중요한 역할을 했던 《조선일보》 관계자를 초청했다. 1939년 10월 3일, 방응모와 이훈구 주필은 "신식으로 과실 바구니를 하나 사가지고" 관저를 방문한 뒤, 그 풍광과 총독의 '소소한' 일상을 기꺼이 홍보해 주었다. 때마침 낙성 직후에 이루어진 가네미쓰 쓰네오[金光庸夫] 척무대신의 조선 방문도 관저정치의 위상을

높여주었다. 10월 6일, "관저 깊숙한 일본실"에서 이루어진 "두 사람만의 중요한 회담"은 내선일체 구현에 획을 긋는 사건으로 자평되었다. 11월 4일에는 나카무라 고타로[中村孝太郎] 조선군사령관, 오노 로쿠이치로[大野緑一郎] 정무총감, 윤덕영尹德榮 경학원 대제학, 범한생范漢生 중화민국 총영사, 제럴드 핍스Gerald Phipps 영국총영사, 콘스탄틴 스메타닌Konstantin Smetanin 소련 대사를 비롯해 관민 600명이 참석하는 다화회를 열고, 낙성을 축하했다.

높아진 권부權府의 위상은 곧바로 전쟁에 활용되었다. 1939년 11월 15일, 총독의 부인이 관저에서 주최한 "부인간담회"에는 윤치호와 윤치영의 부인을 비롯해 약 150명이 모였다. 이들은 "용감한 군인들이 오랜 전쟁을 승리로 이끌 수 있도록 돕기 위해 살림살이 등을 절약할 필요가 있다"는 내용의 강연을 들었다. 1940년 7월 15일에는 경성제국대학 총장을 비롯해 경성부내 전문학교 교장, 중등학교장 등의 학교관계자들이 관저에 초청되었다. 1941년 6월 20일에는 상무 정신을 일깨운다는 명목으로 일본의 국기國技인 '스모[相撲]'대회가 관저에서 개막되었다. 전시동원을 촉구하고 정당화하는 방식으로서 우수한 관리자와 노동자에게 표창식도 거행되었다. 특히 새로운 관저에서는 "마이크"를 통해 총독의 목소리가 직접 송출되기도 한다. 예를 들어 미나미는 1940년 7월 7일 "지나사변 제3주년을 맞이하여!"란 제목의 방송을 기획하여 '총후'의 각성을 촉구했다. 고이소 구니아키[小磯国昭] 총독 역시 1943년 9월 2일에 광업 생산을 전승과 연결시킴으로써 "광산산업전사"의 역할을 강조했다. 아베 노부유키[阿部信幸] 총독도 방송을 통해 자신의 부임을 알렸다.

총독관저가 전쟁에 활용되는 방식은 초청이나 방송, 표창 등만 있는 것은 아니었다. 급박한 전황戰況은 관저를 구성하는 요소 하나하나를 의례의 새로운 도구로 활용하게 만들었다. 그리고 의례의 중심에는 언제나 총독의 '솔선'이 강조되었다. 1943년 4월 8일에 고이소 총독이 관저 정원에 있는 나무를 "전쟁 완수에 보태"겠다고 피력한 것은 조선용재造船用材 공출을 독려하기 위한 정치적 수완이었을 것이다. "직경 36cm에서 52cm나 되는 소나무 12그루, 직경 36cm에서 64cm나 되는 느티나무 2그루"를 조선목재통제회사에 제공하고, 조선공업조합연합회에 공급한다는 계획이 세워졌다. 4월 30일 오후 4시 30분부터 열린 "조선용재수여식造船用材授與式"으로 이 계획이 실현되기 시작했다. "미영격멸이라는 숭고한 목적을 달성하기 위해" 기획된 이 수여식은 "느티나무야! 나아가서 배가 되어 미영을 쳐부수는 데 한 도움이 되어라!"라는 고이소[小磯] 총독의 도끼질로 절정을 맞이한다. 이후 나무는 군산조선철공회사를 비롯한 11개의 조선소에 무상으로 보내졌다고 한다.

1943년 10월 23일, 관저 안의 논에서 펼친 고이소의 퍼포먼스도 위와 마찬가지 맥락일 것이다. 고이소는 "한 알의 쌀이라도 더욱 많이 생산하여 총후식량을 확보하는 데 도움이 되고자" 관저 안에 논을 만들고 6월 27일에 모내기를 했다. 벼농사의 특징을 고려한다면, 고이소의 퍼포먼스는 관저 안에 논을 조성하고, 모내기를 하며, "바람이 불거나 비가 오거나 날마다 새벽 일찍 일어나서 … 벼를 가꾸기에 힘쓴" 약 4개월에 걸쳐 이루어졌다고 해야 할 것이다. 총독의 '정성'이 부각되면서 "우리들의 총독의 뒤를 따라 식량 증산으로 우렁찬 진군을 일으키자"는 기사의 취지는 식민지 조선의 일상에서 한층 당연해질 것이다. 아베 노부유키[阿部信行] 총독 때는 이오지마[硫黃島] 전투의 긴박한 상황에 직면하여 경무대와 용산의 관저에서 사용하거나 보관하고 있던 총 3,000여 점의 은銀과 동銅을 헌납함으로써 전승을 독려하였다.

총독관저의 정치는 식민지 최고 권력자인 총독의 아우라를 최대한 활용하는 방식으로 이루어졌다. 이러한 방식의 효용성은 꽤 오랫동안 유지되었다. 최근 청와대 개방과 대통령 집무실 이전을 둘러싼 이슈에서 권위주의의 타파라는 명분이 표면적으로 힘을 얻었던 근거는 바로 여기에서 찾을 수 있을 것이다. 그러나 그간의 이슈는 그 공간의 정치적·사회적 속성을 역사적으로 가늠하지 않은 채, 마치 청와대로부터의 탈피와 권위주의 타파를 동일시하려는 정치적 요구에 따라 요동쳤다. 이는 지금의 권력이 청와대의 권위주의적 속성에 최초로 문제를 제기한 것처럼 여기게 하는 효과도 낳았다.

그러나 현재의 권력이 용산으로 이동했다는 사실은 권부와 장소가 동일시될 만한 것이 아니라는 점을 어렴풋이 보여주는 것일지 모른다. 한국현대사에서 청와대의 역사가 환기되었던 4·19와 5·16, 1987년 직후, 다시 최근의 상황을 비교하면 더욱 두드러진다. 예를 들어 민족의 자존심을 회복하고 역사를 바로 세워야 한다는 문제제기는 청와대의 역사를 사회적으로 환기시켰다. 권부라는 장소의 해체는 천하제일복지天下第一福地라는 풍수를 내세우면서 본관을 새로이 신축하거나 또는 조선총독부 청사와 관저 건물의 철거로 대신되었다. 한국현대사에서 청와대의 장소성을 둘러싼 논란은 주기적으로 반복되었던 동시에 언제나 새로웠다. 한국의 최대 권력이 청와대라는 장소성과 동일시되는 일은 앞으로 반복되지 않겠지만, 오히려 이 사실은 권부의 본질이 결국 장소가 아니라 권력 그 자체임을 말해준다. 이제 어느 공간이 신성시되거나 금기시될까?

제5강

경무대 시절의
청와대 지역

총독 관저로 들어간 하지 중장

경무대, 대한민국 대통령의 통치 장소가 되다

경무대를 청와대로 바꾸다

제5강

경무대 시절의 청와대 지역

류상진 서울역사편찬원 전임연구원

총독 관저로 들어간 하지 중장

1945년 8월 15일 일왕의 항복 선언으로 제2차 세계대전은 끝을 맺었다. 광복을 염원하던 한국인들도 거리로 나와 독립 만세를 외치며 환호했다. 광복은 일제하 36년 동안 한국인들이 국내외에서 투쟁하여 얻어낸 결과였다. 그러나 냉혹한 국제 정세는 한국인들에게 녹록하지 않았다. 광복의 기쁨은 짧았다. 북위 38도선을 경계로 북쪽에는 소련군이, 남쪽에는 미군이 주둔하면서 한반도는 분단의 길을 걷기 시작했다.

1945년 9월 8일 인천으로 들어온 미군은 다음 날인 9월 9일 서울에 입성했다. 경무대는 주한미군정 사령관인 존 하지 중장의 관저로 사용되었다. 서울에 들어온 미군은 한국에 대해 별다른 지식이 없었다. 처음에는 총독을 비롯한 일선 행정과 치안 업무 등에 있어 일본인 관리와 경찰들을 그대로 유지하려 했다. 하지만 한국인들의 거센 반발로 그 계획은 곧바로 철회되었다. 이처럼 미군은 한국인들의 민족 감정에 대한 기본적인 이해조차 없이 한반도에 들어왔다. 점령에 대한 체계적인 준비도 없었다.

광복에 환호하는 시민들

하지 중장은 군인으로서는 유능했지만 정치가나 행정가는 아니었다.

미군정이 실시된 이후 일제의 전쟁 수행을 위해 통제된 쌀이 시장에 풀리자, 이를 매점매석하는 사람들로 인해 식량 위기가 찾아왔다. 게다가 좌익과 우익 간에 극심한 대립이 벌어졌다. 이러한 혼란상을 막기 위해 미군정은 한국의 유력 정치인들과의 만남이 필요했다. 혼란의 종식과 새로운 국가 건설에 필요한 의견을 들어야 했다.

하지의 관저로 쓰인 경무대가 그러한 역할을 수행하는 공간이 되었다. 하지는 경무대에서 김구, 이승만, 김규식, 여운형 등과 같은 유력 정치인들을 만나 그들의 의견을 들었다. 1945년 12월 모스크바삼상회의에서 나온 신탁 통치 문제로 인해 여론이 반탁과 찬탁으로 분열되었을 당시를 비롯해, 1948년 5·10선거를 실시하기 위한 준비 작업으로 정치인들의 의견을 듣기 위한 장소 가운데 하나로 경무대가 선택되었다.

신탁 통치에 반대하는 반탁 시위 행렬

경무대는 미국의 군 장성이나 외교관들이 한국을 방문하면서 그들을 위한 숙소로도 사용되었다. 모스크바삼상회의에서 한반도 문제와 관련하여 결의된 안건을 해결하기 위해 미소공동위원회가 설치되었을 당시 주소련 미국 대사가 방한해 경무대를 숙소로 사용하면서 하지 중장과 만났다. 또한 1946년 5월에는 아이젠하워 당시 미 육군 원수가 서울을 방문하고 하지 중장과 만나면서 경무대에 잠시 머물기도 했다.

1948년 8월 15일 정부 수립 기념식

경무대, 대한민국 대통령의 통치 장소가 되다

경무대는 1948년 정부 수립과 함께 미군정에서 한국 정부로 이관되었다. 우선 8월 5일 중앙청에서 열린 제1회 국무회의에서 경무대 관저의 이관 요청안을 확정해 미군정에 통보하였다. 당초 이화장에서 머물던 이승만 대통령은 8월 13일 경무대로 들어가려 했지만 내부 정리와 이사가 다소 늦어져 정부 수립일 이후인 8월 22일에 이전을 마쳤다. 대신 8월 15일에 경무대에서는 정부 수립 기념 다과회가 열렸다.

당시 이승만 대통령이 총독 관저였던 경무대를 대통령 관저로 사용한 것에 대해 오늘날 많은 이들이 아쉬움을 표한다. 일제강점기 조선 총독의 관저로 세워진 일제의 산물인 만큼 광복과 함께 허물고 새로 대통령 관저를 지었다면 더 좋았을 것이라고도 한다. 하지만 경제적으로 어려웠던 신생 독립국이라는 점을 생각할 때, 국가의 정치와 행정 기능을 수행할 수 있는 공간을 새로 확보하기란 쉽지 않은 일이었다. 제2차 세계대전 이후 독립한 신생국들 중 기존의 총독부 청사나 총독 관저를 정부 청사나 대통령 관저 등으로 사용한 경우는 의외로 많다. 조선 총독의 관저를 대통령 관저로 사용한 것은 분명 아쉬운 일이었다. 하지만 광복 직후 한국의 경제적 여건을 고려할 때 다른 방안을 찾는 것도 쉽지 않았다.

조선신궁이나 경성신사 등 우리 민족의 국가 건설과 상관없는 공간은 곧바로 사라졌다. 그러나 정치, 경제, 행정 등에서 활용될 수 있는 공간들은 이후에도 계속 사용되었다. 중앙청으로 쓰였던 조선총독부 청사도 이후 국립중앙박물관으로 쓰이다가 김영삼 대통령 때인 1995년에 철거되었다. 국가 경제가 어느 정도 발전한 이후에는 나라의 정치와 행정이 과거 일제가 만든 공간이 아니라 우리 민족의 정기를 반영할 수 있는 곳에서 이뤄져야 한다. 그런 점에서 총독 관저가 지속적으로 대통령 관저로 쓰이다가, 1990년대에 들어와서야 철거가 이뤄졌다는 점은 매우 아쉽다고 할 수 있다.

정부 수립 직후인 1948년 9월부터 이승만 대통령은 바깥 민심을 듣기 위해 매주 목요일 2시부터 5시까지 경무대를 개방하고 찾아오는 이들을 면담했다. 국민들의 솔직한 목소리를 듣기 위한 파격적인 조치였다. 부자나 힘 있는 이들만이 아니라 길거리 지게꾼이나 병든 노파와 같이 힘없는 사람들의 의견까지 청취해 나랏일을 하겠다는 취지였다. 백성의 소리를 듣는다고 해서 이름도 '민성일民聲日'이었다. 물론 취지와 실제의 괴리는 컸다. 매주 목요일 경무대에는 청탁이나 취직을 부탁하는 사람들로 줄을 이었다. 밀려드는 사람들을 다 만날 수도 없어서 면담 인원을 제한해야 했다. 때문에 경무대 비서관들은 진땀을 뺐다. 결국 얼마 지나지 않아 민성일은 없어지고 말았다.

1950년 6·25전쟁이 발발하고 북한군이 서울을 점령하면서 경무대도 북한군에 점령당했다. 이승만 대통령의 영부인인 프란체스카 여사와 육군참모총장을 역임했던

6·25전쟁 초기 서울을 점령한 북한군

백선엽의 회고에 의하면, 9·28 서울 수복 이전까지 김일성은 서울을 세 차례 방문해 경무대에서 머물렀는데, 경무대 내부나 집기 등은 거의 손대지 않았다고 한다. 아마도 머지않아 전쟁에서 이기면 자연스럽게 자신의 공간이 될 것이라는 생각에 그대로 두었을 것이라고 회고에서는 덧붙이고 있다.

이후 경무대는 1950년대 중반을 지나면서 일반인에게도 개방되었다. 최초 공개는 1955년 4월 19일부터 4월 20일까지 이틀 동안이었다. 개방은 시민들이 꽃놀이를 즐길 수 있게 하라는 이 대통령의 '특별한 분부'로 이뤄졌다. 경무대가 문을 열자 첫날에만 6만 명이 몰렸고, 이틀 동안 모두 10만 명이 넘는 인파가 경무대에 있는

경무대 개방으로 몰려드는 인파들

정원과 벚꽃들을 관람했다. 당시 신문을 보면, 아침 일찍부터 인파가 몰려들었으며 봄비가 내렸음에도 "할머니, 아주머니, 어린이, 신사 …… 할 것 없이 꼬리에 꼬리를 물고 발걸음이 이어졌다."라고 보도했다.

이후 경무대 개방은 일종의 연중행사가 되었다. 1956년에는 4월 25일부터 28일까지, 1957년에는 4월 27일부터 4월 29일까지, 1958년에는 4월 9일부터 4월 12일까지, 1959년에는 4월 7일부터 4월 8일 그리고 4월 15일부터 4월 20일까지 문을 열었다. 당시 정부의 경무대 개방은 시민들에게 봄나들이를 위한 휴식 공간을 제공한다는 것이 목적이었다. 하지만 그 이면에는 친숙한 대통령의 이미지를 만들고자 했던 의도

이승만 대통령 동상 제막 기념식

역시 있었다.

이 시기 이승만 정부와 여당인 자유당의 장기 집권 야욕은 노골적으로 표출되고 있었다. 이미 임시 수도였던 부산에서 발췌개헌을 통해 대통령 재선에 성공했고, 환도 이후인 1954년 11월 국회에서 초대 대통령의 중임 제한을 철폐하는 개헌안을 통과시켰다. 원래는 한 표가 부족해 부결이 선포되었으나 정부와 자유당 측에서 '사사오입'이라는 억지 논리로 통과시킨 것이었다.

대통령의 종신 집권이 가능해지면서 국민과 야당의 비난이 거세졌다. 언론에서도 민주주의 파괴와 영구 집권에 대한 부정적인 보도가 이어졌다. 이승만에 대해 '독재자', '1인 정치' 등의 비판이 쏟아졌다. 이에 대항해 정부 기관지와 관변 단체에서는 연일 반공 대회와 이승만에 대한 축하 행사를 개최하였다. 전국 곳곳에 대통령의 동상이 건립되었다. 이승만을 독립운동에 매진한 국가 건설의 '아버지'라고 찬양하는 기사와 전기물도 꾸준히 나왔다.

더욱이 휴전이 이뤄진 지 얼마 되지 않은 까닭에 전시 분위기가 많이 남아 있었다. 정부를 비판하는 일 자체가 국시인 반공을 해치는 행위로 몰렸던 시대였다. 그럼에도 독재 체제를 강화하는 대통령의 모습은 부정적인 이미지로 그려지고 있었다. 정부 입장에서는 그러한 독재자 이미지를 희석시킬 방안이 필요했다. 경무대 개방은 그러한 이유도 한몫했다.

당시 신문에서도 이승만 대통령의 담화를 보도하면서 "조선시대에는 왕이 나라를 모두 자기 것이라고 했고 백성은 왕의 은혜를 입는 것이라고 했지만, 민주 정부 수립 이후에는 이 나라가 모두 국민의 것이라는 것을 알기에 국민들이 나라를 더욱 아끼고 사랑하게 되었다."라고 하면서 "경무대도 이러한 뜻으로 문을 열었다."라는 점을 강조했다. 경무대 개방을 통해 자신이 전근대의 국왕이 아니라 민주주의 국가의 대통령이며, 시민들과 더불어 같은 공간에서 휴식을 취하는 친숙한 대통령이라는 점을 국민들에게 홍보하고자 했던 것이다.

경무대가 개방되면서 흥미로운 사건도 일어났다. 1957년 4월 28일 경무대로 벚꽃 구경을 왔던 만삭의 여성이 관저 뜰에서 여자아이를 출산한 것이다. 이승만 대통령은 금일봉을 보내 축하하였고, 모녀의 사진이 신문에 실렸다. 이 아이는 '경무대 어린이'라는 별칭을 얻기도 했다. 대통령은 아이에게 '경숙景淑'이라는 이름을 지어주었다. 이듬해인 1958년에 경무대가 개방되었을 때 이들 가족은 이 대통령과 영부인 프란체스카 여사의 초대를 받았다. 이후 대통령은 아이의 생일과 크리스마스 그리고 설날에 선물을 보냈고, 설날에는 경무대에서 아이와 아이 부모의 세배를 받기도 했다. 이 아이는 30여 년이 지난 1988년 3월 이승만 대통령의 추모 사진전이 열렸을 당시 88세가 된 노년의 프란체스카 여사와 만나기도 했다.

물론 일반인들에게 경무대는 꽃놀이나 휴식을 취하는 친숙한 장소가 아니었다. 오히려 대다수는 권력과 부패의 공간으로 인식하고 있었다. 경무대에 출입할 수 있는 것 자체가 하나의 권력이었다. 그리고 그것은 비리와 부정부패로 이어졌다.

1950년대 정부는 전후 복구와 산업 시설 확충에 노력했다. 실제로 소비재 산업은 어느 정도 회복되었고, 소위 '삼백三白 산업'이라 불렸던 방직·제분·제당 부문에서는 상당한 발전을 이루었다. 하지만 여전히 해외 원조는 국가를 유지하는 절대적인 존재였다. 정부는 총수입의 70% 이상을 해외 원조에 의존하고 있었다.

결국 당시 사회는 원조 물자를 비롯해 외화 사용권에 접근 가능한 사람이 많은 부를 축적할 수 있는 구조였다. 물론 이것들에 대한 접근은 이승만 대통령의 측근들과 자유당 그리고 고위 관료들에 의해 통제되었다. 때문에 이를 둘러싼 각종 비리가 끊임없이 이어졌다. 착복과 정치 자금 조달을 위한 부정부패 행위는 일상적인 것이 되었다.

이러한 정치적·사회적 환경에서 경무대에 출입할 수 있는 것 자체는 하나의 권력이 되었다. 대통령에게 가까이 다가갈 수 있는 연줄이 되기 때문이었다. 1958년 1월 23일자 《동아일보》에 연재된 김성환의 〈고바우 영감〉을 보면, 경무대 똥지게꾼이 지나가자 다른 똥지게꾼들이 '귀하신 몸'이 왔다면서 90도로 인사하는 그림이 그려져 있다. 대통령 측근들의 권력과 위세가 극에 달해 있었고, 지방의 한 청년이 이승만 정부의 2인자인 이기붕의 아들이자 이승만의 양자였던 이강석을 사칭해 '귀하신 몸'으로 불리며 사기 행각을 벌이던 당대의 모습을 풍자한 것이다. 당시 사람들에게 경무대에서 일한다는 것 그 자체가 하나의 권력으로 받아들여졌음을 잘 보여주는 사례라고 하겠다.

그중 가장 널리 알려진 이가 곽영주이다. 박정희 대통령 말기에 경호실장이었던 차지철이 위세를 떨쳤다면, 이승만 대통령 말기에는 곽영주가 그런 인물이었다. 1950년

1950년대 미국으로부터 들어오는 식량 원조를 환영하는 행사

대를 무대로 하는 드라마에서 그는 이정재와 같은 정치 깡패들과 함께 악역으로 등장하는 인물로 이승만 대통령의 신임을 받으며 권력을 누렸다.

곽영주는 4·19혁명 당시 경무대로 향하던 시위대에 발포 명령을 내린 죄목으로 제2공화국 때 구속되어 사형을 선고받았고, 1961년 교수형을 당했다. 그는 1924년 경기도 이천 출생으로 경기공업학교를 나와 광복 전까지 일본 육군 하사관으로 복무했다. 광복 이후에는 수도경찰학교를 나와 1947년부터 경무대 경비경찰로 근무했는데,

이승만 대통령과 함께 하고 있는 곽영주의 모습(맨 우측)

사격 실력이 좋아 '명사수 곽 경사'라는 별명을 얻었다고 한다. 이후 1956년 경무대 경찰서장이 되어 대통령 경호 책임자로 활동했다.

이승만 대통령의 신임을 등에 업은 곽영주는 '부통령'이라는 별명과 함께 막강한 권력을 누렸다. 그는 고향 선배이자 친밀했던 이정재 등의 정치 깡패를 비호하였다. 이들 정치 깡패들은 자유당 창당 동지회 결성 모임 방해 사건을 비롯해 1957년 야당의 장충단공원 시국강연회 방해사건, 1960년 4월 18일 고려대학생들의 3·15부정선거 규탄 시위 습격사건 등을 일으켰다. 물론 경찰은 이들의 행동에 대해 수수방관했다.

4·19혁명 이후 그의 이권 개입과 비리 혐의에 대한 보도가 줄을 이었다. 4·19 이후 봇물 터지듯 나오던 대통령 측근들의 각종 부정부패 기사에도 여느 경무대

비서관들과 달리 곽영주는 실명으로 거론될 정도였다.

> 이승만 정권 12년은 비서 정치였다고도 한다. 그만큼 '경무대 비서'라고 하면 내노라 뽐내던 장관들까지도 그 앞에서 슬슬 기었다. …… 경무대 비서관 가운데 박모, 유모, 구모 등이 널리 세간에 알려진 인물들이다. 그들이 얼마나 치부를 했고 안 했는지는 미지수이다. 하지만 요사이 문초를 받고 있는 박모는 이것저것 부정 혐의는 농후하나 방증을 못 잡았다고 해서 소환만 되풀이하고 있는 눈치이다. 그렇지만 일개 경무대 직속 경무관이었던 곽영주가 빌딩을 몇 개씩 가지고 어마어마한 축재를 했다고 한다.

5·16군사정변 직후 조사한 결과를 보도한 기사에 의하면, 곽영주가 축재한 재산은 2억 2,600만 환이 넘는다고 한다. 당시 쌀 한 가마니 값이 1만 8,000환 정도였다고 하니 상당한 금액이었음을 짐작할 수 있다.

한편 경무대 비서관을 지낸 박용만의 회고에 따르면, 본인은 이 대통령이 직접 국내 신문을 읽는 것을 보지 못했다고 한다. 대신 경무대 공보비서관이 매일 그날의 신문을 정리해 중요한 기사를 보고했다고 한다. 물론 국정에 대해 비판적인 기사가 많아서 보고를 들을 때마다 이승만 대통령은 "신문이니 야당이니 그따위 소리를 한다."라며 불쾌한 반응을 보였다고 한다. 그리고 비서관은 신문 보고를 끝내고 돌아와서는 매번 대통령의 화풀이에 시달려 푸념했다고 한다. 대신 이 대통령은 《뉴욕 타임스The New York Times》나 《시카고 트리뷴Chicago Tribune》 같은 미국 신문들을 즐겨 읽었고, 그 신문들에 실린 한국 관련 기사는 신경을 곤두세워가며 정독했다고 한다.

대통령이 국내 신문을 보지 않은 이유는 정부에 대해 비판적 논조였던 신문들을 야당지野黨紙로 생각해 마땅치 않게 여겼기 때문인 듯 싶다. 일각에서는 미국에서 오랫동안 머물렀던 이승만 대통령이 대한제국 시기의 한글 문법에 익숙하고 일제강점기를 지나 광복 이후의 체계화된 한글 맞춤법은 서툴렀기 때문으로도 생각한다.

실제로 경무대에서 이 대통령이 직접 쓴 담화문이나 성명서는 대한제국 시기에 출간된 성경에서나 볼 수 있는 문체였으며, 고치려고도 하지 않았다고 한다. 비서진이 문법에 맞게 문장을 교정 보거나 "이건 옛말이니 고치시라." 하고 조언하면 "자네가 유식하니 자네가 나 대신 대통령 하게."라며 마구 화를 냈다고 한다. 비판적 언론을 싫어해서인지, 한글 맞춤법에 익숙하지 않아서인지, 어쨌든 경무대라는 공간에서 이 대통령은 다양한 언로를 접하지 않았다. 그리고 그것은 경무대 바깥 사람들에게 대통령의 현실 인식에 대한 의문을 품도록 하기에 충분했다.

이후 시기이지만 1967년에 만들어진 라디오 드라마 〈잘돼갑니다〉에서도 당대 이 대통령의 현실 인식과 경무대 참모들의 모습이 문학적으로 풍자되어 있다.

> 이승만 대통령: 민중들은 아직도 산나물을 먹고들 있나?
> 비서실장: 예?
> 이승만 대통령: 저렇게 나물 장사들이 많은데 말이야…….
> 비서실장: 예…….
> 이승만 대통령: 문명의 나라에서는 버터와 고기를 많이 먹어. 그런 것들을 많이 먹어야 건강이 향상되고 장사壯士들이 많이 생겨나게 될 게야.
> 비서실장: 예…….
> 이승만 대통령: 자네 고기 많이 먹지?
> 비서실장: 예, 많이 먹습니다. 각하.
> 이승만 대통령: 일반 사람들도 그렇게 먹으라고 그래. 얼굴에서 윤이 나고…… 보기에도 좋지 않아?

이것은 드라마에서 동대문시장으로 민생 시찰을 나간 대통령과 비서실장의 극중 대화 장면이다. 나물 파는 노인들이 많은 것을 보고 시민들에게 얼굴에 윤이 잘

나도록 고기와 버터를 많이 먹으라고 할 것을 지시한다. 경무대라는 깊숙한 '구중궁궐'에 있으면서 시민들의 고단하고 힘든 삶을 이해할 수 없었던 이 대통령의 모습을 코믹하게 묘사하고 있다.

그러면서 고기를 먹지 못하는 가난한 시민들과 고기를 많이 먹는다는 경무대 비서실장을 나란히 대비시키면서 당시에 만연했던 부정부패와 사리사욕을 챙기던 고위 관료들과 정치인들의 모습도 은연중에 드러내고 있다. 경무대 밖의 사람들 눈에 비친 경무대 안의 사람들은 그런 모습이었다.

경무대를 청와대로 바꾸다

1960년 3월 15일 실시된 정·부통령 선거는 정부 수립 이후 헌정사상 유례없는 부정 선거였다. 대규모 사전 투표, 대리 투표, 3인조 투표, 완장 부대 출현, 야당 참관인 축출 등이 자행되었다. 전통적으로 야당이 우세한 지역에서도 이승만과 이기붕의 중간 득표율이 95%를 넘는 사례가 속출했다. 오히려 부정 선거를 자행한 자유당과 관료들이 전국 득표율을 75~80% 수준으로 낮추라고 감표를 지시할 정도였다.

부정 선거를 규탄하는 시위는 전국 각지에서 일어났다. 절정은 4월 19일이었다. 서울 시내 거의 모든 대학교를 비롯해 수많은 중고등학생들이 시위에 참가했다. 국회의사당(지금의 서울시의회 건물) 앞 거리로 시위대가 쏟아져 나왔다. 서울 시내에서 시위에 참가한 사람들은 20만 명을 넘었다.

정오가 되면서 서울 시내는 온통 시위대로 둘러싸였다. 시민들은 학생들에게 박수를 보냈다. 이승만 정부의 실정과 장기 집권 야욕에 지쳐 있던 사람들의 환호성이었다. 경찰이 저지선을 펴고 막았지만 소용없었다. 때문에 경찰은 경무대만이라도 지키기 위해 그 주변으로 인원을 집중시켰다.

시위대를 막기 위해 경무대 부근에는 바리케이드가 설치되었다. 첫 번째 바리케이드는 중앙청 서쪽 방향에서 통의동 파출소 방향으로 구축하고 있었다. 경찰들은 최루탄을 지급받았고, 시위대에 물을 뿌리기 위해 소방차도 배치되었다. 12시 30분 무렵 시위대는 경무대 방향으로 나아갔다. 경찰의 해산 명령에도 시위대는 전진했다. 경찰은 최루탄과 공포탄을 발포하여 시위를 저지하려 했지만 오히려 시위대의 분노를 높였고, 결국 저지선은 무너졌다.

4·19혁명 당시 시위대의 모습

두 번째 바리케이드는 경무대 인근의 효자동에 설치되어 있었다. 시위대는 대통령 면담을 요구하며 행진을 계속했다. 이에 경찰은 소방차로 물대포를 쏘고 최루탄을 발사했다. 물론 경찰의 저지는 시위대를 막지 못했고 2차 저지선도 붕괴했다. 경찰은 도주하였고 소방차도 탈취되었다. 시위대는 소방차를 선두에 몰고 경무대로 향했다.

경무대로 향하던 시위대에 경찰의 실탄 사격이 시작된 것은 1시 30분경이었다. 사망자가 속출하면서 옥인동과 통인동 일대의 병원에는 총에 맞아 치료를 받는 환자들로 발 디딜 틈이 없었다. 시위대는 진명여고 입구까지 후퇴했지만 시위에 참가했던 학생들이 죽었다는 소식이 전해지면서 시위대를 격분시켰다.

사태가 심각해지자 정부는 오후 2시 30분 계엄령을 선포했다. 하지만 이것은 한 시간 소급시켜 1시 30분부터 실행되는 것으로 발표되었다. 민간인에게 총을 쏜 시점이 계엄령을 선포한 이후였다고 강변하기 위한 조치였다. 계엄은 부산·대구·광주·대전 등지로 확대되었다.

하지만 시위대의 분노를 막을 수는 없었다. 통의동 파출소와 세종로 파출소가 전소되었다. 시내에 있던 반공연맹과 자유당사도 불탔다. 이승만 정부와 자유당의 기관지 역할을 하던 서울신문사 건물도 같은 운명이 되었다. 기세등등하던 이기붕의 집도, 정치 깡패였던 이정재와 임화수의 집들도 파괴되었다.

4월 19일부터 4월 21일까지 경찰의 발포로 서울에서만 100여 명의 사망자가 발생했다. 전국 각지에서 일어난 맹렬한 시위에서도 사망자가 다수 나왔다. 사람들은 이날을 '피의 화요일'이라고 불렀다. 4월 25일에는 서울 시내 대학교수들이 시국 선언서를 발표하며 시위에 합류했다. "이승만 정권 물러가라!"가 주된 구호가 되었고, 국민들의 요구는 이승만 대통령의 퇴진이었다. 미국도 한국 정부가 사태 해결을 하지 못하면 경제 원조를 중단하겠다고 통보하였다. 결국 4월 26일 이승만 대통령은 경무대를 방문한 5명의 시민·학생 대표들과 만난 자리에서 하야 성명서를 공표했다.

이틀 뒤인 4월 28일 이승만은 경무대를 떠나 그의 사저였던 이화장으로 거처를 옮겼다가 한 달 뒤인 5월 29일 아침 김포공항을 통해 미국 하와이로 향했다. 단순한 휴양이 목적이라고 했지만 다시는 한국으로 돌아오지 못했다. 그리고 그곳에서 90세가 되던 1965년 7월 눈을 감았다.

한편 그에 앞서 4월 28일 새벽에는 경무대 관사 36호실에서 이기붕과 그의 부인 박마리아, 이승만의 양자이자 이기붕의 아들이었던 이강석 그리고 둘째 아들 이강욱이 자살했다. 사인은 권총에 의한 총상이었다. 이강석은 가슴과 머리에 두 발, 나머지 가족들은 머리에 한 발씩 맞았다. 영결식은 15분도 안 되어 끝났고 이들의 시신은

이승만 대통령에게 신년 인사를 하는 이기붕 일가

망우리에 묻혔는데, 이후 1970년대에 파주와 고양 사이에 있는 명봉산 기슭으로 이장되었다.

이승만 정부가 무너지면서 그때까지 각종 비리와 부정부패 관련자들에 대한 처벌 요구가 강하게 일어났다. 가장 큰 요구는 경무대 앞에서 발포 명령을 내린 자에 대한 색출과 처벌이었다. 1960년 10월 법원은 경무대 앞 시위대에 발포 명령을 내린 혐의를 받은 홍진기 내무부 장관, 조인구 치안국장, 곽영주 경무관, 유충렬 서울시 경찰국장, 백남규 서울시경 경비과장 이상 5명에 대해 판결을 내렸다.

형량은 홍진기 징역 9개월, 조인구 무죄, 유충렬 사형, 백남규 사형, 곽영주 징역 3년이었다. 경무대 앞에서의 최초 발포 명령자가 누구였는지는 끝내 밝혀내지 못했다. 시민들의 반발은 거셌고 유족과 부상자들은 재판부와 정부를 향해 규탄 시위를 벌였다.

4·19 유족들의 시위 모습

언론에서는 "경무대로 돌진하는 이들의 노도 같은 대열은 4월 19일 같았다."라고 할 정도였다. 서울지방법원 소속 판사들이 모두 도주했다는 소문까지 돌았다.

결국 특별법이 발표되고 특별재판소가 세워지면서 관련자들은 다시금 법정에 서게 되었다. 그러다가 5·16군사정변이 일어나면서 재판은 혁명재판소로 이관되었다. 하지만 결과적으로 이들에 대한 처벌은 오히려 약해졌다. 1961년 12월의 혁명재판소 상고심에서 홍진기 무기징역, 유충렬 징역 20년, 백남규 징역 3년 6개월, 곽영주 사형이 선고되었다. 조인구는 재판을 피해 도피 중이었다.

곽영주는 2일 후 형이 집행되었고, 다른 세 명은 2년 뒤인 1963년 12월 특사로 풀려났다. 조인구도 1965년 자수하여 형식적인 절차를 받은 후 풀려났다. 경무대 앞에서 수많은 이들이 피를 흘리고 죽었지만 시위대에 대한 발포 책임은 곽영주 한 사람에게만 지워졌다. 공정하고 엄중한 처벌은 아니었다. 지휘선상에 있던 최고 책임자들은 대부분 가벼운 형만 살고 나왔고, 권력에 있을 때와 마찬가지로 다시부와 명예를 얻어 제2의 생을 살았다.

윤보선 대통령

한편 1960년 8월 13일 제2공화국의 윤보선 대통령이 취임하였다. 취임 행사가 마무리되고 그날 오후 윤보선 대통령은 자택인 안국동 8번지에서 경무대로 거처를 옮겼다. 당선 직후부터 안국동 사저에는 축하객들이 문전성시를 이루었다. 그 바람에 가족들이 식사도 못할 지경이어서 서둘러 관저로 이사한 것이었다. 4개월 정도 주인이 없었던 경무대는 안이 텅 비어 있었다. 접견실에는 가구와 집기가 없었다. 주방에는 그릇이나 수저도 없었다. 필요한 물건들은 자택에서 가져와야 했다.

관저로 이사한 첫날 윤보선 대통령은 잠을 이루지 못했다. 명예스럽다기보다는 불안한 생각이 잠자리를 괴롭혔다. 4·19혁명은 새로운 정부를 탄생시켰지만 그것은 끝이 아닌 시작점이었다. 그동안 행해졌던 제1공화국의 부정부패와 장기 독재 그림자를 걷어내야 했다. 경무대라는 명칭 자체도 그러한 부負의 유산이었다. 일제강점기 총독관저의 별칭이었으며, 제1공화국의 오욕과 실정의 상징이었다.

정부도 경무대라는 이름을 고집하지 않아서, 수개월 동안 각계에 자문을 구했다. 최종적으로 김영상 서울시사편찬위원회(현재의 서울역사편찬원) 상임위원이 제안한 푸른색 기와에서 따온 '청와대'가 선택되었고, 1961년 1월 1일부터 정식으로 청와대로

1950년대 경무대 전경

변경되었다. 윤보선 대통령은 청와대로 명칭을 변경하는 것에 대해 다음과 같은 담화문을 발표했다.

> 내가 취임 후 전국의 수많은 국민으로부터 경무대 명칭을 갈라는 요청이 있었고, 나 자신도 경무대가 구舊정권의 실정으로 미루어 국민들의 원부怨府가 되어 있는 것을 생각할 때 이를 개칭하려고 애써왔습니다. 그래서 몇 개월 동안 생각한 끝에 지금 건물이 푸른 기와로 되어 있고, 조선 초엽에 경복궁 건물들이 모두 푸른 기와로 덮여 있었던 사실에 비추어 푸른 기와라면 우리나라 고전 문화를 상징할 수 있는 데다가 평화로운 인상을 느낄 수 있을 것 같아 새해부터는 청와대로 국민들이 불려주기 바라는 바입니다. 그리고 외국 사람들에게는 푸른집(더 블루 하우스)으로

통용되기를 바랍니다.

관저 기와가 푸른색이라는 점과 전통 궁궐의 전각들 역시 푸른 기와로 덮여 있었다는 점에서 우리나라의 전통문화를 상징할 수 있으며, 평범하고 평화로운 인상을 줄 수 있다는 것이 고려되었다. 영어로 번역을 해도 'Blue House'가 되기 때문에 미국의 백악관White House처럼 의미가 변하지 않아 국제적 감각에 맞는다는 점도 매력적이었다. 물론 당시 관저의 기와 색깔은 파란색이라기보다는 녹색에 가까웠다.

이처럼 광복 이후 미군정기 하지 중장의 관저로 쓰였던 경무대는 정부 수립과 함께 이승만 대통령이 사용하였고, 제2공화국의 수립과 더불어 청와대로 이름을 바꾸었다. 경무대라는 명칭 자체가 권력의 상징에서 유혈의 상징으로, 그리고 몰락의 상징으로 변했다. 그렇게 청와대라는 공간은 다시금 새로운 시대를 맞이하게 되었다.

하나된 충성 영원한 명예

제6강

1·21사태와 청와대 지역의 요새화

1·21 북한 특수 부대의 청와대 습격 미수 사건

1968년 한반도 안보 위기의 배경과 맥락

1·21사태 이후 청와대 경호의 확대와 강화

북악 스카이웨이의 건설과 녹지 사업

제6강

1·21사태와 청와대 지역의 요새화

홍석률 성신여자대학교 사학과 교수

1·21 북한 특수 부대의 청와대 습격 미수 사건

1968년 1월 21일 일요일 밤, 다음 날 22일에는 전국 49개 전기 대학의 입학시험이 있었다. 그 어느 때보다 조용해야 할 밤에 청와대 주변에서 요란한 총소리가 울려 퍼졌다. 북한이 침투시킨 무장 간첩단이 박정희 대통령을 살해하기 위해 청와대를 습격하려다가 아슬아슬하게 저지되는 사건이 벌어졌다.

청와대를 습격한 무장 간첩들은 북한의 특수 부대인 124군 부대 요원들이었다. 북한의 124군 부대는 1967년 4월경 대남 침투 활동을 목적으로 창설된 특수 부대였다. 애초 계획은 76명의 부대원들이 청와대, 주한 미국 대사관, 육군 본부, 서울 교도소 등을 습격할 예정이었으나, 목표가 청와대 하나로 축소 조정되었고, 요원도 31명으로 줄어들었다. 이들은 1967년 12월경 124군 부대 6기지장 이재형으로부터 자신들의 습격 목표가 '청와대'라는 것을 처음 듣게 되었다. 대남 침투 공작을 담당한 민족보위성 정찰국장 김정태가 직접 찾아와 선발 대원 모두를 장교로 승진시켜주었다.

선발된 31명의 대원들은 1968년 1월 9일 건물 배치 및 환경이 청와대와 유사했던 사리원의 황해북도 인민위원회 건물을 습격하는 훈련을 했다. 이 훈련은 아무 예고도 없이, 124군 부대원들이 남한에서 보낸 특공대로 위장하여 실탄을 사용하면서 진행되었다. 무장한 사회안전원과 노동적위대 수십 명이 인민위원회 건물을 지키고 있었는데, 영문을 알지 못한 채 실제 총을 발사하며 저항했으나 특수 부대원들의 상대가 되지 못했다. 1·21사태 때 투항하여 생존한 124군 부대원 김신조가 후일 들은 바에 따르면, 이 작전으로 12명이 사망했고, 40명이 부상했다고 한다.

31명의 특수 부대원들은 1968년 1월 18일 새벽 미군 2사단이 지키는 휴전선 철책을 뚫고, 남쪽으로 침투하였다. 낮 시간 동안에는 철책 근처 1~2km 떨어진 지점에서 숙영하고, 18일 밤 다시 행군을 시작하여 침투 경로에서 가장 발각되기 쉬운 임진강을 건넜다. 위장용 흰색 천을 쓰고 오리걸음으로 얼어붙은 강을 건넜는데 역시 미군이 경계를 담당하던 지역이었다. 김신조에 따르면, 미군들은 아무래도 자기 나라가 아니었기 때문에 경비가 허술할 것이라 생각하여 일부러 이 지역을 선택했다고 한다. 북한 특수 부대원들은 19일 새벽 5시경 파주 법원리 삼봉산에 도착하여 2차 숙영지를 마련했다. 그러나 은신 중이던 이날 낮 산속에서 나무꾼 형제와 조우했다. 신고하면 가족들까지 모두 살해하겠다고 위협한 뒤 나무꾼 형제를 풀어주었는데, 다행히도 이들은 경찰에 신고했다. 곧 비상경계령이 발동되었지만 당시 한국의 군과 경찰은 이들이 서울로 향하는 것을 차단하는 데 실패했다.

124군 부대원들은 산길을 무려 시속 12km 속도로 뛸 수 있도록 훈련받았다고 한다. 이들은 1월 19일 밤 파주 법원리 삼봉산에서 행군을 시작하여 하룻밤 만에 20일 새벽 서울 북한산 비봉까지 도착하였다. 신고를 받은 군과 경찰이 경계망을 폈지만 이들은 시속 10km에 달하는 엄청난 행군 속도로 이미 그 경계망을 벗어나 있었다. 그러나 아무리 특수 훈련을 받았다 해도 한계가 있었던 모양이다. 이들이 가져온 비상식량인 엿과 오징어도 바닥난 상태였다고 한다. 20일 밤 이들은 최종

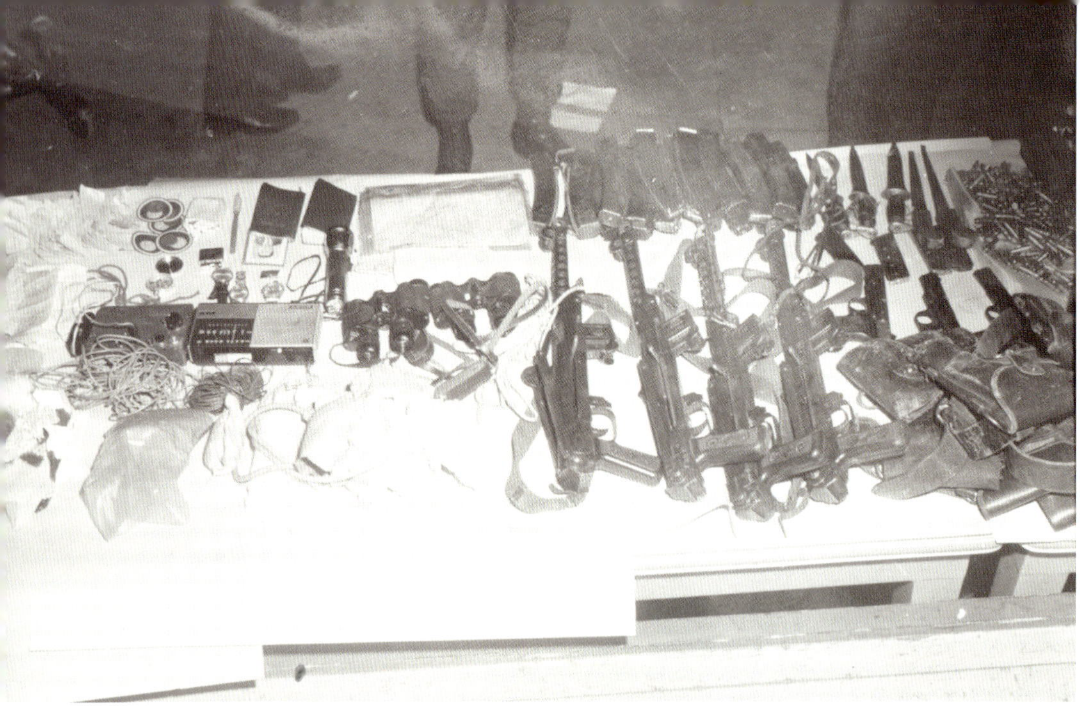

북한 124군 특수 부대원들이 휴대한 무기들

목적지인 청와대 바로 뒤의 북악산을 향해 출발했다. 전날 행군한 거리에 비하면 매우 가까운 거리였다. 하지만 눈 쌓인 산에서 길을 잃고 헤매다가 비봉 남쪽에 있는 승가사 바로 위쪽에 도착하여 숙영하였다. 밤새도록 행군했지만 겨우 비봉 북쪽 기슭에서 남쪽 기슭으로 오는 데 그친 것이었다.

1월 21일 일요일 밤 8시경 무장 간첩들은 산속에서 세검정으로 내려와 과감하게 대로변을 활보하며 청와대로 향했다. 당시 서울 시내에는 군과 경찰에 특별경계령이 내려져 있었다. 이들은 자신들이 특수 임무를 수행 중인 방첩대CIC 요원들이라 하면서 검문을 따돌리고 청와대로 향했다. 형사 두 명이 바바리코트에 농구화를 신은 이들의 차림새를 보고 북한의 무장 간첩일 것이라는 의심을 했으나 31명이나 되는 무장한 괴한들과 맞서기도 어려워 이러지도 저러지도 못한 채 대열을 한동안 따라가기만 했다. 이들이 자하문 고갯길을 넘어 내려가다가 청와대에서 불과 200m도 안 되는 경복고등학교 후문 근처에 이르렀을 때, 종로경찰서장 최규식이 나타나 이들을 제지했

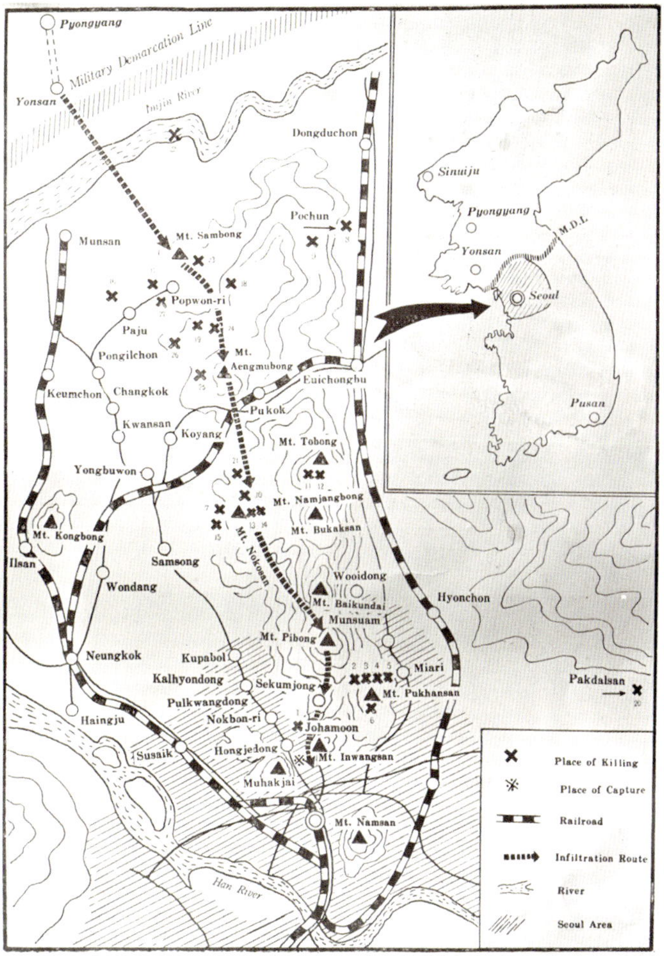

북한 124군 특수 부대원들의 침투 경로

다. 최 서장은 지체 없이 권총을 뽑아 들고 단호하게 행군을 막았다. 북한 특수 부대원들은 사격을 시작했고, 30대의 젊은 경찰서장 최규식은 절명했다. 공교롭게도 바로 그 순간 자하문 고갯마루에서 헤드라이트 불빛을 비추며 시내버스가 갑자기 나타났고, 이들은 여기에도 총격을 가했다.

투항한 북한 특수 부대원 김신조

그날 밤, 박정희 대통령은 감기 기운이 있어 약을 먹고 잠들었다가 총소리에 깨어났다. 당시 청와대 경호실장은 박종규였고, 청와대 바로 남쪽 경복궁에 주둔했던 수도경비사령부 30대대의 대대장은 전두환 중령이었으며, 그 휘하에 작전 장교는 장세동이었다. 청와대 인근 효자동에 본부가 있었던 육군 방첩대장은 윤필용, 서울 북부 지역 방위를 책임지는 6관구 사령관은 김재규였다. 이후 모두 윤필용 사건, 10·26 박정희 대통령 암살 사건, 12·12군사반란 등 한국 현대사의 중요 사건에 주역으로 등장한 인물들이었다. 이들 모두 중요 당사자가 되어 1·21사태를 겪었던 것이다.

청와대 주변에 갑자기 요란한 총소리가 들리자 30대대에서 즉각 조명탄을 쏘아 올리고 청와대 주변에 배치된 군과 경호 인력이 즉각 대응하여 교전이 벌어졌다. 이후 사방으로 흩어진 무장간첩을 수색하고, 사살하는 작전이 2월까지 서울 북부에서 휴전선에 이르는 경기도 산악 지역에서 전개되었다. 31명의 대원 중 1명(김신조)이 투항하고, 29명은 모두 사살되었다. 나머지 1명은 행방이 확인되지 않았는데, 북으로 돌아갔다는 이야기도 있다. 작전 중에 남한의 군인과 경찰, 민간인도 다수 희생되었다. 1월 26일 대간첩본부 발표에 따르면, 군인 전사자가 무려 22명이었고, 경찰 2명, 민간인 8명의 사망자가 발생하였다.

휴전 이후 남북한 사이에 끊임없는 군사 도발과 무력 충돌이 있었지만 1·21사태는 그야말로 심각하고도 중대한 사태였다. 사건 직후 기자회견장에 나타난 김신조는 자신이 부여받은 임무에 대해 "박정희의 모가지를 따러 왔수다."라고 했다. 만약 실제로 북한 특수 부대원들이 청와대 내부에 침입하여 다수의 사람들을 살상하고, 심지어 박 대통령까지 살해했다면 그 후 어떤 일이 벌어졌을까? 과연 전쟁을 피할 수 있었을까?

1968년 한반도 안보 위기의 배경과 맥락

1960년대 말은 휴전 이후 한반도에서 각종 군사 도발과 무력 충돌이 가장 극심한 시기였다. 1966년 하반기부터 북한의 대남 무장 침투 및 적대 행위가 크게 늘어나기 시작했는데, 1968년은 그 정점에 있었다. 이해에는 1·21사태만 일어난 것이 아니었다. 1·21사태가 발생하고 이틀 만인 1월 23일 원산 앞바다에서 작전 중인 미군 정보함 푸에블로호가 북한 해군에 나포되는 사건이 연달아 일어났다. 같은 해 11월에는 북한이 울진·삼척 지구에 100명이 넘는 대규모 무장 간첩을 보낸 사건도 있었다

남한에서 1961년 5·16군사정변 이후 군사 정권이 등장하여 반공反共을 제1의 국가 정책으로 내세우고, 한미 동맹을 강화하자 북한은 여기에 민감하게 대응하였다. 1960년대 북한은 이른바 국방·경제 병진 노선을 채택하면서 무력을 증강하기 시작했다. 박정희 정부는 1965년 한일협정을 체결하여 일본과의 관계를 정상화하고 공산 게릴라 활동으로 위기에 처한 남베트남을 미국과 함께 돕기 위해 전투 부대 파병을 단행했다. 두 가지 조치 모두 남한의 입장에서는 군사적 의미도 물론 있었지만, 주로 경제 개발에 초점을 둔 것이었다. 그러나 북한은 두 사안 모두 지극히 군사적으로 해석했다. 북한 정권은 한일협정의 체결로 남한이 과거 한국을 식민지로 지배했던 일본과 손잡고 북한을 치려 한다고 선전했다. 게다가 남한의 베트남 전투병 파병은 북한을 자극하지 않을 수 없었다. 일부 남한과 미국의 인사들은 베트남에 국군 전투 사단이 파병될

때 북한이 국군의 대규모 전투 부대 파병(5만 병력, 2개 사단 및 1개 여단)으로 인한 안보 공백을 활용하고, 북베트남을 지원하기 위해 남한에 대해 군사 도발을 강화할 가능성을 우려했다. 북한은 공산주의 국가인 북베트남을 돕기 위해 남한처럼 대규모 육군 병력을 보내지는 않았지만, 공군 전투기와 조종사를 보내 북베트남 지역을 폭격하는 미군기와 교전을 벌였다.

1960년대 하반기 베트남에서 벌어진 전쟁과 한반도 안보 위기 국면은 매우 긴밀하게 연결되어 있었다. 한반도에서 1·21사태가 벌어지던 바로 그날 새벽, 북베트남 군대는 남북 베트남을 가르는 북위 17도선 군사 분계선 바로 아래 서남쪽에 위치한 케산[Khe Sanh] 기지에 대규모 기습 공격을 단행하였다. 이 기지에는 3,500명의 미군 해병대와 2,100명의 남베트남 특수 부대원이 주둔해 있었는데, 북베트남 군대가 기지를 포위 공격하여 무려 77일 동안 공방전을 벌였다. 이 전투는 1954년 북베트남군과 프랑스군이 벌인 디엔비엔푸 전투를 연상시켰다. 미국의 텔레비전들은 이 전투를 비중 있게 보도하며, 기지 안에서 사투를 벌이고 있는 미 해병대원들의 모습을 방영했다. 디엔비엔푸에서 프랑스 공수 부대원들은 방어에 실패하여 항복했지만, 케산 기지는 함락되지 않았다.

케산 기지에 대한 포위 공격이 시작된 지 얼마 안 되어 1968년 1월 30일, 음력으로는 1월 1일, 설날[Tet]을 맞아 남베트남 게릴라들이 대규모 공세를 전개하여 남베트남의 23개 도시가 게릴라 공격을 받았다. 베트남에 파병된 국군 부대도 공격을 받았다. 일부 도시는 일시적으로 함락되었다가 회복되었고, 남베트남의 수도 사이공에 소재한 미국 대사관도 게릴라들에 의해 일시 점거되었다. 1·21사태와 그 이틀 후에 일어난 푸에블로호 나포 사건은 바로 같은 해인 1968년 1월에 벌어졌다. 현재로서는 북한과 북베트남, 나아가 공산 진영이 사전 공모하여 베트남과 한반도에서 대규모 무력 공세를 진행했는지 정확히 확인하기는 어렵다. 당시 정황상 그 가능성은 많지 않지만, 아무튼 당시 많은 미국 관리들은 1968년 1월 베트남과 한반도에서 벌어진 사태를 연계시켜 공산 진영의 공모 속에 이루어진 것이라고 의심했다.

1966년 10월 북한에서 제2차 '조선노동당 대표자회'가 개최되었다. 이 모임은 특별한 상황에서만 개최되는 모임이었다. 이후 수십 년 동안 이러한 모임이 개최되지 않다가 2010년 9월에야 제3차 조선노동당 대표자회가 열렸다. 이 회의에서 김정일의 아들 김정은이 처음 모습을 드러냈고, 2011년 김정일이 죽자 그가 권력을 계승하였다. 제2차 조선노동당 대표자회에서 김일성은 〈현 정세와 우리 당의 과업〉이라는 장문의 보고를 했다. 그는 보고에서 베트남 전쟁에 대한 사회주의 국가들의 적극적인 지원과 이른바 조속한 '남조선 혁명'을 통한 통일을 강조했다. 이 두 문제는 당시 북한 정권의 논리에서는 서로 연결된 것이었다. 남한에서 미국을 몰아내고 공산혁명을 완수하여 적화 통일을 하는 것과, 베트남에서 미군을 몰아내고 통일을 달성하는 것은 반미 투쟁이라는 측면에서 서로 연결되어 있었다. 남한에 대한 무력 도발을 강화하여 국군의 추가 베트남 파병을 막고, 주한 미군을 한반도에 붙잡아둠으로써 미국의 힘을 분산시키겠다는 것이었다. 일부 사람들이 우려한 바대로 북한은 한반도에 '제2전선'을 구축하려 했던 것이다. 북한의 이러한 결정에는 국군 전체 병력의 8% 정도 되는 5만 전투 병력이 베트남에 파견되어 있고, 미국이 베트남 전쟁에 발이 묶여 있는 상태에서 과감한 대남 도발을 해도 보복 공격을 받을 우려가 적다는 상황도 작용하였다. 만약 베트남 전쟁이라는 변수가 없었다면 북한도 전면전의 위험을 감당하며 이처럼 모험주의적 군사 행동을 하기 어려웠을 것이다.

북한의 대남 무력 공세는 또한 북한의 내부 정치 문제와도 연관이 있었다. 대남 무력 공세가 강화되던 중에 열린 1967년 5월 조선노동당 제4기 제15차 전원회의는 북한의 정치에서 중요한 전환점이 되었다. 여기서 북한의 핵심 지배 집단이었던 항일 빨치산파 가운데 박금철, 김도만 등 갑산파 인물들이 숙청당하였다. 지금까지 알려진 바로는 김일성의 동생 김영주와 아들 김정일 등 김일성 가계 집단이 배후에서 숙청을 주도했다고 한다. 이 회의에서 주체사상이 조선노동당의 유일사상으로 채택되었고, 이후 북한은 마르크스·레닌주의에 기초한 일반 공산주의 국가와는 달리 주체사상을 기반으로 한 '수령' 중심의 '유일 체제'로 향해 갔다.

박금철 등 갑산파 인사들은 항일 빨치산 활동을 했지만 주로 백두산 근처 주민들을 대상으로 지하공작을 하는 등 전투가 아닌 정치적 업무를 담당한 사람들이었다. 갑산파의 숙청은 대남 정책에서도 정치 공작보다는 무력 공세를 한층 강화하는 양상을 가져왔다. 갑산파 숙청 이후 대남 정책을 다루는 부서들은 군부 강경파에 의해 장악되었다. 남한에 대한 침투와 전복 활동을 주관하는 대남 총책 허봉학, 군대를 주관하는 민족보위성 김창봉, 그 휘하의 정찰국장 김정태 등이 바로 그들이었다.

당시 김일성은 환갑, 즉 60세가 다가오는 노년기에 접어들고 있었다. 이 무렵부터 북한 권력 핵심 집단 내부에서는 김일성 이후의 정치권력의 향배, 즉 누가 김일성 다음의 2인자적인 지위를 차지해 후계자로 부상할지를 두고 미묘한 갈등이 전개되고 있었다. 갑산파 인물들이 김영주, 김정일 등 김일성 가계 집단의 주도하에 숙청된 것도 이러한 맥락에서였다. 이러한 상황에서 군부 강경파 인사들은 계속 모험주의적인 군사 행동을 통해 공을 세워 자신들의 정치적 입지를 강화하려 했다. 그러다가 김일성의 견제를 받아 1968년 10월경부터 갑자기 숙청되기 시작하였다.

1·21사태가 발생한 지 이틀 후인 1월 23일 오후 원산 앞바다에서 미군 정보함 푸에블로호가 선원 83명과 함께 북한 해군에 나포되었다. 푸에블로호는 원래 미군이 사용하던 소형 수송선이었는데 정보 수집선으로 개조된 배였다. 해안에서 가까운 거리까지 접근하여 상대방의 저출력 무전 통신을 수집하고 녹음하여 국가안보국National Security Agency에 보내 해독하게 하는 임무 등을 수행했다. 배가 개조되어 정보선이 된 직후 첫 번째 임무 수행을 위해 동해로 파견되었다가 나포당한 것이었다.

푸에블로호는 1968년 1월 8일 일본의 사세보항을 떠나 북한과 소련 접경 해역에 도착한 후 북한 해안선을 따라 남하하며 정보 수집 활동을 했다. 배가 이미 출항해 작전에 투입된 상태에서 1·21사태가 발생하여 한반도에 긴장이 고조되었다. 당시 푸에블로호의 부커Bucher 함장은 나포 사건이 일어날 때까지 서울에 1·21사태가

푸에블로호

발생하여 난리가 났다는 사실도 몰랐다고 한다. 1월 23일 오후 푸에블로호가 원산 앞바다에서 임무 수행 중 북한의 미그기와 해군 함정들이 주위를 에워싼 채 사격을 시작했고, 마침내 북한 해병대 대원들이 푸에블로호에 올라타 배를 장악한 뒤, 원산항으로 나포해갔다. 미 해군 함정이 나포된 것은 1815년 프레지던트호가 뉴욕 해안에서 영국 해군에 나포된 후 처음 있는 일이라고 한다. 100년 만에 한 번 있을까 말까 한 이 사건 이후 현재까지 미군 함정이 나포되는 사태는 다시 일어난 바가 없다.

푸에블로호 나포 사건은 1·21사태보다도 더 심각한 한반도 군사 위기 국면을 조성하였다. 상상도 못할 초유의 사태에, 미국은 항공모함 엔터프라이즈호를 원산 앞바다에 보냈다. 그리고 바로 그날 밤부터 오산 미군 공군 기지에 일본과 괌으로부터 온 전투기들이 내려앉기 시작했다. 사건 발생 5일 만인 1월 28일까지 무려 154대의 미군 전투기가 한반도에 추가 배치되었다.

1·21사태와 푸에블로호 사건은 공교롭게도 이틀 간격으로 터지면서 베트남 파병으로 매우 긴밀했던 한미 동맹 관계에도 미묘한 균열을 일으켰다. 박정희 대통령과 한국의 군부 인사들은 미군이 1·21사태 직후 별다른 조치를 취하지 않다가, 자신들의 배가 한 척 나포되자 갑자기 항모가 오고, 전투기가 증강 배치되는 등 적극적인 조치를 취하는 데 충격과 분노를 느꼈다. 역시 자국의 이해관계가 우선이었던 것이다. 박 대통령은 이 사건을 계기로 자주국방의 필요성을 절감하였다.

박 대통령은 1967년부터 북한에 대한 보복 공격의 필요성을 주장해왔다. 당시 박 대통령을 비롯한 남한 지도자들은 북한의 대남 무력 도발의 의도를 베트남 전쟁 문제도 있지만 주로 북한의 적화 통일 기도에 초점을 맞추어 해석했다. 한반도의 운명 당사자로서 당연히 한반도 차원에 초점을 맞추어 이 문제를 바라볼 수밖에 없었다. 그러니 만만하게 보이지 않으려면 즉각 상응하는 보복 군사 행동을 취해야 한다고 주장했다. 당시 한국군 장성들도 북한의 거듭되는 도발에 보복 공격을 지지하는 분위기였다.

그러나 미국은 세계 질서를 주도하는 패권 국가로서 글로벌한 냉전 상황과 베트남 전쟁 변수에 초점을 맞추어 한반도 문제를 해석할 수밖에 없었다. 한국과 미국 사이에는 어쩔 수 없는 시각 차이가 존재했다. 미국은 북한의 무력 도발을 제2전선의 구축, 즉 베트남 전쟁에서 북베트남을 지원하기 위한 것으로 보았고, 그 때문에 대북 보복 공격은 사태를 키워 오히려 북한이 의도한 대로 끌려갈 것이라는 입장이었다.

미국의 존슨Johnson 대통령은 1968년 2월 11일 자신의 측근인 밴스Vance를 서울에 대통령 특사로 보내 한국 정부의 분노를 무마하려 했다. 박 대통령은 밴스와의 회담에서도 보복 공격을 언급하며, 최소한 북한이 한 번 더 도발하면 보복하겠다는 최후통첩을 해야 한다고 주장했다. 그러나 밴스는 이를 수용하지 않았다. 다만 미국 정부는 한국의 안보를 우려하여 1억 달러에 이르는 추가 군사 원조를 해주었다.

미국 정부는 푸에블로호 나포 문제를 군사적 대응이 아닌 미국과 북한의 협상으로 해결했다. 군사정전위원회 공산 측 수석 대표인 북한 장성과 유엔군 측 대표인 미군 장성이 판문점 중립국감독위원회 건물 회의실에서 비밀 협상을 했다. 북한은 푸에블로호가 영해 침범을 했다고 주장한 반면, 미국은 이를 부인했다. 결국 협상은 크리스마스 직전인 1968년 12월 23일에야 타결되었다. 이날 군사정전위원회 유엔군 측 수석 대표인 우드워드Woodward는 구두口頭로 문서의 내용을 부인하였지만, 아무튼 북한이 작성해온 사과문에 서명했고, 푸에블로호 선원들은 그날 판문점을 통해 남쪽으로 인도되었다.

푸에블로호 사건으로 조성된 한반도의 군사적 긴장 상태가 여름을 지나면서 다소 수그러들 무렵, 늦가을에 다시 대형 사건이 발생했다. 1968년 10월 30일부터 11월 2일 사이에 북한은 울진군 북면 고포姑浦에 잠수함 등을 이용해 15명을 한 조로 편성하여 총 8개 조, 약 120명의 무장 간첩을 상륙시켰다. 며칠 간에 걸쳐 한 지점에 침투시킨 것인데, 해안 경비를 맡은 국군은 11월 2일에야 이들을 처음으로 탐지했다. 무장 간첩들은 강원도와 경상북도에 걸쳐 있는 태백산 근처 산악 지대에 잠입하였다.

침투한 무장 간첩 8개 조의 조장들은 대부분 한국전쟁을 전후하여 태백산 지역에서 빨치산 활동을 한 사람들이었고, 그 휘하의 조원들은 124군 부대를 비롯한 북한의 특수 부대원들이었다. 이들은 산간 농촌 마을에 출현하여 주민들을 모아놓고 위조지폐를 나누어주며 선전·선동 활동을 벌였다. 북한이 태백산 지역을 근거지로 남베트남에서처럼 게릴라 활동을 전개하려 했던 것이다. 이 사건을 통해 당시 북한의 의도는 명확해졌다. 남한에서 유격전, 즉 게릴라 전투를 획책한 것이다.

울진·삼척 지구 대규모 무장 간첩 남파 사건은 무모한 군사 모험주의의 가장 극단적인 사례였다. 한국은 베트남이 아니었고, 주민들의 동요나 호응 같은 것은 처음부터 기대하기 어려웠다. 최근 공개된 미국 정부 문서에 따르면, 국군과 주한 미군 관계자들은 이미 1년 전인 1967년부터 북한이 태백산 지역에 무장 간첩을 자주 침투시키는 등 이 지역을 게릴라 활동 근거지로 만들려 한다는 것을 이미 간파하여 대비하고 있었다.

무장 간첩 침투를 사전에 막지는 못했지만, 국군의 대응은 매우 신속했다. 5,000명의 병력이 며칠 만에 태백산 지역에 투입되고, 최대 5만 병력이 긴급 동원되어 무장 간첩을 추적해 소탕하였다. 그 결과 무장 간첩 110명이 사살되고, 5명이 생포되었으며, 2명이 자수하였다. 진압 과정에서 국군 장병은 47명이 사망했고, 민간인 사망자도 23명이나 발생하였다.

1968년 한 해 동안 북한의 대남 무력 공세와 관련하여 휴전선 남쪽에서 발생한 사망자만 500명이 넘었다. 그중에는 남파된 북한의 무장 요원이 321명으로 가장 많았고, 이들을 막다가 110명의 국군 장병이 사망했다. 남한의 민간인 35명이 목숨을 잃었으며, 주한 미군 사망자도 18명이나 발생하였다.

1968년 북한의 대규모 무력 공세로 조성된 한반도 군사적 위기 상황은 한국 사회에 큰 영향을 미쳤다. 1·21사태를 계기로 현역 병사들의 복무 연한이 늘어났으며, 향토예비군이 창설되었다. 또한 국가가 시민을 통제하는 데 악용될 수 있다는 측면에서 오랫동안 반대를 받아왔던 주민등록증 제도가 간첩 침투를 막는다는 명분으로 전격 실시되었다. 박정희 정부의 근대화, 민족중흥 이념을 담은 국민교육헌장이 반포되어 학생과 시민의 의식을 규율하는 데 활용되기 시작한 것도 바로 이때부터였다. 박정희 정부는 안보 위기를 활용해 반공 이데올로기를 강화하고, 시민에 대한 국가의 통제와 규율을 강화하는 데 활용했으며, 이듬해인 1969년에 마침내 3선 개헌을 단행하여 장기 집권을 모색하였다.

청와대 경호실 회의를 주관하는 박종규 경호실장

1·21사태 이후 청와대 경호의 확대와 강화

이승만 정부기 대통령 관저는 경무대로 불렸고, 당시 대통령 경호 업무는 경무대 경찰서가 설치되어 주로 경찰이 담당했다. 그 밖에 방첩대 등 군대도 대통령 경호 업무를 수행했다. 1960년 4·19혁명으로 이승만 정부가 붕괴된 후 내각책임제 개헌이 단행되었고, 대통령의 권한은 축소되었다. 새 대통령이 된 윤보선은 대통령 관저의 명칭을 청와대로 바꾸고, 4월혁명 때 학생과 시민에게 발포한 책임이 있는 경무대 경찰서를 폐지하고 서울시경에 소속된 경찰 파견대에 경호를 맡겼다.

1961년 5·16군사정변 직후에는 박종규 소령, 차지철 대위 등 군인들이 실질적인 최고 지도자 박정희를 경호했다. 박정희가 국가재건최고회의 의장이 된 이후에도 이들이 의장 경호대를 잠정적으로 편성 운용하였고, 중앙정보부가 발족한 이후에는 그 산하 특수활동국이 기존 경호 인력을 흡수하여 대통령 경호를 맡았다. 이후 1962년 12월 국민투표를 거쳐 개정된 헌법이 공포되고, 1963년부터 이른바 '민정 이양'이 진행되었다. 1963년 10월 치러진 대통령 선거에서 박정희가 당선되고, 12월 17일 정식 취임하여 박정희 정부가 출범했다.

박정희 정부의 정식 출범에 맞추어 대통령 경호 제도도 새롭게 정비되었다. 1963년 12월 〈대통령경호실법〉과 그 시행령이 각각 제정 공포되면서 1963년 12월 17일을 기해 '대통령 경호실'이 처음으로 창설되었다. 대통령 경호실은 경호실장 밑에 차장 및 4개 과를 설치했고, 청와대 경찰관 파견대를 두어 경호 업무를 담당했다. 초대 경호실장으로 육사 8기 홍종철 예비역 준장이 임명되어 5개월 정도 짧게 직무를 수행했고, 1964년 5월 18일 박종규가 제2대 경호실장으로 그 뒤를 이었다. 박종규는 1974년 8월 15일 발생한 박 대통령 저격 미수 및 육영수 여사 피격 사건의 책임을 지고 물러나기까지 무려 10년간 경호실장으로 복무하며 청와대 경호실의 틀을 잡았다.

이승만 정부 및 장면 정부기에는 최고 지도자의 경호 업무를 경찰이 주로 담당했지만 박정희 정부기에는 경호 업무에서 군 출신 인사와 군대가 현저히 중요한 비중을 차지한 것이 특징이었다. 청와대 경호실이 창설되어 경찰 및 군인과 구분되는 경호관들이 대통령 측근에서 가장 중요한 경호 업무를 전담했으나, 경호실 간부와 인력은 대부분 군 출신 인사들로 채워졌다. 5·16군사정변 이후 수도경비사령부 산하 30대대가 청와대 인근에 있는 경복궁에 주둔하였다. 수도경비사령부는 서울과 청와대를 북한의 침공 또는 침투 활동으로부터 방어하는 임무를 맡았지만, 5·16군사정변 주도 세력과 박정희 군사 정권에 반대하는 역쿠데타를 막는 것이 주요 임무였다. 쿠데타를 통해 군사 정부가 수립된 남미나 동아시아 나라에서는 쿠데타가 또 다른 쿠데타를 불러일으키는 경우가 다반사였다.

1968년 1·21사태는 청와대는 물론이고 한국 사회 전반에 걸쳐 엄청난 파장을 불러일으켰다. 이 사건은 하루 이틀에 종결된 사건이 아니었다. 인왕산, 북악산, 북한산 등 청와대 주변 산악을 비롯해 서울 북부에서 휴전선에 이르는 산악 지역에서 북한 무장 간첩을 수색하고 사살하는 작전이 달을 넘겨 진행되었다. 1·21사태 직후 고양, 파주, 의정부 일대는 오후 7시부터 오전 6시까지 통행금지 조치가 내려졌다. 밤이 되면 아예 사람이 다니지 못했다. 서울 한강 북쪽과 경기도 북부의 산에서는 연일 총소리가 들렸다. 청와대 인근의 인왕산과 북악산에서도 무장 간첩 수색 및 사살 작전이 전개되었고, 그 과정에서 민간인 사상자들도 발생했다.

중앙청 출입기자 사격대회

1·21사태 직후 청와대 인근 산은 말할 것도 없고, 한강 북쪽 서울 근교 산에 모두 민간인 출입이 철저히 금지되었다. 사건 발생 두 달쯤 지난 1968년 3월 15일에야 아주 제한적으로 입산 통제가 해제되었다. 그러나 이때에도 입산 통제 지역에 살고 있는 승려 및 일반 주민들은 관할 서장으로부터 상주자 증명을 받아야 산속에 들어갈 수 있었다. 등산객들은 소속 산악회의 회원증에 관할 경찰서장이 매회 확인 증명을 해주어야 입산이 가능했다.

1·21사태는 박정희 대통령에게 직접 생명의 위협을 가한 것이었다. 박 대통령은 1월 말경 전군에 대북 응징 보복 계획을 수립하라고 지시했고, 이 지시에 따라 각

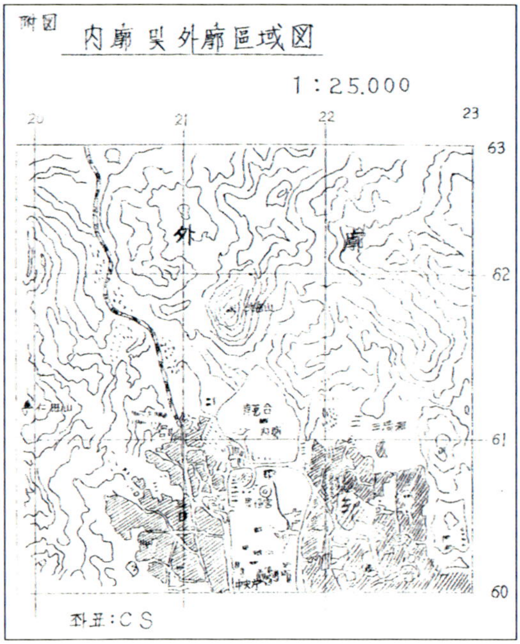

1968년 설정된 청와대 경호구역

군에 특수 부대가 창설되었다. 1968년 2월 11일 푸에블로호 나포 사건으로 미국 대통령 특사 밴스가 도착하던 날, 박 대통령은 청와대 경호실 사격장에서 약 한 시간 동안 사격 연습을 했다. 권총과 소총을 번갈아가며 사격 연습을 했고, 영부인 육영수 여사도 함께 사격 연습을 했다. 당시 언론은 사격 연습 후 박 대통령이 "이만하면 나도 급할 때는 싸울 수 있다."라고 말했다고 전했다(《조선일보》 1968년 2월 12일). 이와 같은 긴박한 분위기에서 1·21사태 이전의 청와대와 이후의 청와대는 당연히 달라질 수밖에 없었다.

우선 첫째로 청와대 주변 지역에 상시적인 민간인 통제가 이루어지면서 경비가 크게 강화되었다. 경복궁과 청와대 사이에 있는 청와대 앞길은 1·21사태 직후 민간인의 출입이 전면 금지되었다. 청와대 서쪽 근처의 인왕산과 북쪽의 북악산도 출입이 금지되었다. 북악산과 인왕산 지역에는 원래 청와대 경호 목적만이 아니라 서울을 방어할 목적으로 여러 군 시설들이 존재했다. 1·21사태 전에는 이러한 군 시설 때문에 차단된 지역을 제외한 등산로 등은 시민들이 다닐 수 있었다. 그러나 이때부터 인왕산과 북악산은 민간인이 접근할 수 없는 산이 되었다.

1968년 3월 30일 〈대통령경호실법시행령〉이 개정되어 인왕산·북악산 출입금지 조치가 제도적으로 뒷받침되었다. 개정된 법 제3조에는 경비 구역을 외곽 구역과 내곽 구역으로 나누었다. 여기서 내곽 구역은 청와대 내부 지역을 의미했고, 외곽 구역은 북으로는 북악산, 서쪽으로는 인왕산, 남쪽으로는 당시 정부 청사였던 중앙청(옛 조선총독부 청사) 지역까지 포함되었다.

청와대 인근 지역의 폐쇄 조치는 박정희·전두환 군사 정부 내내 지속되었다. 무려 20년이 지난 노태우 정부기인 1988년 2월에야 청와대 앞길은 매우 제한적으로 개방되기 시작했다. 이때부터 오전 7시부터 일몰까지 주간에만 도보 통행이 허용되었고, 1993년 1월 군사 정부와 차별화하며 문민정부를 표방한 김영삼 대통령이 취임하자 청와대 앞길의 개방이 발표되고 실행되었다. 이때부터 도보 통행만이 아니라 택시, 소형 승용차, 관광버스 등의 통행도 허용되었다. 한편 김영삼 대통령은 인왕산도 등산객들에게 개방했다. 북악산 지역은 끝까지 통제되다가 2005년 노무현 정부 때부터 개방을 추진하였다. 2006년 4월부터 3차에 걸쳐 단계적으로 개방 조치를 단행하여 마침내 북악산 정상까지 등산객이 올라가 서울 시내를 내려다볼 수 있게 되었다.

둘째, 청와대 경호 시스템이 확대되고 강화되었다. 1·21사태 이후에도 박종규가 계속 경호실장직을 수행하였지만, 대통령 경호실은 크게 증강되었다. 1968년 3월 29일 청와대 경호실 직제가 개편되어 장관급인 대통령 경호실장 휘하에 경호차장을 두고, 차장의 위계를 2급갑에서 1급으로 격상시켰다. 그리고 차장 밑에 있는 경호과, 보안과, 기획과, 행정과, 통신과를 모두 처處로 승격시켰다. 그리고 처장의 지위도 이사관급으로 올렸다. 이에 청와대 경호실 인력은 경호실장을 포함한 경호관 112명, 행정직 34명, 기능직 75명, 고용원 3명 등 총 262명으로 편성되었다. 청와대 경호실은 계속 증강되었다. 1969년 대통령 경호실장의 지위가 차관급에서 장관급으로 격상되었다. 1971년 경호실은 차장급을 2명으로 늘리고, 경호관을 207명으로, 경호실 총인원을 285명으로 증강하였다.

1·21사태 이후 청와대의 경호가 강화되고 벽은 더욱 높아졌으며, 이와 동시에 수석비서관제 실시 등으로 청와대에 더욱 정치권력이 집중되기 시작했다. 1972년

10월 유신 체제의 수립은 청와대에 더 많은 권력 집중을 가져왔고, 박정희 정부 말기로 갈수록 청와대는 더욱 요새화되어갔다.

1973년 12월부터 북악산과 인왕산 기슭에는 군사 및 경호 시설에 대한 통제 강화로 철책이 설치되었다. 청와대 주변 경계는 더욱 삼엄해졌다. 1974년 8월 15일 광복절 기념식장에서 재일동포 문세광이 박 대통령을 저격하려다가 미수에 그쳤지만, 영부인 육영수 여사가 피격되어 목숨을 잃는 사건이 발생했다. 이 사건은 청와대 경호실의 전면적인 교체와 변화를 불러일으켰다.

10년 동안 경호실장을 맡았던 박종규가 물러나고, 차지철이 경호실장으로 임명되었다. 1974년 11월 14일 〈대통령경호실법시행령〉이 개정되어 경호차장 밑에 새롭게 행정차장보와 작전차장보를 두고, 모두 현역 준장을 보임하는 등 경호실 조직이 크게 확대되었다. '8·15사건'을 계기로 대통령 경호 업무에서 차지하는 군의 비중도 확대되었다. 수도경비사령부 30대대와 33대대는 대대급에서 여단급으로 격상되었으며, 장갑차와 헬기 등 사단 규모의 화력을 갖추게 되었다. 경복궁에 주둔한 30경비단에 장갑차들이 즐비하게 배치되었다.

한편 차지철 경호실장의 취임 직후인 1974년 9월 대통령령으로 〈대통령경호경비대책위원회규정〉이 제정 공포되었다. 경호실장 주관 하에 대통령경호경비대책위원회를 두고 위원으로는 경호실장, 내무부 장관, 국방부 장관 등이 참여했다. 또한 그 산하 실무 위원회에는 경호실 차장과 보안사령관, 육군 본부 헌병감, 내무부 치안국장까지 참여했다. 대통령 경호실장이 수시로 경찰 행정을 주관하는 내무부 장관과 군대를 주관하는 국방부 장관을 만나 대통령 경호라는 명분하에 군, 경찰, 정보기관의 업무를 논의하고 조율하는 것이 제도화되었던 것이다. 차지철 경호실장은 1977년부터 청와대에서 국회 요인, 정치인, 장관, 교수 등을 불러 국기 하강식을 개최하며 정치적·사회적 영향력을 높여갔다.

1977년 삼청동·효자동·통의동 등 청와대 주변 주택가 무려 35만 평(약 115만

7,024m^2)이나 되는 지역이 풍치 및 도시 미관 지구로 지정되어 기존 주택의 증개축은 물론이고, 3층 이상의 건물을 신축하는 것이 불가능해졌다. 군사 정부 내내 이러한 제한 조치가 이어지다가 문민의 정부, 즉 김영삼 정부가 출범한 1993년에야 제한 조치들이 풀리기 시작했다.

청와대의 요새화는 주변 주민들에게 큰 고통을 안겨주었다. 일례로 1969년 6월 3일 종로구 옥인동 인왕산 환상 도로 공사장 옆 만수장 입구에 산책 나왔던 청년이 수경사 소속 군인이 쏜 총에 맞아 사망하였다. 청년은 베트남에 파병되었다가 돌아온 제대 군인이었다. 당시 대학 입시를 준비하고 있었는데, 친구들과 산책을 나온 길에 군 경비 초소로 다가가다가 총에 맞아 사망한 것이었다. 청와대 인근 주민들은 길이 끊기고, 삼엄한 경호에 통행이 자유롭지 않고, 또한 각종 개발 제한에 묶여 일상생활과 재산권 행사에 큰 불편을 겪어야 했다. 삼청동의 경우 이러한 제약으로 말미암아 다수의 한옥이 보존되어, 최근 특별한 매력을 지닌 명소가 되기는 했지만 말이다.

북악 스카이웨이의 건설과 녹지 사업

1·21사태 이후 무장 간첩 침투 등을 막고 청와대와 서울의 안보를 강화하는 작업은 통행을 차단하고, 벽을 쌓고, 개발을 제한하는 방식으로만 진행된 것이 아니었다. 안보적 고려 때문에 없던 길이 생기고, 다리가 생기고, 주택 지구로 개발되는 경우도 있었다.

박정희 정부기인 1960~1970년대는 끊임없는 대규모 도시 개발 공사로 인해 서울의 모습이 완전히 바뀌어가는 시기였다. 그런데 이 시기의 도시 개발에는 안보적 고려가 항상 작용했고, 특히 1·21사태 이후에는 더욱 그랬다.

1·21사태 발생 후 19일 만인 1968년 2월 9일, 저돌적인 도시 개발 사업 때문에

북악 스카이웨이 공사현장을 시찰 중인 김현옥 서울시장

불도저 시장으로 불렸던 서울시장 김현옥은 자하문에서 시작되어 북악산 기슭을 지나, 정릉과 미아리로 이어지는 '북악 스카이웨이'를 연내에 건설하겠다는 계획을 발표했다. 안보와 관광 목적으로 산을 가로지르는 도로를 건설하겠다는 것이었다. 이 도로의 건설은 도시 드라이브 코스를 만들어 관광에 활용한다는 목적을 내세웠고, 실제 도로의 꼭대기쯤에 레스토랑을 겸한 팔각정이 세워져 서울 도심을 조망하고, 결혼식을 마친 신랑, 신부들이 사진을 찍는 명소가 되었다. 그러나 도로 건설의 실제 목적은 안보적 측면이 더 크게 작용했다. 청와대 뒤편 산허리를 가르는 도로를 건설함으로써 북한의 무장 간첩이 숲을 타고 침투하는 것을 막고, 감시에 필요한 시야를 확보한 것이다. 또한 북악 스카이웨이 주변 지역에는 이미 존재하거나 새로 설치된 군사 및 경호 시설이 많았는데, 이 도로는 이러한 시설들을 연결시키고 통행과 보급을 원활케 하는 데 기여하였다. 그러하기에 군사 작전을 방불할 정도로 전격적으로, 또한 전투적으로 건설이 추진되었다.

건설 계획이 발표된 지 단 12일 만인 1968년 2월 21일 북악 스카이웨이 기공식이 거행되었다. 당시 서울 시청의 실무자였던 김영수의 회고에 따르면, 이곳은 산악 지역이기 때문에 공사 당시 측량 자료가 전혀 없고, 항공 사진 정도만 있는 형편이었다. 속전속결로 공사를 추진하다 보니 설계도 확정되지 않은 채 공사 계약이 체결되었다. 이러한 상황에서 환경 및 생태적인 고려 같은 것은 기대하기 어려웠다. 산을 가로지르는 너비 16m, 총 6.7km의 북악 스카이웨이는 애초 공사 시작 6개월 만인 1968년 8월 15일 준공을 목표로 잡았지만, 약간 늦어져 9월 28일 완공되었다. 이날은 공교롭게도 6·25전쟁 때 서울이 수복된 기념일이기도 했다. 참으로 놀라운 속도였다.

북악 스카이웨이의 건설로 청와대 경비도 수월해졌고, 실제 도시 드라이브 코스로서 관광 목적으로도 많이 활용되었다. 다소 아이러니한 일이지만 불과 4년 후인 1972년 남북 대화가 시작되었을 때 서울의 전경을 보여주기 위해 북한 적십자 대표단과 기자들이 북악 스카이웨이로 인도되었다. 그러나 이 도로의 건설은 북악산 주변에 무허가 건물을 짓고 살던 빈민들에게는 날벼락이었다. 도로 건설 현장을 시찰한 서울시 고위층이 미관상 스카이웨이 주변에 있는 무허가 집들을 무조건 철거하라고 담당 구청장에게 엄명하였기 때문이다.

한편 이듬해 1969년부터 2월부터 10월까지 사직공원 터널 입구에서 인왕산 동쪽 허리를 돌아 창의문으로 이어지는 인왕 스카이웨이도 건설되었다. 이 역시 기공 8개월 만에 완공되었다. 북악·인왕 스카이웨이는 처음에는 모두 유료 도로로 운영되었다. 이렇게 청와대를 둘러싸고 경비에 활용될 수 있는 환상 도로망이 만들어졌다.

1·21사태 때 북한 특수 부대원들이 침투해온 청와대 북쪽 자하문 밖의 세검정,

남산 2호 터널 기공식

부암동, 평창동 일대는 1968년 당시 도시화가 진행되지 않아 한적한 시골 마을 같은 곳이었다. 세검정 일대는 봄의 꽃, 여름의 과일, 가을의 단풍으로 이름난 서울 시민의 소풍 장소였다. 1966년 국세 조사 통계에 따르면, 세검정동의 인구는 1만 1,623명, 구평동은 4,425명 합계 인구 총 1만 6,048명에 불과했다. 1·21사태처럼 북쪽에서 무장 간첩이 은밀히 산과 숲을 타고 내려와 청와대에 접근하는 것을 막으려면, 개발을 통한 도시화가 필요했다. 세검정길 북측 일대, 즉 지금의 평창동 일대는 북한산 남쪽 자락의 양지바른 곳으로 비교적 산림이 울창한 국유 임야였고, 공원용지로 지정되어 있었다. 박정희 정부는 1970년 9월 이 지역을 공원용지에서 해제하고, 신탁은행 자회사인 한신부동산에 불하했다. 가격은 평당 1,046원씩 총 4억 5000만 원에 불과했다. 건설부는 1971년 6월 총 43만 평(약 142만 1,487m^2)에 이르는 이 땅 중 15만 평(약 49만 5,867m^2)을 공원 용지로 환원하고, 27만여 평(약 89만 2,561m^2)을 주택 경영 지구로 지정했다. 한신부동산은 주택 경영 지구로 지정된 지역에 울창했던 나무를 자르고 660개 필지로 택지를 분할하여 최고 2만 3,000원에서 최저 7,000원 정도로 민간에 매각했다. 현재 부유층의 고급 주택 단지가 형성된 평창동은 이렇게 탄생한 것이었다.

1·21사태는 청와대만 요새화한 것이 아니라 서울 전체의 도시 개발에서 안보적 고려가 크게 작용하도록 만들었다. 1969년 박정희 대통령은 이해를 '싸우면서 일하는 해'로 선포하였다. 같은 해 1월 7일 김현옥 서울시장은 서울시 요새화 계획을 발표하였다. 6·25전쟁 때 한강 다리가 몇 개 없어 시민들이 제대로 대피하지 못한 것을 거울삼아 한강에 다수의 교량을 건설하겠다고 했다. 1970년대 본격적으로 추진된 강남 개발도 안보적 고려가 작용했다.

1969년 3월과 6월 서울 도심에서 한강으로 접근하는 남산 1·2호 터널 기공식이 열렸다. 두 터널의 건설은 평화 시에는 강북과 강남을 신속히 연결하는 교통수단으로, 전시에는 30만~40만 명을 대피시키는 시설로 쓰기 위함이었다. 또한 전시에 강북과 강남을 신속히 연결하여 강북의 시민들이 빨리 피란할 수 있도록 하기 위한 시설이기도 했다.

당시 건설 업무를 담당했던 서울시 관계자들은 1·21사태 이후 서울의 모든 도시 개발 건설 사업에서 안보 개념이 꼭 반영되었다고 증언하고 있다. 안보적 고려에 의한 건설 사업을 당시에는 '녹지 사업'이라 불렀다고 한다. 예컨대 서울 시내 중요 길을 확장할 때 인도에 1m 또는 1m 50cm 정도의 높은 화단을 만들었는데, 이는 시가전이 있을 경우 군인들이 엄폐물로 사용할 목적이었다. 또한 시청 주변 인도에 탱크나 장갑차가 들어갈 수 있는 크기로 깊이 파서 공간을 만들고, 그 위에 철판을 깔아놓았다. 평소에는 인도로 사용하지만 유사시에는 탱크가 그 철판 위에 올라가고, 탱크의 무게 때문에 철판이 바로 내려앉아 탱크의 은폐물로 사용한다는 것이었다.

남산 제3터널과 잠수교의 건설은 유사시 청와대와 중앙청에 있는 정부 핵심 인사들이 강남으로 바로 갈 수 있다는 안보적 고려가 작용한 것이었다. 잠수교는 6·25전쟁 때 유엔군이 평양의 다리를 계속 폭격해도 북한 사람들이 수중에 다리를 놓아 폭격에 노출되지 않고, 야간에 대동강을 건너다녔다는 데에서 착안된 것이라고 한다. 이에 팔당댐 수문을 열면 물밑으로 들어가는 다리의 건설이 시작되었는데, 물에 잠겨도 건재할 수 있는 다리를 만들어야 했기 때문에 공사에 여러 난관이 있었다고 한다. 잠수교가 먼저 만들어지고, 교통량이 폭주하자 잠수교의 기반 시설을 활용해 그 위에 2층 구조로 반포대교가 건설되었다. 서울시 관계자들의 증언에 따르면, 전시에 정부가 후퇴할 때 작전 도로로 사용하는 워커힐 도로를 이을 수 있도록 광진교 건너편에 직선으로 송파대로를 만들었고, 세곡동에서 양재동 사이에 있는 헌릉로 역시 같은 목적이었다. 이 도로들을 건설할 때 서울시 관계자들이 청와대와 직접 접촉해서 상의하며 작업을 진행했다고 한다.

1·21사태 이후 청와대가 요새화되는 과정은 대통령 비서실을 비롯한 청와대의 조직이 비대화되고, 유신 체제의 수립으로 모든 국가의 권력이 대통령과 청와대에 더욱 집중되는 시기와 겹쳐진다. 국가의 모든 정치와 행정이 청와대에 집중되고, 그곳에서부터 명령과 지시가 뻗어나가는 형국이었다. 이토록 청와대가 철통같이 지켜지고 요새화되면서, 청와대에 권력이 집중되는 양상은 사실상 청와대와 그 안의 최고 지도자가 그만큼 불안해했음을 방증한다. 이러한 불안에는 물론 북한으로부터 위협 등 안보 문제도 있었겠지만, 1972년 또 하나의 쿠데타를 통해 박 대통령의 영구 집권을 보장하는 유신 체제가 만들어지고, 군사 독재의 억압성이 강화되면서 더 심각해진 정치적 불안도 작용했다.

정말 아이러니하게도 1979년 10월 박 대통령은 국가 안보를 담당하는 핵심 중의 핵심인 중앙정보부장 김재규에 의하여, 시민의 접근이 차단된 요새화된 청와대 담벼락 바로 옆의 궁정동 안가에서 암살되었다. 이후 최규하 대통령이 새로운 청와대의 주인이 되었지만 청와대 바로 옆에서 대통령을 지켜야 할 보안사령관 전두환과 신군부 세력은 경복궁에 주둔하며 청와대를 경호하는 수경사 30경비단에 모여 하극상 쿠데타를 일으켜 대통령과 헌정 질서를 위협하였다. 진짜 문제는 휴전선과 이어지는 산자락에 자리 잡은 청와대의 위치도, 철통같이 청와대를 둘러싼 경호 시설도 아닌, 정치의 내용이었던 것이다. 자유롭지도 않고 민주적이지도 않은 군사 독재 체제에서 필연적으로 나타날 수밖에 없는 정치적 불안은 남산에 만들어놓은 무시무시한 중앙정보부도, 그곳에 대피 시설로 만들어놓은 터널도, 거기서 이어지는 잠수교와 대피용 도로들도 무용지물로 만드는, 그 어떤 것으로도 '대피할 수 없는' 파국을 만들었던 것이다.

제7강

1990년대 이후 점진적인 청와대 개방 확대

최초의 경무대 개방

개방과 폐쇄 사이에서

민주화 직후의 변화들

국민에게 다가가는 청와대

청와대, 국민 품으로

제7강

1990년대 이후 점진적인 청와대 개방 확대

이창현 신라대학교 역사교육과 교수

최초의 경무대 개방

청와대의 옛 이름은 경무대이다. 그 유래는 1939년 경복궁 북쪽의 경무대 지역에 조선 총독의 관저가 건립된 데에서 비롯되었다. 일제강점기 후반에는 조선 총독이, 1945년 광복 이후에는 미군정 사령관이 이곳을 그들의 관저로 사용하였다. 대한민국 정부 수립에 임박한 1948년 8월 12일 경무대 경비 인원이 미국 헌병에서 대한민국 경관으로 교체됨에 따라 경무대는 대한민국 정부에 이양되었고, 같은 달 22일 이승만 대통령이 사저인 이화장을 떠나 이사하면서 대한민국 대통령의 관저가 되었다. 대통령 집무실의 경우, 처음에는 중앙청에 있었지만 점차 경무대가 그 기능을 흡수하였다. 이처럼 경무대는 대한민국 대통령의 관저이자 집무실로서의 공간으로 자리매김하게 되었다.

대한민국 정부가 수립된 이후 경무대 개방이 추진된 첫 사례는 다음의 내용에서 찾아볼 수 있다. 이승만 대통령은 경무대에 입주한 지 한 달여 만인 1948년 9월

30일부터 국민의 뜻을 살핀다는 명목으로 일정 기간 동안 매주 목요일 오후 2시마다 경무대 개방을 예정했다. 이에 대한 구체적인 내용은 자료 부족으로 알 수 없지만, 방문 대상을 "뜻있는 일반 국민들"로 제한했던 사실과 당시의 상황을 살펴보았을 때 제대로 시행되지 않았음을 미루어 짐작할 수 있다. 당시 경찰은 대통령의 출퇴근길인 경무대와 중앙청 사이의 길에서 경적을 울리지 못하도록 조치하는 한편, 1948년 10월 19일 경무대 폭파 미수 사건을 포착하는 등 경무대 주변에 대한 통제와 경호를 강화하고 있었다.

> 금년에 꽃이 핀 것을 우리 사람들에게 구경시키고자 각 학교 학생부터 시작해서 시민 남녀들에게 사흘 동안 한해서 개방하고 있는데, 이제 오늘 양일간에 들어온 사람 수가 의외로 많고 외국인도 많이 와서 구경하며 다 기뻐하니 우리 마음에도 대단히 좋게 생각하는 바이다. (……) 지금에 와서는 민주 정부 수립 이후로 이 나라가 다 우리 국민의 것이라는 것을 많이 각성하고 제 물건 제가 사랑해야 될 것으로 나라를 사랑하게 되었으며 제 물건이 무엇이 있는지 다 알아야 더욱 사랑하며 보호할 것이므로 기회 있는 대로 이 방면에 힘쓰고 있는 것이며 경무대도 이런 뜻으로 전에도 몇 번 열어서 구경하게 한 것인데 이번에는 의외에도 많은 사람들이 오는 것을 보니 대단히 기쁘게 생각되며 이후에도 종종 이렇게 하고자 하는 바이다.
>
> 〈경무대 개방에 이 대통령 담화〉, 《마산일보》 1956년 4월 28일

경무대 개방이 발전적 전기를 맞이한 것은 1955년이었다. 1955년 4월 18일 경무대 공보실은 4월 19일 오전 9시부터 12시까지 경무대 정원을 일반 국민들에게 개방하겠다고 발표했다. 이는 최초의 경무대 개방 사례로 확인되는데, 표면적인 이유는 시민들에게 경무대 정원에 핀 벚꽃을 구경시켜준다는 데 있었다. 경무대가 최초로 개방된 날, 학생들과 시민들로 경무대는 인산인해를 이뤘으며, 11시경 이승만 대통령이 등장하여

군중에게 손 인사를 하였다. 정원 관람은 경찰의 안내에 따라 계획된 일정대로 진행되었는데, 일부 시민들은 꽃구경보다 경무대 자체에 호기심을 갖고 내부 구조에 관심을 보이기도 했다.

이승만 정부의 청와대 개방

<table>
<tr><th>연도</th><th>기간</th><th>시간</th></tr>
<tr><td>1955</td><td>4월 19일</td><td>오전 9시부터 오전 12시까지</td></tr>
<tr><td>1956</td><td>4월 25일부터 4월 28일까지</td><td>오전 10시부터 오후 12시까지
오후 2시부터 오후 4시까지</td></tr>
<tr><td rowspan="2">1957</td><td>4월 27일</td><td>오전 9시부터 오전 11시까지
오후 2시부터 오후 5시까지</td></tr>
<tr><td>4월 28일부터 4월 29일까지</td><td>오전 9시부터 오전 11시까지
오후 2시부터 오후 4시까지</td></tr>
<tr><td>1958</td><td>4월 9일부터 4월 12일까지</td><td>오전 8시부터 오후 5시 30분까지</td></tr>
<tr><td>1959</td><td>4월 15일부터 4월 20일까지</td><td>오전 9시부터 오후 4시까지</td></tr>
</table>

이후 1960년 4월혁명이 일어나기 전까지 경무대 정원은 연례행사처럼 개화철인 4월마다 일반에 공개되었고, 개방 기간도 늘어나는 추세였다. 1955년에는 단 하루 동안 오전에만 공개되었는데, 1956년부터는 3~6일 동안 오전과 오후 모두 개방되었다. 다만 당시 경무대를 관람하려는 인원이 많다 보니 혼잡을 피하기 위해 날짜별 또는 시간별로 입장객을 분류했다. 가령 1956년 4월 27일까지 오전에는 학생, 오후에는 일반인, 4월 28일에는 군인의 경무대 방문이 가능했다. 1957년 4월 27일 오후에는 특별히 외국 공관 및 원조 기구 직원들이 초대를 받았으며, 그 외 오전에는 학생과 군인이, 오후에는 일반 시민이 경무대에 입장할 수 있었다. 1958년에는 4월 9일부터 10일까지는 초중고 학생이, 나머지 날에는 대학생과 일반 시민이 경무대를 관람했다. 1959년에는 당초 4월 15일부터 18일까지 개방하려 했으나 수많은 인파가 몰리자 4월 20일까지 연장 개방하였으며, 이날에는 이승만 대통령과 프란체스카 영부인도 시민과 함께 시간을 보내기도 했다. 공보실 집계에 따르면, 1959년 4월 15일부터

경무대를 구경하는 시민들을 맞이한 이승만 대통령과 프란체스카 여사

20일 오후까지 총 18만 9,367명이 경무대를 관람했다.

개방과 폐쇄 사이에서

제4대 대통령 선거에서 이승만과 이기붕을 당선시키려는 노골적인 부정 선거의 획책은 국민적 저항을 초래했고, 이는 4·19혁명으로 이어졌다. 그 때문에 이맘때의 정기 행사였던 경무대 개방 소식은 잠잠하기만 했다. 1960년 4월 26일 이승만 대통령은 하야 선언을 했고, 같은 달 28일 경무대를 떠나 이화장으로 거처를 옮겼다. 이렇게 이승만 자유당 정권이 붕괴되자, 6월 15일 내각책임제 개헌안이 제4대 국회에서

경무대로 들어오는 윤보선 대통령 탑승 차량

통과되었고, 7월 29일 총선거 결과 민주당이 국회를 장악했다. 그리하여 8월 12일 제5대 국회에서 대통령으로 선출된 윤보선은 세 달 넘게 비어 있던 경무대에 입성할 수 있었다.

윤보선 대통령은 4·19혁명 이후의 민주주의 이행에 발맞춰 경무대를 일반에 공개할 뜻을 표명했다. 먼저 그는 과거 권위주의 체제를 청산한다는 상징적인 의미를 담아 '독재'라는 오명으로 얼룩진 경무대의 이름을 청와대로 개칭했다. 또한 개화기에 접어든 1961년 4월 10일부터 매주 월요일·수요일·금요일에 오후 1시부터 오후 5시까지 청와대 정원을 일반에 개방하기로 결정했다. 이로부터 같은 달 24일까지 19만 9,371명의 관람객이 청와대를 다녀갔다.

이러한 청와대 개방 방침은 5·16군사정변으로 인해 잠시 중단되었다. 1961년 5월 18일 장면 내각은 붕괴되었으며, 1962년 3월 22일 하야를 선언한 윤보선 대통령은 청와대를 떠나 사저로 돌아갔다. 그리고 3월 24일 박정희는 대통령 권한대행으로 취임하며 청와대의 새 주인이 되었다. 이후 청와대 개방은 1967년까지 이승만 정부 때처럼 봄철에 한하여 일반에 공개하는 방식으로 다시 추진되었다.

1962~1967년 동안 청와대 개방

연도	기간	시간
1962	4월 28일부터 5월 4일까지	오전 10시부터 오후 4시까지
1963	4월 19일부터 4월 25일까지	
1966	4월 21일부터 4월 30일까지	
1967	4월 19일부터 4월 25일까지	
	4월 26일부터 4월 30일까지	오전 9시부터 오후 6시까지

특히 1962년 4월 28일부터 5월 4일까지 오전 10시부터 오후 4시 사이에 청와대 경내가 개방되었는데, 이는 봄철 관광객을 위한 행사이면서 5·16군사정변 1주년을 기념하는 의미도 있었다. 이로부터 1967년까지 일반 국민들은 특별한 사정이 없는 한, 해마다 4월에 청와대를 관람할 수 있었다. 다만 1964년 4월에는 청와대 개방을 공지해놓고, 개방 당일에 날씨를 핑계로 무기한 연기하였다. 1965년에도 일반인에 대한 청와대 개방 관련 내용을 찾아볼 수 없다. 이는 당시 치열하게 전개된 한일협정 반대 운동 때문인 것으로 보인다. 상춘객을 위한 청와대 개방은 1966년 4월 21일부터 재개되었다. 이날 약 1만 8,000명이 다녀갔으며, 박정희 대통령과 시민들이 농사나 공부 등을 주제로 간단한 대화를 나누기도 했다. 같은 해 4월 22일에는 약 3만 2,900명이, 4월 23일에는 약 6만 1,000명이 청와대를 다녀갈 정도로 많은 인파가 몰렸고, 이에 개방 마지막 날을 4월 27일에서 같은 달 30일까지로 변경했다. 1967년에도 청와대를 찾는 사람들이 붐벼 4월 26일부터 4월 30일까지 추가로 개방하였으며 관람 시간도 연장했다. 이 시기 청와대에서는 방문객들에게 박정희 대통령의 이름이 적힌 기념엽서, 연필, 공책 등을 선물했는데, 1967년에는 대통령 선거로 인해 이러한 기념품들을

청와대 관람객들과 어울리는 육영수 여사

나눠주지 않았다.

봄철마다 관광객을 맞았던 청와대가 다시 폐쇄된 것은 1968년 청와대 습격 사건 이후였다. 이미 청와대 주변에 대한 통제가 진행되고 있었지만, 이 사건을 계기로 청와대 주변은 군사 요새로 변했고, 일반인의 출입은 과거보다 더 엄격하게 통제되었다. 게다가 1974년 박정희 대통령 저격 미수 사건으로 육영수 여사가 피살당하자, 청와대 앞길의 통행마저 통학생과 인근 주민에게만 제한적으로 허용되었다. 청와대 주변에 대한 이 같은 통행금지 정책은 1979년 12·12군사반란과 1980년 5·17내란 등 '긴 쿠데타'를 통해 집권한 전두환 정부 때에도 이어졌다. 전두환 대통령이 청와대에 이사한 지 이틀 만인 1980년 9월 1일부터 청와대에서는 시민의 통행금지 불편을 줄인다는 이유로 청와대 앞길을 여름철 오전 6시부터 오후 8시까지, 겨울철 오전 7시부터 오후 7시까지 일반인 및 자동차가 검문검색 없이 다닐 수 있도록 일시적으로 개방하는 조치를 시행했다. 하지만 1983년 '버마 암살 폭파 사건'이 일어나자 대통령 경호 문제로 곧 다시 폐쇄되었다. 이러한 상황에서 일반 시민에 대한 청와대 경내 개방은 요원한 문제였다.

민주화 직후의 변화들

1987년 6월 민주화운동 이후 대한민국 사회는 민주화의 길을 걷기 시작했다. 특히 당시 민주화 운동의 최대 목표였던 대통령 직선제 개헌이 성사됨에 따라, 제13대 대통령 선거는 국민의 선택을 받으려는 각 당 후보들 간의 치열한 경쟁이 예고되었다. 이때 청와대 개방 역시 민주주의로의 이행과 권위주의로부터의 탈피라는 측면에서 각 후보들의 공약으로 등장했다. 이에 가장 적극적인 이는 평화민주당의 김대중 후보였다. 그는 대통령에 대한 개인적인 숭배 풍조를 없애고, 민주주의를 확보하기 위해 청와대 앞길에 대한 통행 제한을 해제하며, 청와대 주변 및 경내를 점진적으로 개방할 뜻을 밝히기도 했다. 이를 통해 국민과의 접촉을 늘리겠다는 구상이었다. 민주정의당의 노태우 후보도 청와대를 개방하여 시민과 격의 없는 대화를 나누겠노라 공약했다. 이에 대한 여론을 살펴보면, 선심성 공약이라는 비판도 존재했지만, 대체로 청와대 개방이 군림하는 대통령이 아닌 봉사하는 대통령을 상징하는 조치가 되기를 희망하고 있었다.

1987년 12월 16일 제13대 대통령 선거 결과, 민주화 운동 진영을 누르고 노태우 후보가 당선되었지만, 누가 당선되든 일정 수준의 청와대 개방은 기정사실로 여겼다. 그리하여 1988년 2월 대통령취임준비위원회는 청와대 앞길 산책을 허용할 것과 어린이날 청와대 경내를 개방할 것을 노태우 당선인에게 건의했고, 이에 따라 노태우 대통령 취임 직후인 2월 28일부터 오전 7시부터 오후 6시까지 청와대 앞길에 대한 일반인의 통행을 재개했다. 다만 경호상의 문제로 통행인에 대한 검문검색은 계속되었고 자동차

1965년 울릉도 어린이 청와대 방문

의 통행은 허용되지 않았다. 청와대 주변에 대한 봉쇄도 일부 해제되어 통행이 완화되었는데, 같은 해 3월 29일부터는 인근 주민에게만 허용되던 인왕산 약수터가 새벽부터 오후 3시까지 일반에 공개되었고, 4월 17일부터는 인왕산길과 북악산길이 개방되었다. 이에 대한 시민들의 반응은 다양했다. 아직은 전면 개방이 아니라는 점과 경호 인력이 통행인들에게 부담된다는 점이 부정적으로 인식되었다. 그럼에도 불필요한 통제가 사라지고 있다는 점에서는 긍정적으로 보는 시각도 존재했다.

어린이날과 같은 특정일에 청와대를 개방하는 일은 기존의 정책을 확대한 측면이 있다. 사실 청와대 경내 관람은 청와대로부터 선별되어 사전 승인을 받은 인원에 한하여 간헐적으로 이뤄졌기 때문이다. 예를 들면 이승만 대통령은 1959년 자신의

1988년 청와대 일반인 개방

생일 축하식에 참석했던 학생들에게 경무대 정원을 개방한 적이 있다. 박정희 정부 때에도 어린이날과 어버이날에 초등학생과 어르신을 청와대로 초청하는 행사가 있었다. 가령 1964년에는 일반인의 청와대 관람을 무기한 연기하면서도, 어린이날에는 초등학생들을 청와대로 초대했다. 특히 산간벽지 및 도서에 사는 어린이나 정부에서 지정한 '모범 어린이'는 청와대의 단골손님이었다. 이와는 별개로 1974년 육영수 여사가 피살되었을 때, 청와대 경내에 빈소가 마련되어 일시적으로 일반인의 조문을 받기도 했다. 전두환 정부 때에도 어린이, 청소년, 모범 시민 및 군인, 국가 유공자 등 선별된 이들은 청와대에 입장할 수 있었다. 특히 대통령실의 어린이 초청 행사는 2023년 현재까지도 계속되고 있다.

이와 같은 제한적 개방과 별도로 1988년 6월부터는 시·군·구청 민원실에서 일반인을 대상으로 청와대 관람 신청을 받기 시작했다. 대표적인 사례로 1989년 2월 24일부터

25일까지, 3월 2일부터 4일까지 총 5일간 노태우 대통령 취임 1주년 기념 청와대 방문 신청을 받은 결과, 같은 기간 동안 하루 5,000명씩, 총 2만 5,000명이 청와대 경내를 관람했다. 1991년 11월 1일부터는 대외비였던 청와대 전화번호를 민간에 공지하고 전화로도 청와대 방문을 안내하도록 했다. 이렇게 선정된 인원은 지정된 날짜에 국립박물관 동편 주차장에 모인 뒤, 안내원의 인솔에 따라 청와대 경내에 입장할 수 있었다. 이들은 춘추관, 녹지원, 구 본관, 신 본관, 영빈관, 분수대 순서로 총 두 시간 동안 관람했다. 1989년 8월부터 1990년 9월까지는 청와대 신 본관 건축 등 공사로 인해 경내 개방이 일시 중단되기도 했다. 1992년의 청와대 방문객 월별 통계를 보면 혹서기와 혹한기가 아닌 봄과 가을에 주로 청와대가 개방되었음을 알 수 있다. 이렇듯 노태우 정부는 선별된 신청자에 한하여 부정기적으로 청와대 관람을 허용했다. 그 결과 노태우 정부 때 청와대를 방문한 인원은 약 37만 6,000명에 달했다. 이러한 제한적인 청와대 경내 개방은 청와대 앞길과 주변에 대한 통행 제한이 일부 완화되는 것에 상응하는 조치로 해석할 수 있다.

1992년도 청와대 경내 개방 실적(1992년 11월 23일 기준) (단위: 명)

구분	계	서울	경기	강원	충북	충남	전북	전남	경북	경남	기타
계	70,792	10,192	5,430	2,917	3,260	6,220	3,211	1,101	23,526	9,438	4,160
1월	589	215	0	0		121	0	41	25	133	54
2월	1,114	0	0	0	0	45	0	0	103	100	866
3월	1,981	0	0	0	0	138	0	0	542	188	1,113
4월	10,919	1,127	1,166	705	581	1,448	198	490	2,568	1,354	1,282
5월	11,249	3,106	1,253	503	508	485	209	311	3,032	1,328	514
6월	10,843	879	823	219	194	1,767	2,203	0	4,329	389	40
7월	1,881	124	0	273	0	553	0	0	731	200	0
8월	1,350	221	0	0	0	414	0	0	416	299	0
9월	13,133	2,887	1,165	961	847	463	291	165	3,027	3,284	43
10월	10,141	1,017	1,023	209	1,130	533	0	94	5,026	1,109	0
11월	7,592	616	0	47		253	310	0	3,727	1,054	248

1993년 문민정부 출범에 맞춰 개방한 청와대 앞길

그럼에도 불구하고 노태우 정부의 청와대 개방은 온갖 비판에 직면했다. 먼저 청와대 앞길 개방은 대한민국의 민주화를 상징하는 조치로 여겨졌지만, 이 길로 가려면 삼중으로 설치된 바리케이드를 지나야 했는데, 굳이 감시의 눈초리를 받으면서 통행하는 사람은 거의 없었다. 경비원은 인근 주민이라 해도 저녁 시간 때에는 신분증 제시를 요구했고, 심지어 집까지 동행한 뒤 신분을 확인했다. 자동차에 대한 통행금지도 계속 유지되었기 때문에, 세간에서는 청와대 앞길이야말로 서울 시내에서 유일하게 교통 체증이 없는 도로라고 빈정거렸다. 청와대가 일반에 개방된 것은 중요한 변화 중 하나였지만, 관람객 대부분이 경호실 등의 엄격한 심사를 통과한 지방의 단체 손님이거나, 어린이날 등에 대통령의 모습을 홍보하기 위한 어린이 또는 청소년들에 불과했다. 결국 관람객 선별은 1992년에 예정된 제14대 국회의원 선거와 제14대

궁정동 안가를 철거하는 모습

대통령 선거를 앞두고 일부 정치권 인사들이 지방 주민들에게 선심성 청와대 관람을 주선한다는 특혜 시비까지 일으키기도 했다. 1992년도 청와대 경내 개방실적을 보면, 당시 여당인 민주자유당의 세가 강한 지역의 주민들이 청와대를 찾았음을 확인할 수 있다.

노태우 정부에 이어 출범한 김영삼 정부는 민주화 이후의 청와대 개방 정책을 보다 더 확대시켰다. 1993년 1월 대통령직인수위원회에서는 대통령에 대한 과잉 경호를 축소하는 한편, 청와대 주변을 완전 개방하고, 청와대 경내는 주기적으로 자주 공개하는 방안을 검토하기 시작했다.

이에 따라 김영삼 대통령의 취임일인 1993년 2월 25일 오후 12시를 기하여 일반인 및 화물차를 제외한 차량의 청와대 앞길 통행이 허용되었다. 이를 막고 있는 바리케이드도 말끔히 치워졌다. 통행 시간은 청와대 앞길의 경우 일출부터 일몰까지로, 청와대 서쪽 효자로의 경우 오전 6시부터 자정까지로, 청와대 동쪽 팔판로의 경우 24시간으로 각각 정해졌다. 같은 날 청와대 뒷산인 인왕산도 군 시설을 제외하고 개방되었다. 이를 계기로 김영삼 정부에서는 '안가'를 철거하고, 청와대 서편 분수대 인근에 있던 대통령 비서실장 공관을 시민 휴식 공간으로 만드는 사업을 진행하여 각각 무궁화동산과 효자동 사랑방으로 재탄생시켰다. 이후 자하문 공개, 칠궁七宮 개방 계획, 경복궁 주둔 수도방위사령부 제30경비단 이동 계획 등이 추진되는데, 이들은 모두 김영삼 정부의 청와대 주변 개방 정책의 일환이었다. 김영삼 정부 집권 초인 1993년 3월 한국갤럽의 여론 조사 결과에서 김영삼 대통령이 잘한 일 1위가 청와대 및 인왕산 개방과 안가 철거였다. 당시 국민들은 이러한 정책들을 긍정적으로 인식하고 있었다.

청와대 경내 개방은 노태우 정부의 정책을 계승하면서 체계화되었다. 김영삼 정부 때 작성된 〈경내 개방〉에 따르면, "국민 곁에 한층 가까워진 청와대 이미지 제고"를 청와대 개방 목적으로 삼고 있음을 알 수 있다. 시기적으로는 봄철인 4~6월과 가을철인 9~10월로 연 2회 개방을 원칙으로 했다. 방문 희망자에 대해서는 방문자의 특성을 고려하여 장애인, 낙도 어린이 및 주민, 불우 시설 수용자, 원호 대상자, 어린이 단체, 노인 단체 등의 순서로 우선권을 부여하는 방식을 정했다. 다만 특정 기간에는 우선권을 조정하기도 했는데, 예를 들어 장애인의 경우 장애인의 날(4월 20일)에, 어린이와 어르신은 어린이날(5월 5일)과 어버이날(5월 8일)에, 원호 대상자는 현충일(6월 6일)이 포함된 6월에 우선권을 부여했다. 그런데 이 문건에서는 청와대 앞길, 무궁화동산, 효자동사랑방으로 관광 수요를 분산시켜 청와대 방문 신청자 감소 방안을 적극적으로 강구하라는 내용이 담겨 있다. 즉 김영삼 정부는 청와대 경내보다 주변 개방에 더 큰 비중을 두고 있었다.

하지만 김영삼 정부의 청와대 개방 정책도 시간이 지나면서 여러 가지 미흡한 점이 지적되었다. 노태우 정부 때와 마찬가지로 청와대 경내 관람은 앞서 살펴본 대로 장애인, 어린이 등 특별히 선정된 인원이거나, 사전에 심사를 거친 단체 관람객들에 한하여 가능했기 때문에 일반인에게는 여전히 그림의 떡이었다. 1996년에 청와대

境 內 開 放

1. 目　　的

청와대 앞길개방에 이어 경내를 국민에게 공개함으로써 국민곁에 한층 가까워진 청와대 이미지를 제고

2. 方　　針

○ 대내 행사등 업무수행의 지장을 최소화 하도록 대상, 시기, 인원등을 조정하여 상징적으로 실시

○ 청와대 앞길이 개방되어 앞길관광으로도 경내에 들어와 관람하는것과 다름없음을 적극 계도, 대체 유도

○ 허용대상 및 기준을 미리 홍보하여 방문에 대한 과다한 기대심리 및 신청의 폭주사례를 사전 예방

○ 관람신청은 시, 구, 군(민원실)을 경유 신청함을 원칙

○ 경호　및 보안대책 철저 강구

3. 細部 推進計劃

○ 대상 및 우선순위

① 장 애 인　　② 낙도어린이 및 주민　　③ 불우시설 수용자
④ 원호대상자　　⑤ 어린이 단체　　⑥ 노인단체　　⑦ 기　　타

○ 관람 신청인이 개방 수용능력(계획)을 초과한 경우는 위의 우선순위에 따라 제한

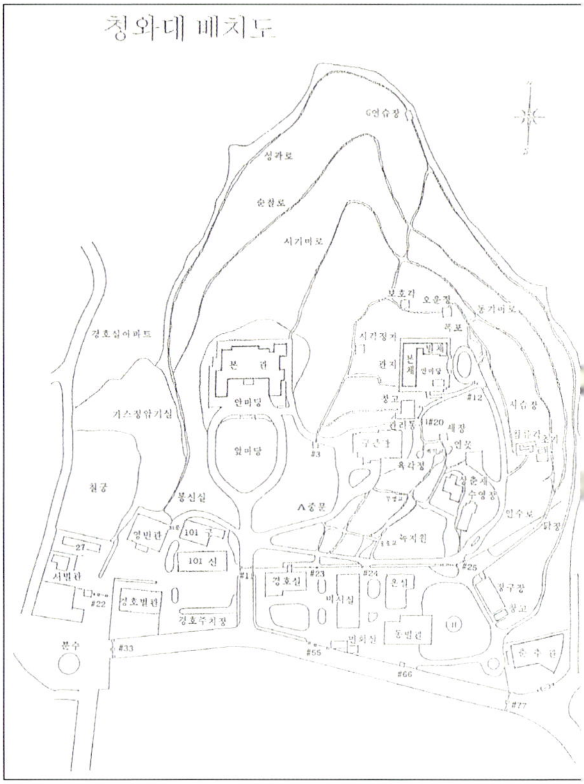

김영삼 정부 경내개방 알림문 및 청와대 배치도

경호실은 경호상의 문제를 들어 청와대 앞길 개방 시간을 축소시키려 했고, 같은 해 5월 7일 택시 승객을 가장한 시위대가 출현하자 택시의 통행을 제한하려 했다. 이러한 시도들은 시민 및 청와대 비서실의 반발로 무산되었지만, 이후 청와대 앞길로 가는 길목에 바리케이드가 다시 설치됨으로써 개방의 취지가 다소 퇴색했다. 여전히 정복 및 사복 경호 인력이 빽빽하게 배치되어 오가는 사람들을 감시하고 있었으며, 특히 택시에 대해서는 검문검색이 시작되었다. 그러다 보니 1997년에 접어들면서 청와대 앞길을 방문하는 시민들을 찾아보기 어려워졌다. 물론 다른 이유로는 청와대

청와대 경내 길놀이 광경

주변 개방이 웬만큼 이뤄지면서 이에 대한 시민들의 호기심이 어느 정도 충족되었다는 점과 경내 관람이 제한된 상태에서 주변 볼거리 및 편의 시설이 부족하다는 점 등이 제기되었다.

국민에게 다가가는 청와대

민주화 직후 청와대 앞길과 경내가 차례로 개방되었는데, 이는 권위주의 철폐의 상식적인 조치로 이해되었다. 하지만 1996년 이후 청와대 앞길에 바리케이드가 재등장하여 진입하는 택시에 대한 검문검색이 시작되어 통행에 다소 불편을 주고 있었다. 경내 개방은 여전히 선별된 인원에게만 허용되었는데, 제15대 대통령으로 취임한 김대중은 1998년 3월 29일 새정치국민회의 일부 당원들에게만 청와대 경내를 개방하기도 했다. 이에 대한 일반 여론은 김대중 대통령이 오래전부터 청와대 개방에 가장 적극적이었기 때문에, 청와대 완전 개방에 대한 기대감을 높이고 있었다.

김대중 정부는 1998년 5월에 청와대를 일반에 개방하기로 결정했다. 먼저 5월 1일부터 청와대 주변 도로에 설치된 삼중의 바리케이드를 팬지꽃을 심은 이중의 이동식 화단으로 교체하여 통행자에게 부드러운 인상을 주도록 조치했다. 그러나 이보다 더 근본적인 변화는 청와대 경내 방문 방식을 바꾼 데 있었다. 과거 노태우 정부에서도 특정 요일에 사전 신청 없이 일정 인원에게 청와대를 개방해야 한다는 방향성이 제시되었지만, 이는 김영삼 정부에서 실현되지 못했다. 이에 김대중 정부에서는 5월 8일부터 일반 개인의 청와대 방문을 허용하는 방안을 구상하여, 4~5월과 9~10월의 금요일과 토요일 오후 2시에서 오후 5시까지 1일 최대 1,000명의 방문객을 수용하기로 했다. 해당 시기에 방문을 원하는 개인은 신분증 및 신분증 사본을 지참한 뒤, 방문 당일 경복궁 동편 광장에 설치된 청와대 관람 안내소에서 당일 배부되는 표를 받도록 했으며, 청와대 측의 안내에 따라 경내를 관람할 수 있었다. 개인 카메라는 휴대 가능했고 지정된 장소에서만 사진 촬영이 허용되었으며, 동영상 촬영은 원칙적으로 금지되었다. 기존의 단체 관람도 유지되어 초·중·고등학교 학생에게는 방학 기간 중에, 장애인·어르신·외국인에게는 연중 특별 관람을 허용하기로 했다.

김대중 정부의 청와대 개방

단체 관람	개인 관람
혹한기(1~2월)와 혹서기(7~8월)를 제외한 연중	봄(4~5월)과 가을(9~10월)
공휴일을 제외한 화~토요일 단, 4~5월 및 9~10월 금~토요일 제외	공휴일을 제외한 금~토요일
오전 10시부터 오후 12시까지 평일 오후 2시부터 오후 5시까지	오후 1시부터 오후 5시까지
관람 2주 전까지 인적 사항을 적은 연명부 제출	관람 당일 청와대 관람 안내소에서 오전 10시부터 표 배부

김대중 정부 출범 이후 청와대가 개방된 첫날인 1998년 5월 8일에는 청와대 입장권을 받기 위해 10시 전부터 수많은 사람들이 안내소에 모여들었으며, 예정된 1,000개의 표가 30분 만에 소진되고 말았다. 이에 청와대에서는 즉시 1일 관람객 수를 1,300명으로 증원하는 한편, 방문 허용 시작 시간을 오후 2시에서 오후 1시로 앞당기는 조치를 단행했고, 이러한 원칙은 한동안 유지되었다. 이와는 별도로 2001년 11월 24일부터 청와대 방문객은 추가 신청을 통해 칠궁을 관람할 수 있게 되었다.

김대중 정부의 청와대 개방 확대 정책에도 비판의 목소리가 다소 있었다. 청와대 앞길에 대한 차량 통행은 경호상의 이유로 종종 제한을 받았다. 특히 단체 관람에 대해서는 정치인에 의한 선심성 방문 주선 시비가 일어났고, 단체 방문객들에 대한 대통령 이미지 제고와 같은 전시성 행사라는 비판은 계속되었다. 청와대 방문객 대다수가 단체 관람객인 데에는 그러한 목적과 이유가 꼬리표처럼 붙어 있었던 것이다. 개인의 청와대 관람이 가능해진 것은 분명 지난 정부 때보다 발전했다고 평가할 수 있지만, 그 기간이 정해진 4개월 중 매주 이틀뿐이어서 지나치게 짧다는 불만이 제기됐다.

이에 노무현 정부에서는 김대중 정부의 청와대 개방 정책을 보완했다. 먼저 2003년 5월 1일부터 청와대로 가는 주요 진입로에 설치되어 있던 바리케이드를 철거했다. 청와대 앞길 통행 시간도 오전 7시부터 오후 7시까지에서 오전 5시부터 오후 8시까지로 연장되었다. 차량 검문은 관찰로 전환되었다. 청와대 경내 관람에서도 관람객들에게 가장 인기 있는 코스인 청와대 본관으로의 접근을 허용하여 대통령의 집무실을 보다 가까이에서 볼 수 있도록 하는 등 개방 범위가 다소 확대되었다.

노무현 정부 초기에는 대체로 김대중 정부 때의 방침에 준하여 청와대를 국민에게 개방했지만, 2004년 7월 30일에 청와대 관람 제도 개선 운영 지침을 확정함으로써 큰 변화를 예고했다. 이에 따라 같은 해 8월 3일부터는 월요일, 공휴일, 매월 둘째·넷째 토요일(공무원 휴무 토요일)을 제외한 연중 1일 4회 청와대를 개방하였다.

그리고 개인 또는 단체에 관계없이 누구나 방문 2주 전까지 예약 신청을 통해 청와대 내부를 관람할 수 있게 되었다. 이로써 표 배부 때마다 설치되던 청와대 관람 안내소는 경복궁 동편 주차장에서 청와대 만남의 장소로 전환되어 상설 운영되었다. 2005년 7월부터 주 5일 근무 제도가 시행되어 토요일이 휴일에 포함되자, 매달 넷째 주 토요일에 한하여 가족 관람 제도가 실시되었다. 1일 관람 인원도 확대되어 2,500명까지 증가했다. 이와는 별개로 청와대 주변도 계속 개방되어 2006년 4월부터 북악산 일부가 일반에 개방되었다.

이는 일차적으로 민주화 이후 정부가 국민 가까이에서 국민을 섬기겠다는 대통령의 국정 운영 철학이 반영된 결과로 해석할 수 있다. 부차적으로는 전자 통신 기술의 발전을 언급할 수 있다. 1990년대까지는 청와대 관람을 신청하려면 시·군·구청 민원실에 방문 접수나 전화나 우편 접수 방식이 주로 이용되었다. 하지만 2000년 이후에는 이메일 신청 및 온라인 예약제 등 인터넷이 활용되기 시작하면서 청와대 개방 확대에 맞춰 방문 예약 방식도 다양해졌던 것이다. 이를 반영하듯 노무현 정부 때에는 청와대 방문 기념품으로 연필 대신 마우스 패드가 제공되기도 했다. 또한 2005년 1월 3일부터는 청와대 홈페이지에서 실시간으로 예약 신청 및 확인이 가능해짐에 따라, 예약 편의성이 제고되었고 이 방식은 곧 대세로 자리 잡게 되었다. 이렇듯 노무현 정부는 2023년 현행 청와대 관람 예약 시스템의 기틀을 마련했다.

그 후 이명박·박근혜·문재인 정부는 노무현 정부의 청와대 개방 방식을 유지 및 보완했다. 먼저 이명박 정부는 2008년 5월부터 매주 토요일에도 청와대를 개방하기로 결정했다. 이로써 청와대 관람은 공휴일을 제외한 연중 화요일부터 토요일까지, 오전 10시·오전 11시·오후 2시·오후 3시 등 1일 네 차례 가능해졌다. 1일 적정 수용 인원은 1,500명으로 조정되었다. 관람 코스에 선택 사항이던 칠궁이 더해져, 관람 순서는 만남의 광장, 춘추관, 녹지원, 수궁 터, 본관 앞, 대정원 앞, 영빈관, 칠궁, 분수대로 재편되었다. 또한 청와대 앞길에 대한 시민의 접근성을 높이기 위해 시내버스 8000번이 신설되어 운행되었다.

박근혜 정부는 화요일부터 금요일까지 그리고 둘째·넷째 토요일에 청와대를 개방했으며, 관람 시간은 이명박 정부 때와 동일했다. 이러한 원칙은 문재인 정부에서도 계속되었다. 다만 그동안 야간에 바리케이드가 설치되어 통제되던 청와대 앞길은 2017년 6월 26일부터 24시간 전면 개방되었다. 이와 더불어 2020년을 기점으로 인왕산과 북악산도 상당 부분 국민에게 환원되었다.

이렇듯 청와대와 그 주변은 국민의 곁으로 차근차근 다가가고 있었다. 물론 여기에 대한 문제점이 전혀 없는 것은 아니었다. 가령 이명박 정부 때 청와대 관광 명소화 사업 중 하나로 추진 신설된 버스 노선은 지나치게 적은 승객 수로 발생한 운영난 때문에 2013년 1월에 폐지되었다. 박근혜 정부 때까지도 청와대 부근을 걷다 보면 경호원의 불심 검문을 받는 경우가 많았다. 이러한 검문은 문재인 정부 출범 이후 줄었지만, 청와대 앞길 전면 개방 이후 시위와 집회가 증가하면서 종종 시행되었다. 또한 청와대 앞길 중 경복궁 쪽 인도만 자유로운 통행이 가능했고, 청와대 쪽 인도는 여전히 금단의 구역으로 머물러 있었다.

청와대, 국민 품으로

윤석열 제20대 대통령의 임기 시작일인 2022년 5월 10일을 기점으로 청와대는 국민에게 전격적으로 개방되었다. 이는 윤석열 대통령의 공약에 따라 추진되었는데, 제20대 대통령직인수위원회는 '제왕적 대통령'의 잔재를 청산하고 '국민과 함께하는 대통령'을 실현하기 위해 대통령실을 용산으로 이전하고 기존 청와대를 국민 모두가 누리는 열린 공간으로 재구성한다는 국정 목표를 제시하였다. 이렇듯 윤석열 정부의 청와대 전면 개방 정책은 일차적으로 청와대가 대통령 집무실로서의 기능을 상실하는 것과 밀접한 관련이 있다. 청와대 이전은 역대 정부에서도 꾸준히 제기되어왔다. 예를 들면 대통령 집무실의 광화문 이전은 직전의 문재인 정부에 의해서도 추진되었지만, 청와대를 대체할 공간의 부재 및 경호상의 이유 등으로 실현되지 못했다. 민주화 이후 청와대가 점진적으로 확대 개방되었음에도 불구하고, 이러한 구조적 문제 때문에 전면적인 개방은 이뤄질 수 없었던 것이다.

윤석열 정부의 청와대 개방(2023년 2월 24일 기준)

접수 기간 (접수처)	2022년 4월 27일부터 5월 31일까지 (네이버, 토스, 카카오)	2022년 6월 3일부터 (자체 예약 시스템)
관람 기간	2022년 5월 10일부터 6월 11일까지	2022년 6월 12일부터
관람 시간	오전 7시부터 오후 7시까지	오전 9시부터 오후 6시까지(3~11월) 오전 9시부터 오후 5시 30분까지(1·2·12월)
관람 횟수	1일 6회(회별 2시간)	1일 6회(회별 1시간 30분)
수용 인원	회당 6,500명	회당 8,000명
선정 방식	추첨	선착순
휴무일	없음	매주 화요일

이에 따라 청와대 관람 규칙도 개편되었다. 과거에도 정부가 교체될 때마다 청와대 개방 이벤트가 열렸고, 새 정부에 대한 기대와 염원을 품고 있는 많은 국민들이 이러한 행사에 참여해왔다. 특히 청와대 완전 개방으로 이전보다 더 많은 인파의 청와대 방문이 예상됨에 따라, 청와대이전TF에서는 5월 10일부터 6월 11일까지는 추첨된 인원에게 청와대를 개방하기로 결정했다. 그러다가 6월 12일부터의 관람 예약은 선착순 방식으로 전환되었다. 관람 가능 시간은 하절기인 3월부터 11월까지를 기준으로 오전 9시부터 오후 6시까지로 연장되었고 하루 관람 가능 횟수도 기존의 4회에서 6회로 늘어났다. 휴무일은 매주 화요일로 고정하되 공휴일과 겹칠 경우에는 그다음 날로 정함으로써, 방문 가능 기간은 기존의 주 4일 또는 5일에 비해 확장되었다.

이로써 청와대는 국민의 품으로 돌아왔다. 2023년 현재 문화체육관광부에서는 청와대를 역사, 문화, 자연을 상징하는 공간으로 재구성하기 위한 노력을 하고 있다. 이를 통해 청와대 권역이 서울 시민뿐만 아니라 모든 사람들에게 쉴 수 있고 즐길 수 있는 장소로 다가갈 수 있기를 기대해본다.

제8강

청와대 시설의 확대와 기능

청와대의 얼굴, 본관

청와대의 살림집, 관저

청와대의 손발, 대통령 비서실

청와대의 손님맞이 공간, 영빈관·상춘재·녹지원

청와대의 프레스센터, 춘추관

청와대 지킴이들의 공간, 대통령 경호실

청와대의 비상 대비 공간, 헬기장과 국가위기관리센터

기타 및 청와대 주변 시설

제8강

청와대 시설의 확대와 기능

김웅호 서울역사편찬원 전임연구원

2022년 5월 10일 청와대가 시민들에게 전면 개방됐다. 그동안 온라인 지도에 녹지로만 표시돼왔던 청와대 경내 각종 시설의 위치가 이날을 기해 지도에 공개됐다. 드론 비행과 촬영도 가능해졌다. 청와대가 전면 개방되면서 경내 시설의 연혁과 기능에 대한 관심도 함께 높아졌다. 청와대 시설은 기능에 따라 크게 본관, 관저, 비서실, 영빈관·상춘재, 춘추관, 경호실, 기타로 구분할 수 있다. 여기서는 각 시설들이 언제 세워졌고, 어떤 과정을 거쳐 현재 모습을 갖추게 됐으며, 또 그동안 어떻게 활용돼왔는지를 살펴본다.

청와대의 얼굴, 본관

우뚝 솟아 있는 백악산과 그 밑에 자리한 푸른 기와집. 청와대 하면 떠오르는 모습이다. 그런데 이 청와대 본관은 우리가 생각하는 것만큼 오래된 건물이 아니다. 지금부터

청와대 본관 전경

불과 30여 년 전인 1991년에 세워진 건물이다. 1991년 9월에 있었던 본관 준공 기념행사에서 노태우 대통령은 "3년 전 서울올림픽을 치른 뒤 대통령의 집무실과 관저, 자유언론의 공간인 춘추관을 민주주의를 연 이 시대의 기념비로 신축할 것을 결정"했다고 밝혔다. 1948년의 정부 수립 이후 40년 동안 산업화와 민주화를 이루고 1988년 서울올림픽을 성공적으로 개최하면서 높아진 국격을 반영해 춘추관과 함께 본관과 관저를 분리해 대규모로 신축한 것이다.

청와대 본관은 1989년부터 22명의 전문가로 자문위원회를 구성해 많은 의견을 수렴한 뒤 건립되었다. 2층으로 된 본채, 본채 좌우에 딸린 단층으로 된 2동의 별채, 현관채, 안마당, 앞마당으로 구성돼 있다.

새 본관은 지하 1층, 지상 2층의 대형 청기와집으로, 연면적은 1층 1,202평, 2층 458평, 지하층 496평 등 총 2,564평이다. 지붕에는 15만 장 이상의 청기와를 얹었는데,

본관의 중앙계단

도자기처럼 하나씩 구워 만들어 100년이 지나도 손상되지 않을 만큼의 강도를 지녔다고 한다. 외관은 팔작지붕에 공포를 올린 전통적인 궁궐 양식을 따랐다. 조선시대 건물 가운데 경복궁 경회루의 잡상이 11개로 가장 많은데, 본채의 추녀마루에도 11개의 잡상을 올렸다. 하지만 한옥 같은 목구조로는 본관처럼 웅장한 건물을 짓기가 매우 어려운 까닭에 철근 콘크리트의 현대식 공법을 적용해 건립했다. 외관은 전통 양식이지만, 내부는 전통 양식을 반영하면서도 넓은 복도와 계단을 두고 화려한 샹들리에를 설치하는 등 현대식으로 조성해 이용하는 데 불편이 없게 했다.

본채 입구를 지나 안으로 들어가면 정면에 2층으로 올라가는 커다란 중앙 계단이 나타나고 계단 아래 좌우에는 출입문이 보인다. 좌측(서쪽)이 대통령 부인의 집무실인 무궁화실이고, 우측이 소규모 인원을 대상으로 오찬이나 만찬을 개최하는 인왕실이다.

역대 대통령 영부인들의 사진

무궁화실로 들어가면 영부인 집무실과 접견실이 있다. 영부인이 이곳에서 외부 손님과 만나 환담을 나누고, 여성·복지·장애인 단체의 접견 등 그동안 영부인이 주로 맡아왔던 관련 업무를 수행했다. 이곳에는 역대 대통령 부인들의 초상화가 걸려 있다. 벽면 위쪽에는 프란체스카·공덕귀·육영수·홍기·이순자 여사, 아래쪽에는 김옥숙·손명순·이희호·권양숙·김윤옥·김정숙 여사의 사진이 걸려 있다. 인왕실은 그 명칭이 청와대 서쪽에 있는 산 이름에서 유래했으며, 전통적 요소가 많은 본관의 주요 공간과 달리 서양식으로 꾸며졌다. 10~20명의 소규모 인원을 대상으로 한 간담회나 오찬·만찬 장소로 이용했다. 외국 정상이 방한할 때에는 중앙 계단 아래쪽과 함께 공동 기자회견이 열리기도 했다. 전혁림 화백이 2006년에 그린 〈통영항〉이 입구 쪽 벽면을 가득 채우고 있으며, 그 맞은편 동쪽 창문으로는 잘 가꾸어진 소규모 정원을 감상할 수 있다.

널찍한 붉은색 카펫이 바닥에 깔린 중앙 계단으로 올라가면 정면에 한반도의 산줄기를 묘사한 대형 그림 〈금수강산도〉가 보인다. 1991년에 김식 화백이 그린 것이다. 계단 위 천장에는 1395년(태조 4)에 제작한 천문도天文圖인 〈천상열차분야지도天象列次分

대통령 집무실(좌)과 접견실(우)

野之圖〉가 그려져 있다.

2층에는 대통령 집무실과 접견실, 집현실, 백악실 등이 자리하고 있다. 대통령 집무실과 접견실·집현실이 본관 2층 남쪽에 동쪽에서 서쪽 방향으로 나란히 있고, 백악실은 동북쪽 모퉁이에 위치해 있다. 대통령 집무실은 관저에서 이곳으로 출근한 대통령이 공식적인 업무를 보는 공간이다. 대통령이 집무를 보는 책상 뒤쪽 벽에는 황금색으로 된 봉황 두 마리와 무궁화꽃이 부착돼 있어 이곳이 대통령의 공간임을 보여주고 있다. 100m^2의 넓은 공간으로, 본관 앞쪽뿐 아니라 광화문 일대도 바라다보이는 곳에 위치해 있다. 접견실은 대통령이 외국의 국가 원수를 비롯한 국내외 주요 인사들을 접견하는 공간이다. 대통령 집무실과 문 하나로 연결돼 있으며, 벽면에 황금색으로 된 대형 〈십장생도〉가 그려져 있다. 집현실은 세종대왕 때 궁중에 설치했던 학문 연구 기관인 집현전에서 그 이름이 유래했다. 미국 측과 확대 정상회담(1991), 국가과학기술 자문회의(1992), 경제대책 조정회의(1998), 수석비서관 회의(2015), 반부패정책협의회(2019)를 개최하는 등 다양한 용도로 활용됐다. 백악실은 대통령 집무실 옆에 있는 작은 접견실이다. 10명 미만의 적은 인원을 접견하는 공간으로, 대통령의 공식적인 근무 공간 중에서 가장 작다. 하지만 현직 대통령과 대통령 당선인의 만남, 여야 대표와의 회동 등 중요한 모임이 열렸던 곳이기도 하다.

본채 앞 좌우에는 별채인 충무실과 세종실이 각각 동쪽과 서쪽에 자리하고 있다.

역대 대통령들의 초상화

충무실과 세종실은 무武를 상징하는 충무공 이순신 장군과 문文을 상징하는 세종대왕에서 비롯한 이름이다. 그런데 조선시대 궁궐 뜰에서 조회朝會를 거행할 때 문관은 동쪽(왼쪽), 무관은 서쪽(오른쪽)에 섰음을 고려하면 충무실과 세종실은 그 이름이 서로 바뀐 영부인들의 것 같다. 세종실은 국무회의가 열리는 장소다. 이곳 입구에는 이승만 초대 대통령부터 윤보선·박정희·최규하·전두환·노태우·김영삼·김대중·노무현·이명박·박근혜·문재인 등 역대 대통령들의 초상화가 한쪽 벽면에 일렬로 걸려 있다. 대통령이 앉는 자리 뒤에 〈일월오악도日月五岳圖〉가 있는데, 〈일월오악도〉는 조선시대 왕이 있는 곳에 세워두는 병풍이다. 충무실은 한국에 부임한 외국 대사의 신임장을 받고 환담하는 장소로, 또 대규모 인원의 임명장·위촉장을 수여하는 장소로 활용돼왔다.

대정원에서 거행된 국빈 환영 행사

현관채는 대통령 및 외국 국빈들이 눈비를 맞지 않고 본채 앞에서 하차할 수 있도록 마련된 건물이다. 청기와 지붕이 본채와 별도로 올려졌지만, 기와 끝 아랫부분이 본채와 연결돼 있어 눈비를 가려준다. 대통령이 청와대를 방문한 외국 국빈을 맞이하는 환영식이 사실상 시작되는 공간이다. 대통령과 외국 국빈이 현관채 앞부터 안마당 끝까지 도열해 있는 전통 의장대를 지나 앞마당인 대정원 단상으로 이동하면 공식적인 환영식이 시작됐다. 양국 국가가 연주된 후 단상에서 내려온 양국 정상이 붉은색 카펫이 깔린 길을 따라 이동하며 의장대를 사열했다. 의장대는 육군·해군·공군·해병대 의장대와 전통 복장을 한 전통 의장대로 이뤄졌으며, 군악대도 서구식 음악을

구본관 터 표석과 천하제일복지 안내판

연주하는 군악대와 전통 음악을 연주하는 취악대로 구성됐다.

그런데 1991년 9월 새 본관이 건립되기 이전에는 대통령이 어느 곳에서 업무를 보았을까? 새 본관 동쪽 소정원 옆에는 '구본관 터 표석'이 세워져 있다. 바로 이곳이 1991년 이전에 대통령 집무실 겸 관저가 있던 곳이다. 구 본관은 1939년 9월 조선 총독의 관저로 세워진 건물인데, 1945년 8월 광복이 될 때까지 세 명의 총독이 이곳을 관저로 사용했다. 광복 후에는 주한미군 사령관인 하지 중장의 관저로 쓰였고, 1948년 8월 정부가 수립된 직후 이승만 초대 대통령 내외가 입주하면서 대통령 집무실 겸 관저로 쓰였다. 1층을 집무실로, 2층을 관저로 사용했다. 4·19혁명 이후 집권한 민주당

천하제일복지 각자

의 윤보선 대통령이 명칭을 경무대에서 청와대로 바꿨다. 구본관은 1991년 새 본관이 건립된 이후 의료실, 직원 식당으로 쓰이다가 1993년 10월 김영삼 대통령의 지시에 따라 철거됐다. 역대 대통령의 기념관 및 박물관으로 보존하자는 일부 의견도 있었지만, 민족정기를 바로잡고 국민의 자긍심을 되살린다는 취지에서 철거를 단행했다고 한다. 철거한 뒤에 원래 모습대로 언덕으로 복원하고, 그 자리가 고종 때 중건된 경복궁 후원을 지키는 수궁守宮이 있던 곳이라 하여 '수궁 터'로 명명했다. 또한 청와대 구본관 건물의 현관 지붕 위에 있던 절병통節瓶桶을 남겨두고, '구본관 터 표석'과 '천하제일복지' 안내판을 세워 이곳이 '조선 총독 관저'가 있던 곳임을 표시하도록 했다. 구본관 건물은 청와대 서남쪽에 자리 잡은 청와대 사랑채에 미니어처miniature로 축소 복원돼 전시돼왔다.

관저 전경

청와대의 살림집, 관저

관저는 1989년 8월 28일에 착공하여 1990년 10월 25일에 완공했다. 대지 면적은 1,260평(약 4,165m^2)이다. 본채 244평(약 806m^2), 별채 158평(약 522m^2), 기타 부속 시설을 포함한 연건평 812평(약 2,684m^2)의 1층 건물로 세워졌다. 1990년 2월 20일 관저 신축 공사장 바로 뒤에 있는 바위에서 '天下第一福祉(천하제일복지)'라는 각자刻字가 발견됐다. 그동안 암벽 전면이 풀에 가려져 보이지 않는 상태로 방치돼 있다가 발견된 것이다. 청와대 직원들은 진작부터 이 각자를 알고 있었다고 하는데, 여하튼 이 각자가 '발견'됨으로써 관저 일대가 예부터 명당 터였음이 '입증'된 셈이다.

차량관계 목록표

카드락 1956 년식 1 대

1. 무전기 1
2. 전화기 1
3. 중고다이야 5
4. 스페아다이야 1
5. 호이로 복수 1
6. 관넘버 1
7. 털이게 2개
8. 재 기 1
9. 세무리 1
10. 푸 ─ 부 고물 5
11. 유 리 5 장
12. 철판 흑마침 6
13. 비우다 포인로4(신 품)
14. 모 타 1
15. 링 구 1 상 자
16. 라지에타 1
17. 미용덩기 15
18. 레극기 6
19. 헤드가스킷트 3 장
20. 부레기라이닝 8
21. 다이야줼 2
22. 고품 까 부레다 1
23. 비우다 (신 품) 1
24. 슈 가 푸 (신 품)
25. 워 [illegible] 터 뻼푸 1
26. 푸왕 베루도 8
27. 표식판 2
28. 청소기 중미 5

링 컨 1951 년식 1 대

1. 다이야 1
2. 재기 1
3. 호이루 복수 1
4. 털 이 게 1

재 차 1945년 1대

1. 우 메 타 1 대
2. 닷 지 1 대 폐 품
3. 파 카 드 1대
4. 푸 리 무 수 1 대
5. 소 파 기 1 대

61

1962년 3월 작성된 대통령 접견실 인수인계 목록표

인수문(좌)과 청안당(우)

관저의 정문은 매우 커다란 솟을대문 형식으로 세워졌으며, '어질고 장수하라.'라는 의미가 담긴 '仁壽門(인수문)'이라는 편액이 걸려 있다. 인수문을 통해 들어가면 좌측에 넓게 조성된 뜰과 청안당淸安堂이라는 사랑채가 있다. 앞쪽에는 대통령과 그 가족들이 사는 본채가 있고, 오른쪽에는 접견실과 주방, 연회장 등이 딸린 별채가 본채와 이어져 있다.

관저를 건립한 노태우 대통령부터 김영삼·김대중·노무현·이명박·박근혜·문재인 대통령까지 30여 년 동안 7명의 대통령과 가족들이 이 관저에서 거주했다. 한편 관저를 새로 신축하면서 본래부터 이 자리에 있던 오운정五雲亭, 미남불(경주 방형대좌 석조여래좌상), 침류각枕流閣은 각각 관저의 북쪽과 동쪽의 현 위치로 옮겨졌다.

대통령 기록관에 소장된 《이 박사 관계철》의 〈대통령 관저 물품 및 기타 인계서〉를 보면, 이승만 초대 대통령이 관저를 떠난 뒤 이루어진 물품의 인수인계 내역이 자세히 나타나 있다. 이 문서는 1962년 3월에 작성됐고, 인계자는 대통령 비서실장과 비서관,

인수자는 내각사무처 총무국장과 총무과장으로 돼 있다. 본관 현관부터 접견실, 각하실(집무실), 비서실, 경비실, 주방, 식당, 침실, 창고, 매화실, 별관, 온실, 동물원, 식모방 등 36개의 공간과 '차량 관계 목록표'로 구분해 인수인계한 물품을 6쪽부터 60쪽까지 자세히 나열하고 있다. 이 가운데 차량 관계 목록표를 보면 당시 관저에는 1956년식 캐딜락 1대, 1951년식 링컨 1대, 1945년식 지프차 1대가 있었다.

청와대의 손발, 대통령 비서실

대통령 비서실은 비서실장을 비롯한 대통령의 참모들과 행정요원들이 근무하는 공간이다. 노무현 정부 때 여민관이라는 이름을 붙였는데, 그 명칭은 '국민들과 기쁨과 괴로움을 함께한다.'라는 의미를 지닌 '여민고락與民苦樂'에서 따왔다. 이명박 정부 때 '국민을 위한다.'라는 뜻의 위민관爲民館으로 변경했다가 문재인 정부에서 다시 여민관으로 환원시켰다. 세 채의 건물로 구성돼 있으며, 건립 연대가 모두 다르다. 청와대 도서관이 있는 여민2관(옛 신관)이 1969년 가장 먼저 건립됐고, 여민3관(옛 동별관)이 1972년에 세워졌다. 여민1관은 비서실 공간 부족의 해소와 함께 대통령이 참모들과 원활히 소통하기 위해 2004년에 건립됐다. 대통령 집무실이 있는 본관과 비서실이 500m나 떨어져 있었기 때문이다. 본관과 비서실의 분리에서 비롯한 소통의 불편함은 역대 대통령마다 고민거리였다. 이를 해결하기 위해 비서실장을 본관에 상주시키기도 하고, 여민1관에 대통령 간이 집무실을 두기도 했다. 문재인 대통령은 공식적인 업무는 본관에서 봤지만 일상 업무는 여민1관 3층에 마련된 간이 집무실에서 처리했다고 한다.

대통령 비서실로 들어가는 입구는 연풍문이다. 본래 이곳에는 지어진 지 수십 년이나 된 단층의 '북악 안내실'이 있었다. 청와대 안내실은 북악 안내실 외에 서쪽에 분수대

여민관

안내실도 있었는데, 2004년 8월 경비 초소 번호를 그대로 사용하던 55면회실과 22안내실을 각각 북악 안내실과 분수대 안내실로 개칭했다. 2009년 2월에는 북악 안내실을 헐어내고 지하 1층, 지상 2층 규모의 새 날개를 본떠 날렵한 외관을 한 그린 오피스Green Office로 새 단장을 했다. 이름도 이명박 대통령이 당선인 시절 '2008년 새해 사자성어'로 선정한 '시화연풍時和年豐(시절이 평화롭고 해마다 풍년이 든다)'에서 따와 연풍문으로 정했다. 이때 청와대 서남쪽 끝에 있던 '분수대 안내실' 이름도 '시화문'으로 변경했다. 청와대 정문은 대통령과 외국 정상, 국무위원들만 출입할 수 있는 문이다. 서쪽의 시화문은 대통령 경호처가 가까워 경호 직원들이 주로 출입하고, 연풍문은 대통령 비서실 직원들이 주로 출입했다. 전면 개방 이전에 청와대를 관람하고자 하는 일반 시민은 춘추관의 춘추문을 통해 들어왔다.

영빈관 전경

청와대의 손님맞이 공간, 영빈관 · 상춘재 · 녹지원

1948년 대한민국 정부가 수립됐지만 외국 국빈을 맞이할 수 있는 영빈관이 별도로 없었다. 이에 정부는 국빈용 영빈관의 필요성을 느껴 이승만 정부 때부터 장충단공원 부지에 건립을 추진해 1967년 2월 영빈관을 완공했다. 하지만 계속 쌓이는 적자가 부담이 되어 결국 1973년 6월 민간에 매각했고 그 자리에 1979년 3월 22층 규모의 신라호텔이 들어섰다.

청와대 경내의 영빈관은 1978년 1월에 착공하여 같은 해 12월에 완공됐다. 지하 1층, 지상 2층의 규모다. 영빈관은 화강석 중에서 최고로 치는 전북 익산 황등면의 황등석을 사용했다. 특히 전면부의 4개 돌기둥은 이음새가 있는 여느 돌기둥과 달리 바위산에서 통째로 깎아낸 것이다. 밑동 둘레가 3m이고, 높이가 13m에 달하며, 무게는 60톤이나 된다고 한다. 1998년 10월부터 주변의 낡은 건물들을 정비하기 시작해 2000년 6월에 영빈관 앞마당을 새롭게 단장했으며, 2007년에도 영빈관의 노후화된 냉난방 시설을 개선하기 위한 보수·정비 사업을 진행했다.

영빈관 앞마당에는 여덟 배미의 논 모양이 조성돼 있다. 1893년 고종이 이곳에 경농재慶農齋라는 건물을 세우고 그 앞에 여덟 배미의 논을 조성했는데, 친히 나아가 농사 형편을 살피면서 농사를 장려하려는 의도에서였다. 논 모양으로 구획된 영빈관 앞마당의 모습은 바로 이러한 역사적 사실을 반영한 것이다. 앞마당 남쪽에는 영빈관의 출입문인 영빈문이 있다.

영빈관 1층은 대접견실로 외국 국빈의 접견 행사를 치르고, 2층은 대규모 오찬 및 만찬 행사를 하는 곳으로 무궁화와 월계수, 태극 문양으로 장식돼 있다. 영빈관은 외국 국빈을 영접하기 위해 세워졌지만, 이러한 목적 외에 대규모 공식 행사나 많은 인원이 참석하는 회의도 열었던 건물이다. 영빈관을 개관해 처음 치른 행사도 외국 국빈 접대가 아닌 박정희 제9대 대통령 취임 축하 리셉션과 만찬, 축하 공연이었다.

외국의 경우 국빈들이 묵을 수 있는 숙박 시설을 갖춘 나라가 많다. 미국은 블레어 하우스Blair House, 중국은 조어대 국빈관釣魚臺國賓館, 일본은 아카사카 이궁[赤坂離宮] 그리고 북한도 백화원 영빈관(초대소)과 금수산 영빈관이라는 국빈용 숙박 시설이 있다. 하지만 청와대에는 그동안 국빈을 영접하는 영빈관만 있을 뿐 숙박 시설은 따로 없다는 점이 아쉬움으로 남았었다.

상춘재는 녹지원 북쪽의 계단 위에 자리한 전통 한옥이다. '늘 봄과 같다.'라는 뜻을 지녔다. 대통령이 국내외 손님을 초청해 접대하는 공간으로 활용했다. 미국 대통령, 중국 국가주석, 일본 총리 등의 외국 국가 원수들을 비롯한 외국 손님들과 헌법 기관장, 여야 대표, 재계 대표 등의 국내 손님들을 이곳으로 초청해 환담을 나누기도 했다.

상춘재 전경

상춘재가 있는 이곳에는 총독 관저 시절에 매화실梅花室이라는 작은 건물이 있었다. 광복 이후 상춘실常春室로 이름이 바뀌었고, 1978년에는 이를 철거하고 목조 건물을 신축하며 상춘재라 명명했다. 전두환 정부 때인 1982년 11월 기존 건물을 허물고 그 자리에 전통적인 한옥 방식으로 건물을 짓기 시작해 1983년 4월에 완공했다. 연면적 417.96m^2 규모이며, 수령 200년이 넘은 춘양목을 사용해 지었다. 상춘재를 세운 전두환 대통령은 이곳이 마음에 들었는지 여야 주요 인사를 초청해 만남을 가지거나, 어린이날에 어린이들을 초대해 대화를 나누거나, 1년에 한두 번씩 기자회견을 여는 등 상춘재를 적극적으로 활용했다.

녹지원은 청와대에서 가장 아름다운 곳이다. 1968년에 야외 행사를 치를 수 있는 공간으로 조성됐으며, 면적은 약 1,000평이다. 120여 종의 나무가 있고 역대 대통령들이 심은 기념식수가 있는 곳이기도 하다. 특히 가운데에 있는 큰 나무는 녹지원을 상징하는

녹자원 전경(좌)과 반송(우)

한국산 반송으로, 수령이 170년을 넘고 높이는 17m에 달한다. 녹지원은 어린이날·어버이날·장애인의 날 등 여러 기념일에 관계자들을 초대해 다채로운 행사를 열었던 공간이다.

청와대의 프레스센터, 춘추관

춘추관은 고려·조선시대에 나라의 역사를 관장했던 관청인 춘추관에서 그 명칭을 따왔다. 사관들처럼 공명정대하게 직필을 하라는 의미에서였다. 노태우 대통령 때인 1989년 5월 10일 착공하여 1990년 9월 29일 완공했다. 지하 1층, 지상 2층, 연건평 1,028평 규모이며, 맞배지붕에 회색 토기와를 얹었다. 1층에는 기자실과 브리핑룸이 마련돼 있고, 2층은 대통령 기자회견과 각종 행사를 하는 다목적실로 구성돼 있다. 입구 오른쪽의 2층 누각에 신문고를 매달아놨는데, 기자들이 조선시대의 신문고처럼 국민들의 어려움을 정확히 잘 전달하기를 바라는 마음에서였을 것이다.

청와대 경내에 처음으로 기자실이 마련된 때는 1963년 12월이었다. 경무대 경찰서가 있던 자리에 기자실이 세워졌는데, 바로 지금의 춘추관이 서 있는 곳이다. 같은 해

춘추관 전경(좌)과 신문고(우)

10월에 있었던 제5대 대통령 선거에서 당선된 박정희 대통령은 취임한 지 3일 만인 12월 19일에 비서실을 살펴보면서 기자실도 방문했다. 1991년 12월에는 북한의 연형묵 총리가 청와대를 예방할 때 북측 기자 5명이 처음으로 춘추관을 방문해 우리 측 기자들과 점심을 함께하고 환담을 나누기도 했다.

김대중 정부 때까지는 기자들이 직접 비서실에 들어가 취재할 수 있었지만, 노무현 정부 때부터 보안이 강화되면서 기자들의 청와대 경내 출입이 차단되고 춘추관에서만 취재할 수 있도록 바뀌었다. 청와대 대변인이나 공보·홍보 담당 관계자들이 매일 브리핑룸으로 와서 브리핑을 하고, 300여 명의 출입 기자들은 순번에 따라 대표로서 취재한 뒤 그 내용을 공유하는 풀Pool 기자 시스템으로 원고를 작성·송출했다.

청와대 지킴이들의 공간, 대통령 경호실

대통령 경호를 담당하는 경호기관이 공식적으로 출범한 것은 박정희 국가재건최고회의 의장이 대통령에 당선된 1963년 이후였다. 이승만 대통령 때에는 1949년 2월 설치된 경무대 경찰서에서 담당했고, 윤보선 대통령 때에는 서울시경 경무대(청와대) 경찰관 파견대가 담당했다. 1963년 12월에 〈대통령경호실법〉을 제정하고, 증원할

청와대 정문

공무원 406명 중 237명을 대통령 경호실에 배정하며, 예비역 준장 출신 홍종철洪鍾哲 전 최고위원을 경호실장에 내정하는 등 관련 조치가 진행되면서 대통령 경호실이 처음 등장했다. 이후 대통령 경호기관은 대통령 경호실(1963. 12~2008. 2), 대통령실 경호처(2008. 2~2013. 3), 대통령 경호실(2013. 3~2017. 7), 대통령 경호처(2017. 7~현재)로 변화해왔다. 책임자의 직급은 처음 차관급으로 출발해 장관급으로 격상됐다가 이명박 정부 때부터 다시 차관급으로 낮아졌다. 박근혜 정부 때 다시 장관급으로 격상됐지만 문재인 정부 때 차관급으로 환원돼 지금에 이르고 있다. 대통령 경호실 건물은 청와대 정문 좌우에 있다. 왼쪽(서쪽)에 남북 방향으로 2개 동이 있고, 오른쪽에 1개 동이 있다.

대통령 전용 헬기 이착륙장으로 사용됐던 잔디밭

대통령 경호와 청와대 경비는 대통령 경호처, 서울경찰청의 경찰 부대, 수도방위사령부의 제1경비단 세 곳에서 담당했다. 대통령 경호처 소속 500명의 경호원들은 청와대 경내 경비와 대통령이 외부로 이동할 때 근접 경호를 담당했다. 경호처는 대통령뿐 아니라 그의 가족과 본인의 의사에 반하지 아니하는 경우에 한하여 퇴임 후 10년 이내의 전직 대통령과 그 배우자 및 자녀, 방한하는 외국의 국가 원수 또는 행정수반과 그 배우자, 그 밖에 경호가 필요하다고 경호처장이 인정하는 국내외 요인 등의 경호도 맡았다. 서울경찰청의 경찰 부대는 제101경비단, 제202경비단, 제22경찰경호대 세 곳이다. 제101경비단은 청와대 울타리와 출입문 등의 내곽 경비를 맡았고, 제202경비단은 청운효자동주민센터 앞, 경복궁, 인왕산 등 청와대 주변의 외곽 경비를 맡았다. 인원은 각각 700여 명 정도다. 제22경찰경호대는 대통령의 외부 행사장에서 경호를 맡았는데, 인원은 100~150명 규모다. 2,000여 명 규모의 수도방위사령부 소속 제1경비단도 외곽 경비를 맡았다. 제1경비단은 과거 제30경비단 및 제33경비단을 통합해 창설됐다.

청와대의 비상 대비 공간, 헬기장과 국가위기관리센터

춘추관과 대통령 비서실 사이에는 넓은 잔디밭이 있다. 얼마 전까지 대통령 전용 헬기의 이착륙장으로 쓰였던 공간으로 동시에 네 대까지 이착륙이 가능했다고 한다. 청와대 경내에 대통령 전용 헬기장이 처음 마련된 것은 1964년 2월경이었다. 위치는 온실 앞(전 경무대 경찰서 옆)의 솔밭으로 지금과 같은 자리였다. 이 일대의 솔밭 비탈을 정리해 폭 20m, 가로 30m의 소규모 헬기장을 만들었다. 전년도인 1963년 11월에 미국 케네디 대통령이 이동하던 도중 총격에 사망하는 일이 발생하자 대통령 경호 담당자들은 과학적인 경호 방안을 마련하는 데 집중했다. 그러나 당시의 부족한 경비와 과학화科學化되지 못한 장비로는 지상 경호地上警護의 안전을 도모할 수 없다고 판단하고 '공중 경호空中警護'라는 아이디어를 내어 대통령 전용 헬기장을 만들게 됐다고 한다.

잔디밭 아래 지하에는 '청와대 지하 벙커'로도 불렸던 국가위기관리센터(이하 센터)가 있다. 1975년에 만들었던 전시 대피 시설을 2003년 노무현 정부 때 수리해 설치했으며, 여민관 건물의 지하를 통해 들어갈 수 있다. 센터는 국가안보회의NSC에 소속된 기관이다. 전면에 설치된 상황실 모니터에는 안보, 사회 그리고 재난과 관련된 국가에서 운영하는 정보망이 총망라되어 집결돼 있으며, 대한민국 반경 360km 내에 운행 중인 모든 비행기들의 현황 등이 표시되어 있다. 또한 국가의 위기관리를 담당하고 있는 20여 개의 부서들과 핫라인 시스템도 구축돼 있다. 대통령이 직접 참석해 주로 안보 및 재난 관련 비상회의를 주재했으며, 경제 관련 회의를 주재한 적도 있었다.

기타 및 청와대 주변 시설

2000년 총무비서관실에서 작성한 〈청와대 관람 안내시설 신축〉이라는 문서에 실려 있는 '청와대 배치도'를 보면, 당시 청와대 경내에는 정구장과 수영장 같은 운동 시설뿐만 아니라 온실, 새장·닭장, 창고 등이 있음을 알 수 있다.

온실은 춘추관과 녹지원 사이에 지금도 있다. 청와대 건물 안을 장식하고 있는 꽃들을 이곳 온실에서 키웠다. 본관 입구로 들어가면 볼 수 있는 좌우 복도에 있는 꽃들도 모두 온실에서 키운 생화들이다. 그런데 위의 '청와대 배치도'를 보면 온실이 지금의 여민1관 자리에 있는 것으로 나온다. 이를 통해서도 2004년에 여민1관을 신축하면서 온실이 현재의 위치로 이전된 것임을 알 수 있다. 윤보선 대통령 때인 1961년 1월에는 혈서를 써서 대통령을 만나겠다는 청년이 청와대 출입이 막히자 온실 부근의 철조망을 뚫고 들어갔다가 붙잡혀서 즉결 재판에 넘겨진 에피소드도 있었다.

안전 가옥은 주로 '안가'라는 약칭으로 불렸는데, 주요 시국사건이 발생할 때마다 '관계기관 대책회의'가 열리거나 대통령이 주요 인사를 은밀히 독대하는 자리로 활용되는 등 '밀실 정치'의 본산이라는 지목을 받아왔다. 1993년 3월 새로 취임한 김영삼 대통령의 지시에 따라 삼청동 지역의 6개 동과 청운동 지역의 3개 동, 궁정동 지역의 3개 동 약 1만여 평 규모의 안전 가옥이 철거됐다. 궁정동 지역은 무궁화동산으로 탈바꿈했으며, 청운동 지역은 다시 산으로 복원됐다.

청와대 사랑채는 청와대 영역 밖 서남쪽에 있는 건물로 본래 대통령 비서실장의 공관이었다. 김영삼 정부 출범 직후 청와대 앞길과 인왕산 일대를 개방해 많은 사람들이 이곳을 방문하자 관람객 휴식시설을 확충하는 한편 국정 홍보관으로도 활용할 목적으로 비서실장 공관을 개조해 1993년 9월 '효자동 사랑방'이란 이름으로 개관했다.

〈청와대 관람 안내시설 신축〉(2000)의 '청와대 배치도'

청와대 사랑채 전경

이명박 정부 때인 2010년 1월 대대적인 증개축을 진행하고 이름도 '청와대 사랑채'로 바꾸어 지금에 이르고 있다.

서별관은 청와대 서남쪽 모퉁이에 있는 건물이다. '서별관 회의'라는 '관치 온상'으로 비판받던 비공식 회의가 열리기도 했다. 이 회의는 경제부총리, 청와대 수석, 경제부처 장관 등 경제 정책을 좌우하는 핵심 관료들이 참석하며 때로는 한국은행 총재나 국책 은행장도 참석했다. 개최 사실이 공개되지 않을뿐더러 회의록도 작성하지 않아 그 비밀주의와 폐쇄성을 비판받았던 회의였다. 2019년 새롭게 리모델링한 후에는 청와대 관계자들이 공식적으로 회의하는 공간으로 활용했다.

무궁화동산
대통령 김영삼
이 공원은 1993년 2월 25일 김영삼 대통령께서 취임 하신 후
청와대는 국민과 더불어 살아 숨쉬는 곳으로 만들고자 하신
뜻을 받들어 안가(안전가옥)를 헐어내고 조성한 것 입니다.
새로운 국민시대의 개막과 함께 열린 이 공원이 청와대를 찾는
여러분의 쉼터로, 그리고 어려웠던 민주화의 길을 되돌아 보는
역사의 배움터로 사랑 받기를 바랍니다.
1993년 7월 1일
서울특별시장

무궁화동산 기념비석

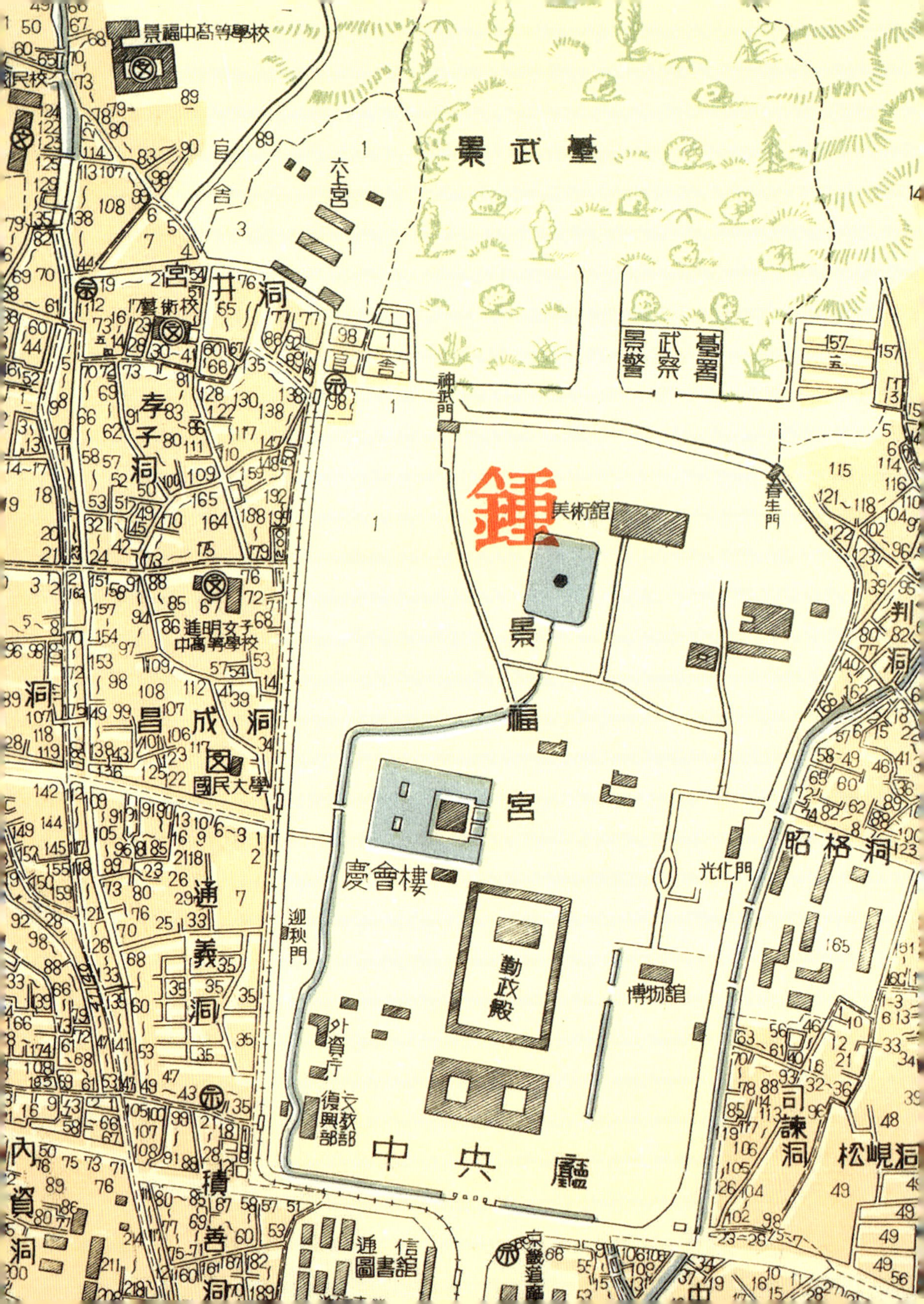
景福中高等學校
景武臺
六上宮
官舍
景武臺警察署
神武門
春生門
鍾
美術館
景福宮
慶會樓
勤政殿
光化門
博物館
迎秋門
外資庁
文教部
復興部
中央廳
宮井洞
藝術校
孝子洞
進明女子中高等學校
昌成洞
國民大學
通義洞
積善洞
內資洞
昭格洞
司諫洞
松峴洞
通信圖書館
京畿道廳

제9강

지도 속 청와대, 청와대가 그리는 지도

지도, 장소 그리고 청와대

조선시대에 제작된 지도 속 청와대

20세기 이후 제작된 지도 속 청와대

청와대 안 지도

지도 속 청와대 그리고 청와대가 그려나갈 지도……

제9강

지도 속 청와대, 청와대가 그리는 지도

양윤정 서울대학교 통일평화연구원 객원연구원

지도, 장소 그리고 청와대

한국민족문화대백과에 정의된 지도의 사전적 의미는 지구의 표상을 일정한 형식을 이용해 약속된 기호로 표현된 그림이고, 장소는 자연과 인간이 생존하며 인간 활동이 펼쳐지는 지표를 의미한다. 지도에서 이야기하는 지구의 표상은 우리가 살고 있는 세계, 지표면을 의미하는 동시에 그곳에서 일어나는 모든 행위를 포함한다. 그러므로 지도 위에 그려진 지구의 표상은 곧 지도를 제작한 사람들의 삶이 투영된 공간이자, 지도 제작 목적에 따라 구현된 장소이다. 영국의 지리학자 에드워드 렐프Edward Relph는 장소가 의도적으로 정의된 사물 또는 사건이나 사물들의 집합에 대한 맥락이나 배경이며 혹은 장소 그 자체 또한 의도, 즉 장소의 성격을 계획적으로 보여주는 대상이 될 수 있다고 보았다. 따라서 '장소'가 그 자체로 사물의 속성을 가진다고 볼 때, 장소는 본질적으로 의도이자 정체성의 초점이 되며, 동시에 고정된 위치를 가지면서 동일한 형태로 지속되는 특징들을 띤다. 이는 오늘날 우리가 '광화문'이라는 단어에서 광화문 북쪽에 위치한 조선의 궁궐인 '경복궁'을, 그리고 동시에 많은 사람들이 모여서 삶의 가치를 공유하는 현재의 광화문 광장을 떠올리는 것과 비슷하다. 그리고 이는 곧 이 장소의 이미지와 정체성으로 이어진다. '경복궁'이라는 장소의 정체성이 조선의 궁궐이었다면, '청와대'는 1948년 8월 정부 수립 후부터 2022년 5월 9일까지 대한민국 대통령의 직무 공간이자 관저로 우리에게 인식되어 있다. 서울특별시 종로구 세종로 1에 위치한 경복궁이 600년 넘도록 그 자리에서 우리에게 조선의 궁궐인 것처럼, 서울특별시 종로구 청와대로 1에 위치한 청와대 역시 청와대만의 정체성을 가진 장소가 될 것이다.

지도에는 산과 하천 같은 자연 지리 정보와 함께 지도가 담고 있는 지역에서 살고 있는 사람들의 공간과 삶인 인문 지리 정보가 함께 표시되어 있다. 그러나 지표상의 모든 지리 정보가 지도에 표시되는 것은 아니다. 지도는 제작 목적에 맞춰 지도에 표시할 지리정보를 선택하기 때문에, 현실 세계의 모든 것을 그대로 반영한 축척 1:1의 지도는 사실상 이 세상에 존재하지 않는다. 이와 동시에 지도는 일정 지역에서 정체성을 지닌 장소를 구현하는 도구이자 정보 제공자로서 우리 생활과 밀접한 관계를 맺고 있다. 따라서 지도는 지표상의 지리 정보를 일정한 형식을 이용해 약속된 기호로 표현하는 그림이자 인간의 인지 공간인 장소를 구축하는 도구로서 세상을 반영한다. 즉 지도에 표시되는 장소에 나타난 지리 정보는 그 자체로 그 시대 사람들의 생각을 담고 있으며, 때로는 지도에 반영된 정보가 세상을 정의하기도 한다.

2022년 5월 10일 청와대가 개방된 이후 또 하나의 장소 정체성을 더해갈 청와대, 조선시대에 제작된 고지도부터 현재까지 지도에 반영된 그 모습을 바탕으로 오늘날 우리가 생각하는 청와대, 그곳에 관해 이야기하고자 한다.

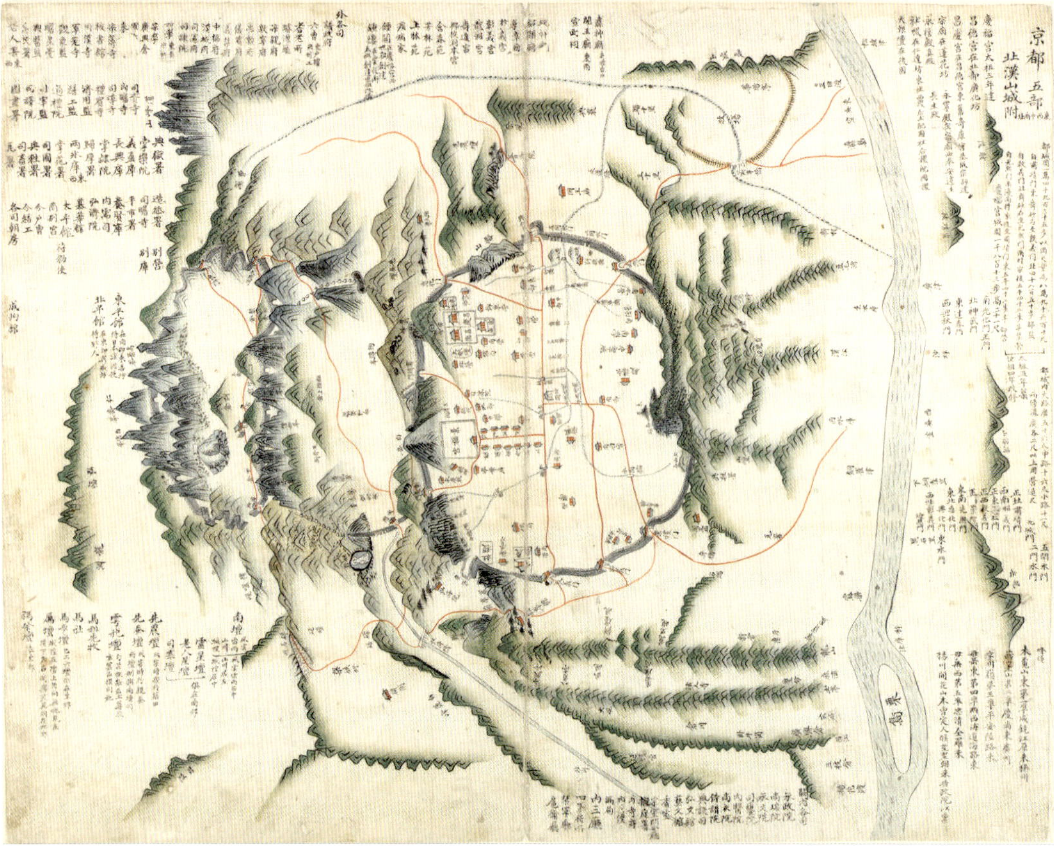

《해동지도》에 수록된 〈경도〉

조선시대에 제작된 지도 속 청와대

조선시대에 제작된 서울 지도는 과거로부터 당시까지 축적된 지도학적 기술에 회화적 표현까지 가미되어 만들어졌으며, 그 형태 또한 다양하게 제작되어 전해지고 있다. 현존하는 서울 지도 가운데 비교적 제작 시기가 빠른 것은 책 크기의 지도첩이나 지도책에 수록된 형태로, 간략하기는 하지만 서울의 중요한 자연, 인문 지리 정보

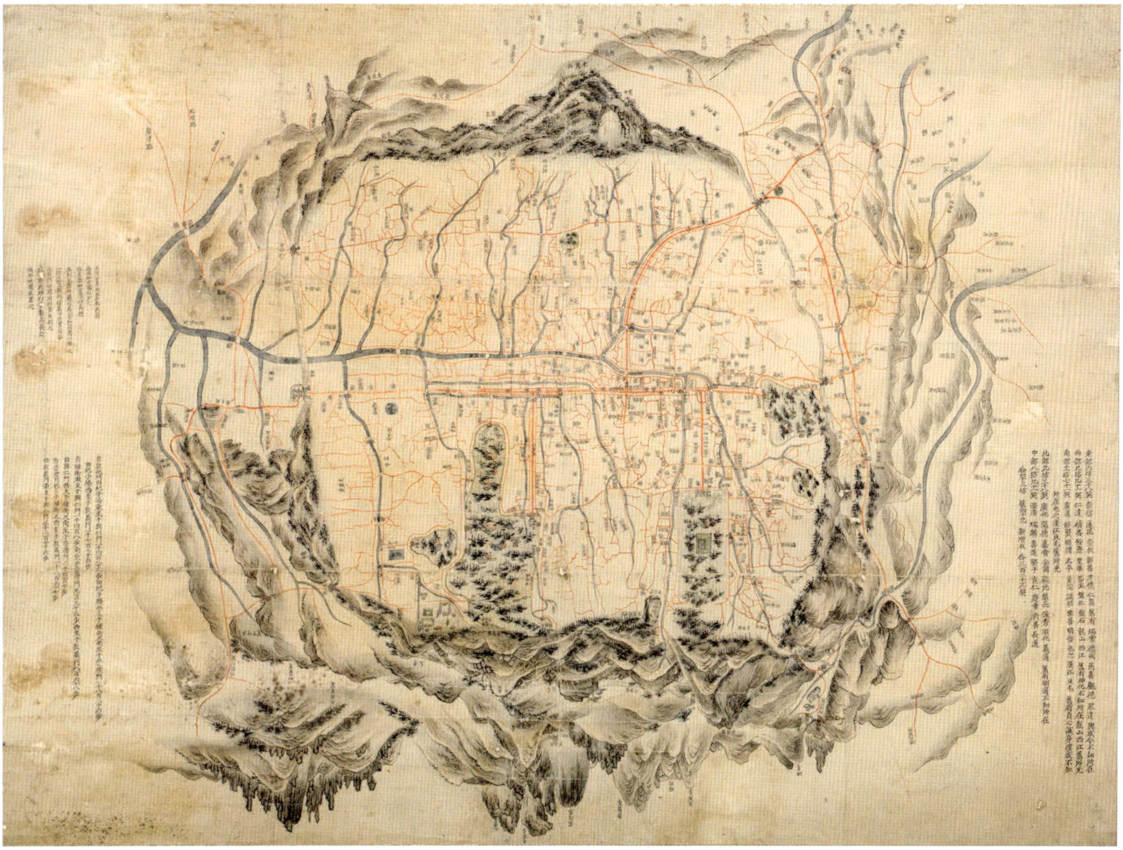

〈도성도〉

중 꼭 필요한 정보들을 보여주고 있다.

지도첩(책)에 수록된 지도와 달리 단독으로 제작된 지도는 큰 도면을 활용해 서울의 지리 정보를 보다 자세히 담고 있으며, 조선 후기 사회의 변화 속에 유통 경제의 발달과 함께 지도를 필요로 하는 사람들의 요구에 맞춰 목판본 지도가 제작되었다. 대부분의 도성 내부를 중심으로 관아, 행정 구역 명칭 등 수도 서울의 중요한 지리 정보가 표시되어 있으며, 청계천 및 그 지류의 물줄기 그리고 하천 위의 주요 다리와

도로 같은 도성의 교통 정보가 자세하게 표시되어 있다. 그리고 도성을 둘러싸고 있는 산지는 마치 한 폭의 그림처럼 아름답게 묘사되어 있는데, 가장 대표적인 지도가 바로 〈도성도〉이다.

〈도성도〉는 18세기 후반 정조 대에 단독으로 제작된 서울 지도로, 세로 약 75cm, 가로 약 98cm의 채색 필사본 지도이다. 여느 서울 지도와 달리 남산이 지도 상단에 배치되어 있고, 경복궁은 지도 우측 하단에 표시되어 있다. 이는 북쪽에 앉아 있는 왕이 남쪽을 내려다보고 있는 시점을 고려한 것으로서, 왕이 열람하기 좋도록 제작한 것이다. 동시에 도성을 둘러싸고 있는 산지를 포함하여 지도에 표현, 표시된 지리 정보는 당시 산수화에서 사용하던 회화적인 표현이 가미되어 있어 조선의 수도인 서울의 모습을 지도로 보여주는 동시에 한 폭의 아름다운 그림으로 서울을 묘사하고 있다.

두 지도에서 가장 눈에 띄는 지리 정보를 찾는다면, 도성을 둘러싸고 있는 산의 모습과 함께 이곳이 조선의 수도임을 보여주는 궁궐이다. 이 지도들에서 경복궁은 주요 건물 대신 비어 있는 모습으로 또는 나무들로 채워져 있는데, 이는 임진왜란 때 전소된 경복궁의 모습을 담고 있는 것으로, 궁궐 문 역시 남문인 광화문光化門만 대표적으로 표시되어 있다. 그리고 오늘날 청와대의 지리 정보가 조선시대에 제작된 지도에는 표시되어 있지 않지만, 현재 청와대가 위치한 지역이 조선시대에 가졌던 지리 정보와 장소성을 확인하는 것은 가능하다. 오늘날 청와대가 자리 잡고 있는 그곳은 남경南京의 이궁離宮이 위치했던 곳이자, 1426년(세종 8) 창건된 경복궁의 북문인 신무문神武門 밖 후원後苑이었던 곳으로, 조선시대에 제작된 지도에 표시된 '신무문'의 지리 정보를 통해 그 위치를 확인할 수 있다.

〈수선전도〉는 19세기 중반 제작된 목판본 서울 지도로, 지도명인 '首善'은 곧 서울을 뜻한다. 이 지도는 대략 세로 80cm, 가로 65cm 크기로, 현재 그 판목이 고려대학교 박물관에 소장되어 있으며, 한지에 인쇄된 지도는 성신여자대학교 박물관, 국립중앙박

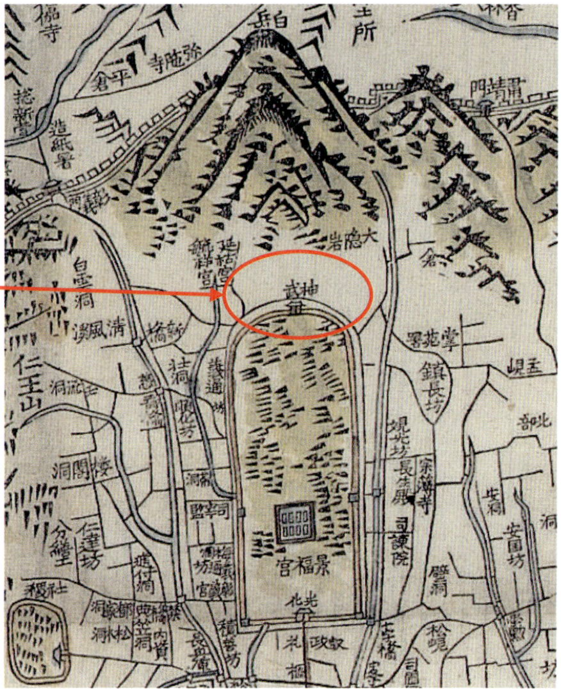

〈수선전도〉와 〈수선전도〉에 나타난 경복궁 후원 영역

물관 등 지도 관련 여러 기관에 소장되어 있다. 목판본으로 제작되었던 만큼 보다 많은 사람들이 이용했을 것으로 보이는 〈수선전도〉는 1880년대 이후 외국 선교사가 이를 모본으로 채색 필사본 한글 서울 지도를 제작하기도 했다. 바로 이 지도에 청와대의 위치를 확인할 수 있는 경복궁의 북문인 신무문이 표시되어 있고, 문밖으로부터 백악白岳 아래까지의 공간이 당시 경복궁의 후원이자 오늘날 청와대가 자리 잡고 있는 곳이다.

그렇다면 경복궁 북쪽에 위치한 후원은 어떤 곳이었을까? 후원에 대한 정보는 서울대학교 규장각한국학연구원에 소장되어 있는 〈북궐후원도형北闕後苑圖形〉를 통해 확인해볼 수 있다. 〈북궐후원도형〉은 〈북궐도형北闕圖形〉과 함께 1865년(고종 2) 흥선대원군興宣大院君이 경복궁을 중건한 후인 19세기 말에 제작된 것으로 추정되는 평면

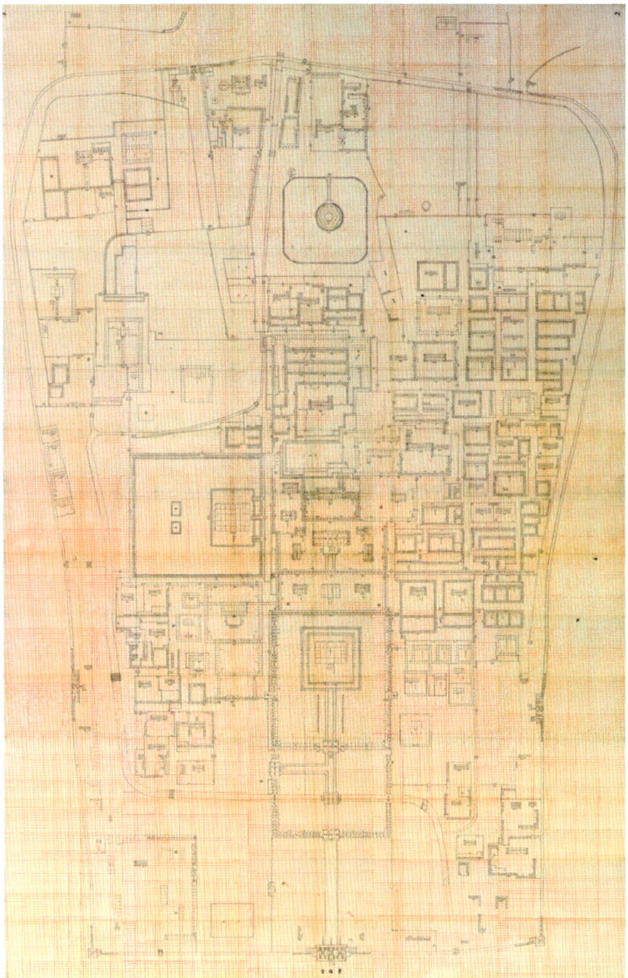

〈북궐도형〉(좌)와 〈북궐후원도형〉(우)

배치도이다. 두 도형은 각 1첩으로 제작되어 있으며, 〈북궐도형〉의 경우 펼쳤을 때 그 크기가 약 280×432cm, 〈북궐후원도형〉은 약 229.8×284cm에 이르는 대형 주제도로, 도면 전체는 1.1×1.1cm의 격자무늬 위에 그려진 필사본이다.

〈북궐도형〉은 도면 하단에 경복궁의 남문인 광화문을 시작으로 도면 상단에는 북문인 신무문까지의 모습을 담고 있다. 즉 건물 배치를 포함하여 주요 건물에는 그 명칭과 공포 형식栱包形式, 칸수[間數], 기둥의 높이와 간격 등의 정보가 함께 표기되어 있다. 그리고 신무문 북쪽 후원의 지리 정보는 〈북궐후원도형〉을 통해 확인할 수 있는데, 후원 중앙에는 융문당隆文堂이 남쪽을 향해 자리 잡고 있고, 그 남쪽으로는 융무당隆武堂이 서향으로 자리 잡고 있다. 융문당은 문과 과거 시험을 시행하거나 군대 사열, 망배례 등이 행해졌던 곳이며, 융무당은 군병들의 활쏘기 시험, 군사들을 위로하거나 포상하기 위해 술과 음식이 함께했던 호궤犒饋 포상, 훈련, 무예 시범 등을 목적으로 사용되었던 곳으로, 고종 때에는 융문당과 융무당이 있었던 곳을 경무대景武臺라 불렀다. 경무대는 1948년부터 1960년 8월까지 이승만 대통령의 명명으로 불렸던 제1공화국의 대통령관저명으로, 조선시대 후원의 모습에서 이어진 것이다. 그리고 경복궁의 남북 중심축에는 후원을 지키는 금위군의 수직소守直所인 금위군직소禁衛軍直所와 수궁守宮이 표시되어 있고, 융무당 서쪽에는 별도로 쌓은 담장의 경농재慶農齋가 표시되어 있다. 그 남쪽으로는 넓은 터에 농사를 지었던 것으로 추정되는 한 변이 기울어진 장방형의 평면이 그려져 있고, 담장 남쪽에는 화풍문和豊門이 있다. 그리고 도면의 가장 북쪽인 백악산 산줄기 아래에는 '천하제일복지天下第一福地'라는 각자刻字가 새겨진 바위가 표시되어 있으며, 바위 동쪽으로 수십 계단 위에 세워졌던 옥련정玉蓮亭에 대한 정보가 표시되어 있다. 오늘날 청와대 자리는 조선시대 많은 변화 속에 그 모습을 달리하였다. 조선 초 경복궁의 북문인 신무문 밖 이곳은 임금에게 충성을 서약하던 의식이 행해졌던 곳이자, 일반인들의 삶이 허락되지 않는 신성한 공간이었다. 그리고 임진왜란 이후 약 270년간은 인적이 드문 황량한 폐허의 공간으로, 고종 때 경복궁 중건 이후에는 경복궁의 후원으로서 융문당과 융무당을 중심으로 보다 나은 조선을 만들기 위한 온갖 일이 이루어졌던 장소였다. 이와 더불어 경농재를 중심으로 국민을 생각하는 왕의 생각이 반영된 장소였으며, 오운각을 중심으로 임금이 휴식을 취하는 장소였다.

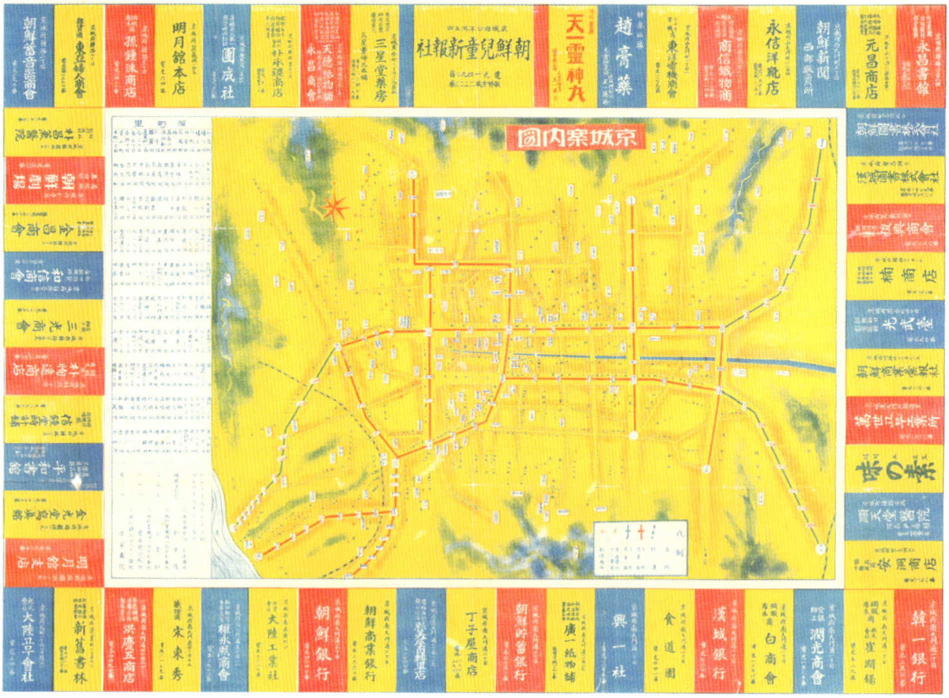

〈경성안내도〉

20세기 이후 제작된 지도 속 청와대

조선 건국 이후 1910년까지 지금의 청와대가 자리한 그곳은 시기에 따라 조금은 다른 모습과 성격을 띠었지만, 경복궁과 함께 일반인들의 출입이 엄격하게 통제되던 조선 왕실의 공간이었다. 그러나 한일강제병합 2년 후인 1912년 경복궁은 조선총독부의 소유가 되었고, 1929년 조선박람회가 경복궁과 지금의 청와대 자리에서 개최되었다.

〈경성안내도京城案內圖〉는 1929년 9월 경복궁에서 개최되었던 조선박람회와 관련하여 그 주변 상업 시설을 광고하기 위해 발행한 지도로, 조선박람회의 행사장이었던 경복궁 안에는 남쪽에 '총독부總督府' 그리고 그 북쪽에 '박람회장博覽會場'이 표기되어 있다. 지도 뒷면에는 〈조선박람회회장도朝鮮博覽會會場圖〉가 수록되어 있는데, 지도를

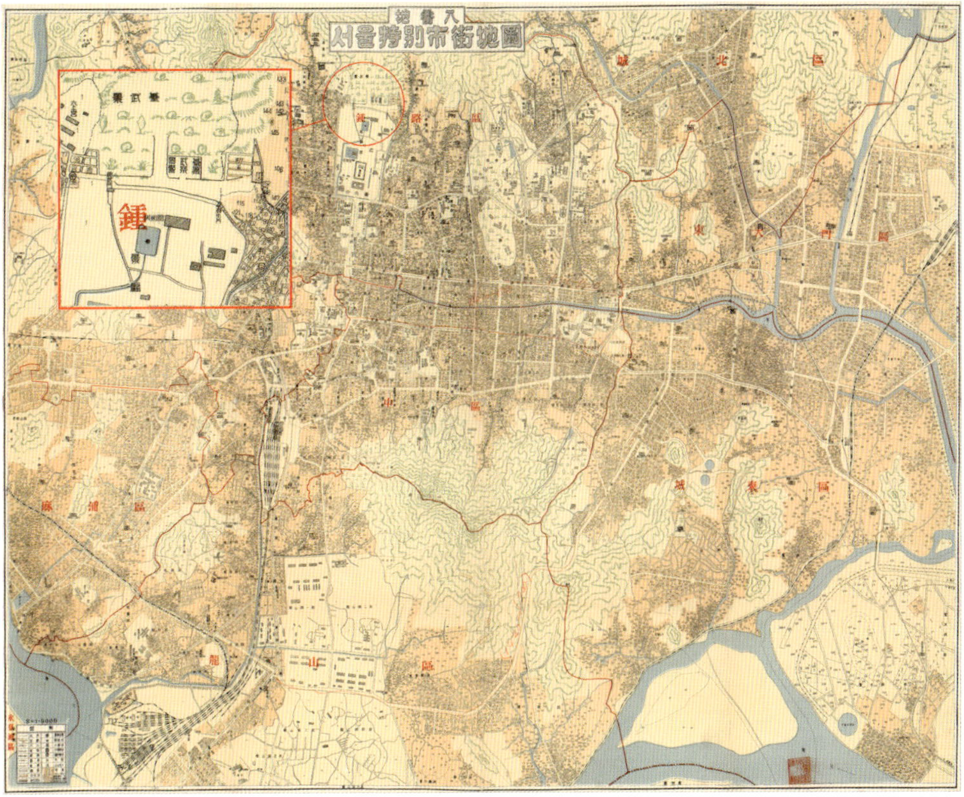

〈지번입서울특별시가지도〉

보면 경복궁의 남문이었던 광화문이 국립민속박물관 앞으로 옮겨져 정문으로 이용되고 있고, 근정전은 식장으로, 경회루는 음악당과 휴게소로 사용되었음을 알 수 있다. 그리고 경복궁의 많은 전각이 예전의 모습을 잃었는데, 이를 통해 당시 일제의 고의적인 경복궁 훼손을 짐작해볼 수 있다. 일제는 조선박람회 이후 공원으로 남아 있던 경복궁의 옛 후원 자리에 1937년부터 1939년까지 총독관저를 지었고, 이후 조선 총독의 관저가 위치하고 있던 그 부근을 경무대라 불렀다.

1948년 8월 15일 대한민국 정부가 수립된 이후 이승만 대통령 내외는 이화장에서 일제 총독관저였던 경무대로 거처를 옮겼고, '경무대'라는 명칭은 대통령관저명으로

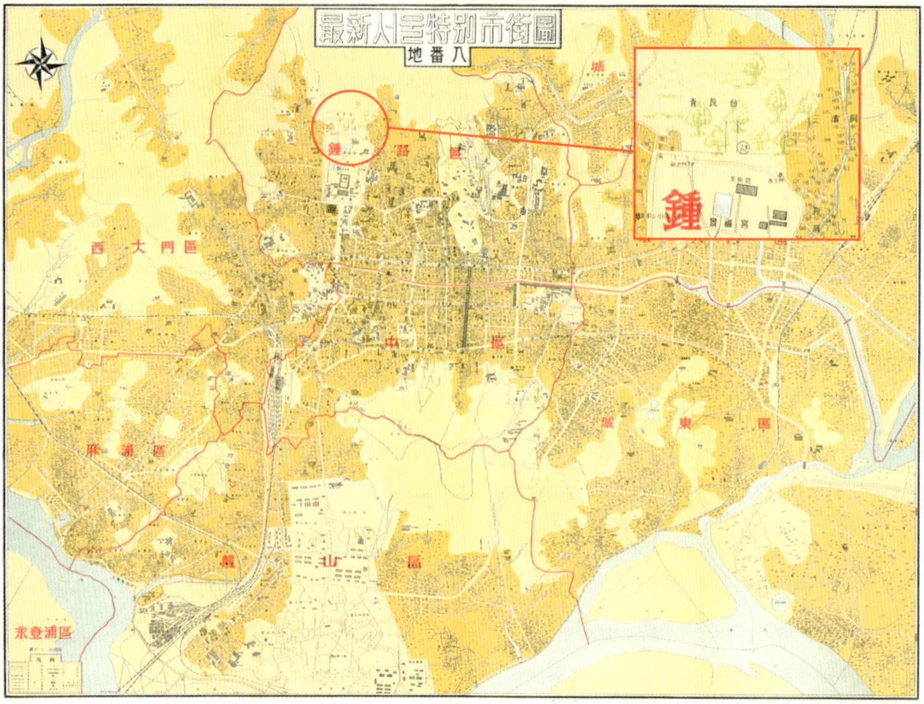

〈최신서울특별시가도〉

1960년 제4대 윤보선 대통령 시절부터 그 명칭이 '청와대'로 불렸다.

〈지번입서울특별시가지도地番入서울特別市街持圖〉는 1958년 5월 대한서림에서 인쇄·발행한 축척 1:9,000 지도 상에 서울 지역의 지번을 표기한 것이다. 조선시대의 전통적 지도 제작 방식이 아닌 삼각측량으로 한 측량 결과를 바탕으로 근대적 지도제작 방법에 의해 만들어진 지도로, 땅의 높고 낮음, 즉 지형을 표현함에 있어 등고선이 아닌 깃털 모양羽毛式으로 표현하고, 경복궁 북쪽에는 나무 모양이 그려진 것이 특징적이다. 지도에는 6·25전쟁 후 복구가 마무리된 서울의 모습이 반영되어 있으며, 경복궁 북쪽에는 '경무대景武臺'라고 표기되어 있다. 그리고 10년 후인 1968년 한공지도공업사에서 1958년에 발행된 지도를 바탕으로 간행한 〈최신서울특별시가도最新서울特別市街圖〉에는 경무대가 아닌 '청와대靑瓦台'로 표기되어 있다.

청와대란 푸른 기와집을 뜻하며, 지도에 표시된 '청와대'는 2022년 5월 9일까지 우리나라 대통령 관저로 사용되었던 바로 그곳이다. 즉 '청와대'라는 이 하나의 지명에는 대통령의 집무 공간인 본관과 외국 국빈들을 영접하거나 여러 공식 행사 등이 개최되는 영빈관, 대통령과 그 가족들이 함께 생활하는 관저, 청와대 참모들이 일하는 여민관, 대통령의 기자회견 장소와 출입 기자들의 공간인 춘추관 등 대통령 관저로서의 주요 공간들이 포함되어 있는 것이다. 그러나 이 지도를 제외하고는 1950년대와 1960년대에 제작, 발행된 지도뿐만 아니라, 그 이후 2022년 청와대가 개방되기 이전까지 제작된 대부분의 지도에서 청와대와 관련된 정보를 찾아보기는 힘들다.

〈서울〉은 국토교통부 국토지리정보원에서 2016년에 제작, 발행한 1:25,000 축척의 지도이다. 이 지도에 표시된 광화문 일대 지리 정보에는 경복궁의 주요 건물인 경회루, 근정전 등이 있고, 세종문화회관과 대한민국역사박물관 등도 표기되어 있다. 그러나 경복궁 북쪽 청와대 부분은 등고선만 그려져 있을 뿐, 청와대와 관련된 정보를 찾아보기는 힘들다. 지도에 반영되는 지리 정보는 지도를 제작하는 목적에 따라 선택되는 것이 일반적이며, 제작자에 의해 지도에서 지리 정보가 일부러 생략되는 경우도 있다. 즉 오늘날 지도를 제작하여 공개할 때 지표상의 모든 지리 정보를 제공하지는 않는다. 국가의 중요한 안보와 관련되거나 군사 기밀에 해당하는 지리 정보는 일반에 공개되지 않는데, 이는 오늘날 누구나 인터넷에 접속해서 확인할 수 있는 위성 지도에서도 마찬가지다. 2022년 청와대 공개 이전까지 청와대는 대한민국 대통령의 관저였던 만큼 청와대와 관련된 정보는 대부분의 지도에 포함되어 있지 않다. 하지만 2011년 발행된 〈서울관광지도〉 등 일부 지도에서는 '청와대' 관련 정보를 찾아 볼 수 있다.

청와대는 대한민국 수도인 서울에서 국회와 함께 정치·행정의 시작이자 중심이었던 장소이자, 대통령의 관저인 만큼 많은 사람들이 관심을 갖는 공간이었다. 지도에 반영되지 않았던 청와대는 1980년대까지 대통령 취임식을 제외하고는 일반인들에게 공개되지 않은 폐쇄적인 공간이었으나, 1988년 3월 1일을 시작으로 국가적인 기념일에

2016년 국토지리정보원에서 제작한 〈서울〉

〈서울관광지도〉 전체 모습(위)과 청와대 부근 확대(아래)

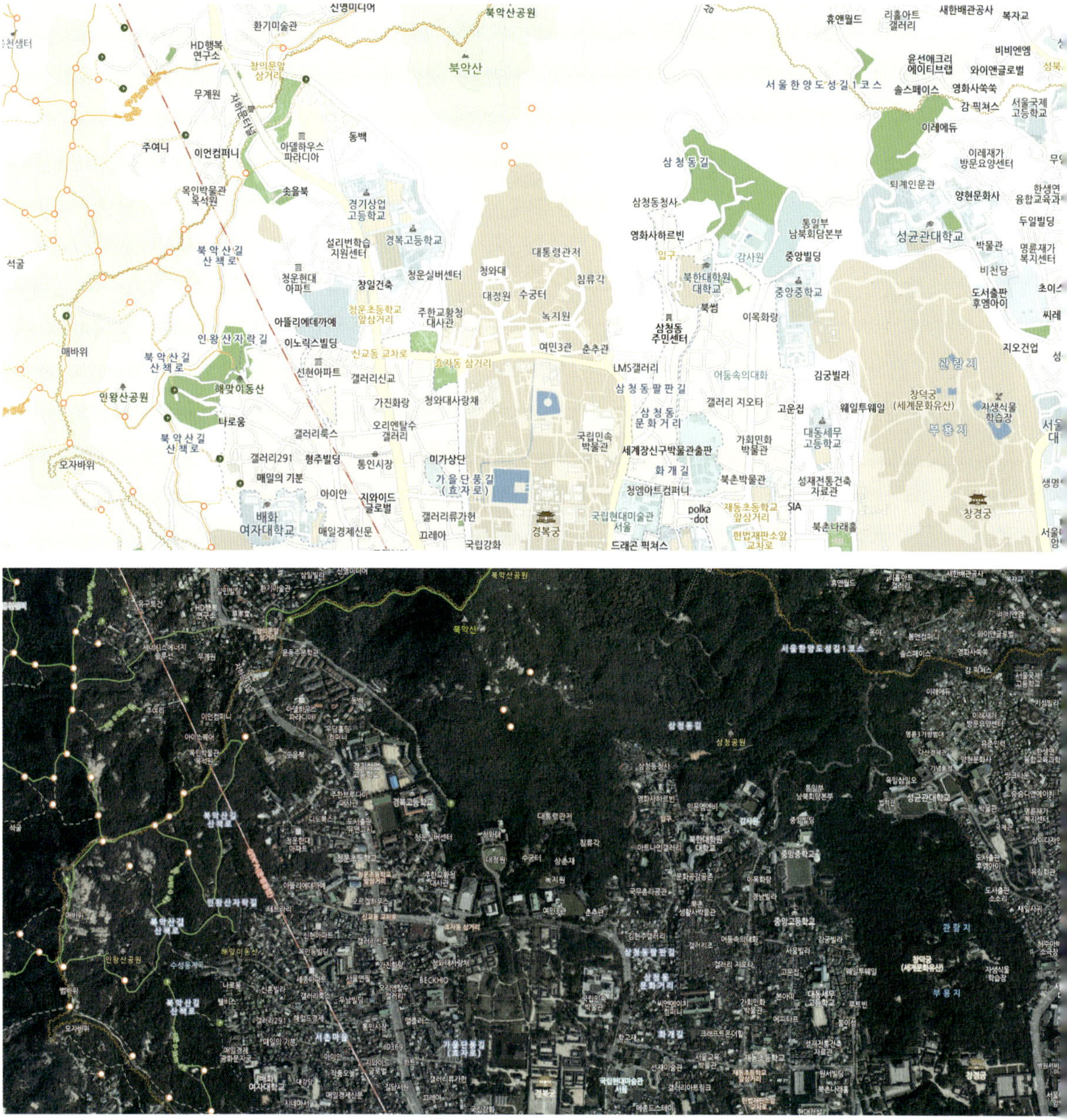

청와대 일대 2D 지도(위)와 3D 지도(아래)

일반인을 초청하는 행사가 개최되었다. 그리고 1993년 1·21사태 이후 설치되었던 청와대 앞 바리케이드가 철거되면서 청와대 앞길이 전면 개방되었고, 일반인들의 인왕산 등산로 출입이 가능해졌다. 1998년 개인 및 외국인도 청와대 경내 관람이 가능해졌고, 2006년 9월에는 1·21사태로 민간인 출입이 통제되었던 경복궁의 북문인 신무문이 38년 만에 개방, 2007년 4월에는 청와대 뒤 북한산 등산로 역시 누구나 갈 수 있는 공간이 되었다. 이와 같은 변화는 2011년 발행된 〈서울관광지도〉에서 확인할 수 있다. 서울을 소개하고, 서울의 주요 관광 정보를 담고 있는 이 지도에는 경복궁 북쪽으로 청와대 앞길과 청와대 그리고 청와대 사랑채가 표시되어 있다. 한글과 영어가 병기된 이 관광 지도에는 청와대를 'Blue House'라고 표기하고 있다.

2022년 5월 10일 청와대가 전면 개방되면서, 지금은 누구나 자유롭게 청와대 경내 곳곳을 둘러볼 수 있으며, 지도에서도 이전 보안 지역으로 분류되었던 청와대 건물뿐 아니라 주변 지역에 대한 지리 정보를 확인할 수 있다. 청와대 지도 서비스는 국토지리정보원에서 항공 영상과 1:1,000 축척의 전자 지도를 공개, 제공하고 있으며, 그 외에도 다양한 지도를 서비스하고 있는 사이트를 통해 청와대의 모습을 찾아볼 수 있다.

청와대 안 지도

과거에서부터 오늘날에 이르기까지 제작된 지도에 표기된 '청와대'에는 위치 정보 이외에도 지도를 제작할 당시 사람들이 인식하고 있던 장소성까지 포함하고 있다. 장소성이란 한 문화의 물리적·사회적·미학적·정신적 요소들이 장소라는 물리적 공간에서 서로 잘 적응할 때 만들어진다. 이런 의미에서, 각 시기에 제작된 지도에 반영된 '청와대'라는 지리 정보에는 지도가 제작될 당시 사람들이 가지고 있던 장소성이 반영되어 있다. 이와 동시에 '청와대'라는 장소 안에서 이루어지는 건축, 예술, 문화,

철학 등의 활동이 집적되어 '청와대' 고유의 장소성이 만들어진다. 따라서 청와대 본관의 한 부분을 차지하고 있는 지도 역시 청와대 고유의 장소성을 만드는 중요한 요소이다.

장소성의 의미를 파악할 수 있는 좋은 사례 중 하나가 미국 의회도서관에 걸려 있는 발트제뮐러Martin Waldseemüller가 1507년에 제작한 세계 지도이다. 이 지도는 2003년 미국 의회도서관이 1,000만 달러에 이 한 장의 지도를 구입하여 토머스 제퍼슨 빌딩에 전시하였다. 목판본으로 제작된 이 지도는 총 12장으로 구성되어 있으며, 이 지도를 연결하면 가로 244cm, 세로 134cm의 크기의 대형 세계 지도가 된다. 이 지도는 세계 최초의 벽걸이용 지도로 당시에는 널리 판매되기도 했지만, 현재는 미국 의회도서관에 남아 있는 것이 유일본이다. 발트제뮐러는 아메리고 베스푸치Amerigo Vespucci의 신대륙 탐험에 대한 내용을 바탕으로 1507년 세계 지도를 제작하였고, 이 지도에 그의 이름을 기념하여 아메리고의 여성형인 '아메리카'라는 지명을 세계 최초로 사용하였다. 물론 이후 아메리카 대륙을 탐험한 사람이 아메리고 베스푸치가 아닌 크리스토퍼 콜럼버스Cristoforo Colombo라는 사실을 알게 되어 1513년부터 제작한 지도에 신대륙의 지명을 수정하려고도 했지만 이미 유럽 전역에서 이 대륙의 지명을 '아메리카'로 인식하고 있었고, 이후 지명의 변화 없이 지금까지도 그렇게 불리고 있다. 이 지도는 지도학적으로도 '프톨레마이오스의 전통과 아메리고 베스푸치의 발견에 근거한 세계 전도Universalis cosmographia secundum Ptholomaei traditionem et Americi Vespucii aliorumque Lustrationes'로 중요성을 인정받아 2005년 유네스코 세계기록유산에 등재되었다. 그리고 오늘날 미국 의회도서관 지도실 입구에 그 사본이 전시되어 있는데, 미국에서는 '아메리카'라는 지명이 들어간 최초의 지도라는 점에 매우 큰 의미를 부여한다는 것을 알 수 있다. 이처럼 지도에 표기되는 지명은 사람의 이름과도 같은 것으로, 이는 대륙이 되기도 하고 국가가 되기도 하고 도시가 되기도 한다. 그것은 마치 사람의 모습과 특징을 그린 초상화와 비슷한 것으로, 지도를 통해 국가 또는

청와대 본관에 전시된 〈금수강산도〉

지역의 정체성과 함께 장소성을 표현하기도 한다. 그리고 이런 이유로 각 국가는 자국 중심의 지도를 제작하는 것이며, 조선시대에 제작된 많은 지도 가운데 1402년에 제작된 세계 지도인 〈혼일강리역대국도지도混一疆理歷代國都之圖〉와 현존하는 조선시대 지도 가운데 유일하게 국보로 지정되어 있는 조선 전도인 〈조선방역지도朝鮮方域之圖〉(1557~1558년 제작 추정) 또한 이런 면에서 중요한 의미를 담고 있다.

그렇다면 청와대에는 어떤 지도가 있을까? 청와대가 개방되기 이전 각종 매스컴을 통해 가장 많이 공개된 장소 중 하나가 바로 대통령의 집무 공간인 본관으로, 본관 정문을 통해 들어설 때 연결되는 로비와 본관 계단이 아닐까 싶다. 그리고 그 벽면에

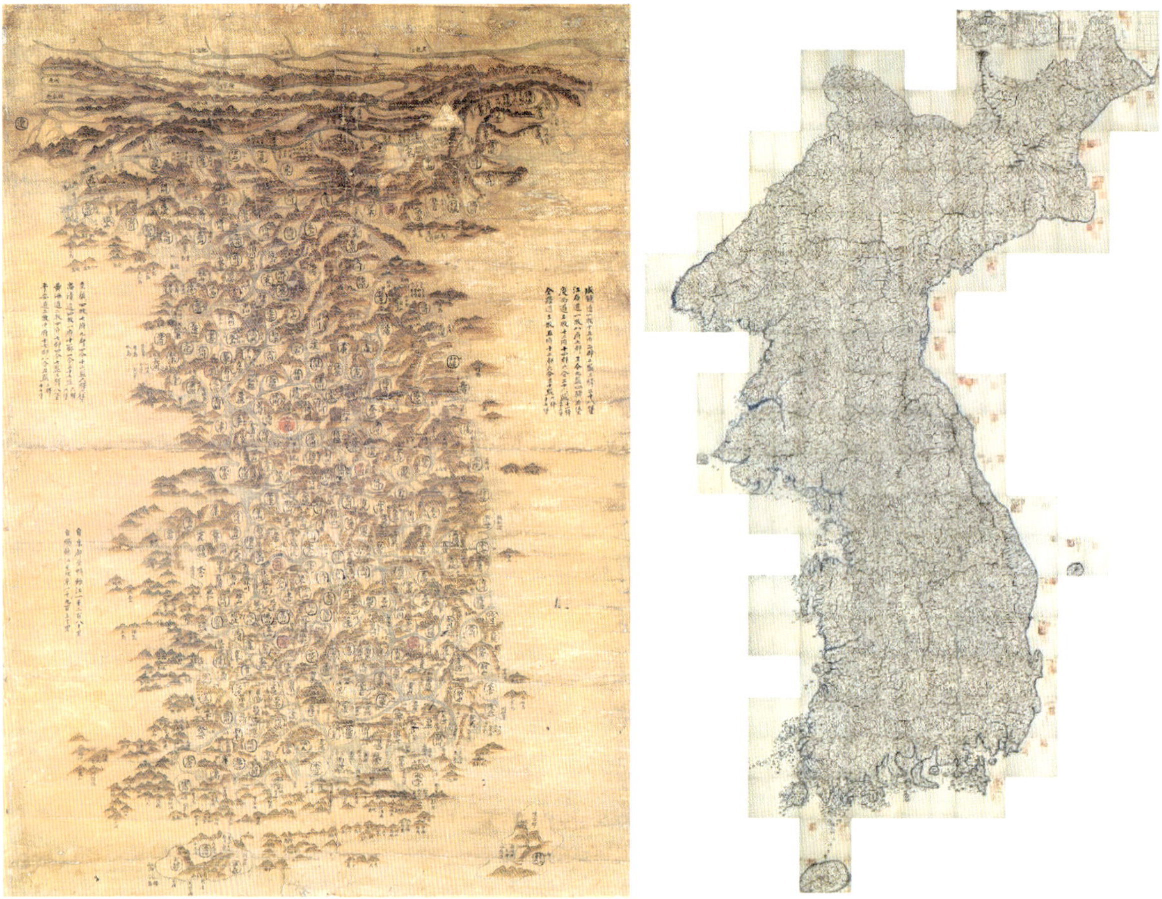

산줄기 표현을 볼 수 있는 《팔도총도八道總圖》(좌)와 《대동여지도》(우)

세로 1,146cm, 가로 533cm 크기의 대형 지도인 〈금수강산도〉가 전시되어 있다.

〈금수강산도〉는 1991년 청와대 본관 건립에 맞춰 한지에 채색하여 제작된 한반도 지도로, 조선시대의 〈조선전도朝鮮全圖〉를 연상케 한다. 〈조선전도〉는 우리 국토를 표현하고 상징하는 지도이자, 한국을 대표하는 지도이다. 그리고 지도에 반영된 지리 정보와 표현 방법에는 선조들이 인식하고 있던 국토관과 자연과 지리 인식 체계

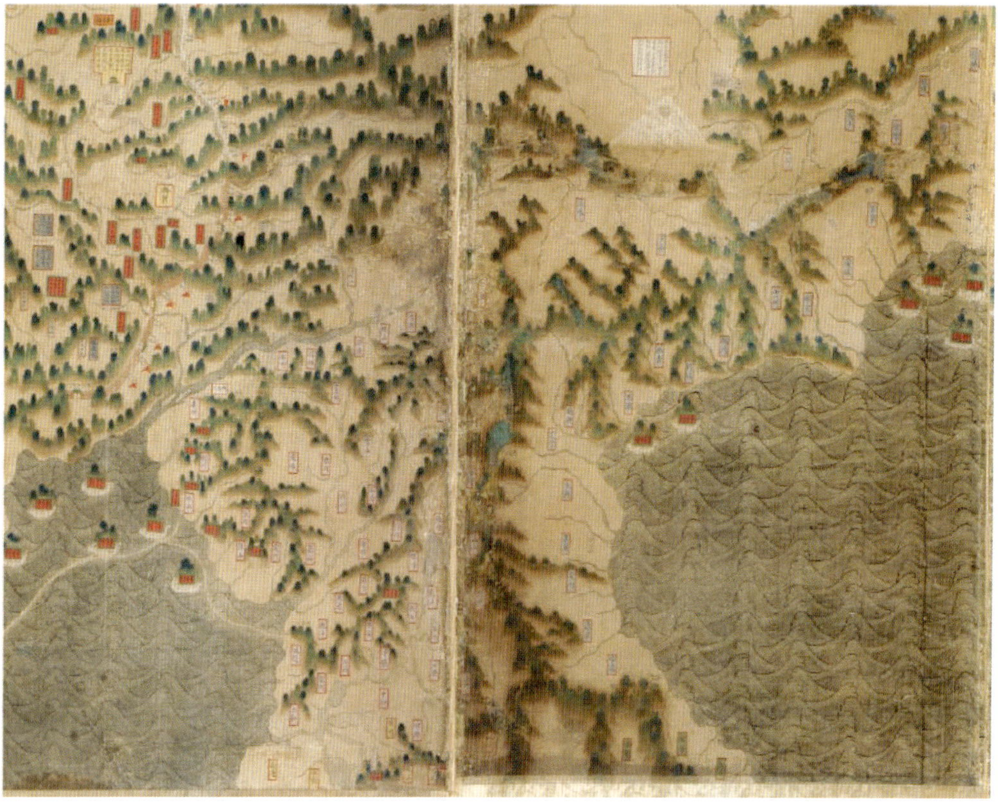

〈금수강산도〉의 파도 무늬와 유사한 《요계관방지도》의 파도 무늬

등이 고스란히 담겨 있다. 〈금수강산도〉에서 가장 눈에 띄는 표현 중 하나는 바로 백두산에서부터 연결된 산줄기가 아닐까 싶다. 독립된 산의 모습이 아닌, 마치 하나로 연결된 듯 보이는 산줄기는 전통적 자연관과 지형 인식을 반영함과 동시에 그 굵기를 달리 하여 산의 크기와 높이를 가늠할 수 있도록 하였다. 이와 같은 표현은 한반도의 북쪽 지역이 압축된 모습으로 그려진 조선 전기 유형의 전도부터 1861년 김정호가 제작한 목판본 지도인 《대동여지도大東輿地圖》에서도 찾아볼 수 있다.

〈금수강산도〉에서 눈에 띄는 또 하나의 특징은 파도 무늬라고 생각된다. 마치 두

청와대 본관 천장에 새겨져 있는 〈천상열차분야지도〉의 모습

손을 맞잡고 있는 듯한 파도 무늬는 보물로 지정된 《요계관방지도遼薊關防地圖》와 비슷하게 표현되어 있다. 《요계관방지도》는 요동에서 북경 지방까지의 군사 지리 정보를 바탕으로 제작된 지도로, 1706년(숙종 32)에 이이명李頤命이 비단에 그린 채색 필사본이다. 그 크기가 가로 600cm, 세로 135cm의 10첩 병풍으로 제작된 만큼 18세기 초 청나라와의 국경 문제와 만주 일대의 지역 정세를 보여주는 지도인 동시에 18세기 이후 제작되는 다양한 형태의 군사·관방 지도의 효시라는 점에서 역사적 가치가 높다.

이처럼 〈금수강산도〉는 청와대 본관이 건립된 1991년, 조선시대 지도 제작자가 아닌 현대 작가에 의해 제작되었지만, 한반도의 전체 모습을 보여주는 전도로 조선시대 전통적 제작 기법을 바탕으로 제작된 지도의 특징적인 요소를 반영하고 있다. 동시에 독도를 포함한 한반도의 지형을 표현함으로써 과거의 역사와 오늘의 현재를 연결해주고 있다. 그리고 이 지도가 청와대 본관 계단 위에 전시되어 있음은 우리나라의 아름다운 모습을 보여줌과 동시에, 현재 우리나라의 표상이자 역사를 투영해주는 거울로서의 청와대의 역할까지 담기 위한 것이라는 생각이 든다.

청와대 본관 〈금수강산도〉가 전시되어 있는 벽면에서 시선을 조금 위로 옮겨보면, 천장에는 하늘의 별자리를 지도로 제작한 〈천상열차분야지도天象列次分野之圖〉가 새겨져 있다.

천天·지地·인人을 일컫는 삼재三才는 중국 고대 사상에서 우주를 구성하는 세 가지의 근원이며, 하늘과 땅의 이치인 천문과 지리는 우주를 이해하기 위한 근본적인 요소이다. 이런 의미에서 청와대 본관을 건립하면서 우리나라 전도인 〈금수강산도〉와 함께 천문도의 일부분을 천장에 배치한 것은 국민을 위한 정치와 행정이 이뤄지는 중심 공간에 우리나라의 하늘과 땅의 모습과 그 이치를 담고자 하는 생각이 반영된 것이라고 본다. 농사를 짓고 정착 생활을 시작하던 그때부터 하늘과 땅은 인간의 삶에 매우 중요한 부분을 차지했다. 그런 만큼 우리 조상들은 하늘과 별자리에 관심을 가졌으며, 이는 삼국시대 이전부터 전해지는 기록과 유물들을 통해 확인할 수 있다. 별자리로 보이는 작은 홈들은 청동기시대의 고인돌에서 찾아볼 수 있고, 고구려 때부터 한반도에서 볼 수 있는 전체 하늘의

천상열차분야지도 각석

별자리에 대한 관심을 지도로 제작하였는데, 가장 대표적인 천문도가 석각으로 제작한 〈천상열차분야지도〉이다. 그리고 이는 고려, 조선으로 이어졌다. 조선 초기의 학자 양촌 권근權近의 문집인 《천문도시天文圖詩》에 의하면, 조선 건국 직후인 1395년(태조 4)에 고구려의 천문도를 기초로 석각에 이를 다시 새겼다고 한다. 그리고 이 돌에 새긴 천문도가 바로 국보로 지정된 '천상열차분야지도 석각'으로 국립고궁박물관에 소장되어 있다.

현재 천상열차분야지도 각석은 두 개가 전해지고 있는데, 하나는 1395년에 제작된 것이고, 다른 하나는 1687년(숙종 13)에 제작된 석각 천문도이다. 약 300년 만에 새로운 석각 천문도를 제작한 이유는 태조 대에 만든 석각 천문도의 마모가 심해 판독이 어려웠기 때문이다. 그 밖에도 같은 내용의 목판본이 제작되기도 했다. 이처럼 다양한 형태로 천문도가 제작되었다는 사실을 통해 당시 천문도의 수요가 많았음을 짐작할 수 있다. 현재 전해지는 대부분의 〈천상열차분야지도〉는 조선 후기에 제작된 목판본으로, 숙종 대의 석각본과 내용 및 구성이 동일하다. 지도는 성도星圖와 관측 기사로 구성되어 있으며, 성도는 원형의 중심에 북극이 위치해 있고, 하늘의 적도와 황도, 은하수 그리고 1,464개의 별을 그린 290개의 별자리가 표시되어 있다. 지도 상단에는 하늘의 12차에 대응되는 지상의 12분야와 각 별자리의 도수에 대한 기록과 해와 달에 대한 내용이, 그리고 하단에는 중국의 전통적인 우주관, 28개 별자리와 이를 대표하는 별들의 위치 및 천문도의 제작 내력과 의의, 천문도 제작에 참여한 관원의 이름과 직위, 제작 연월일 등이 기록되어 있다.

천문도는 원래 황제나 왕의 고유한 영역으로 간주되었다. 그런데 천문도 중 하나인 〈천상열차분야지도〉가 천상열차분야지도 각석 이외에도 목판본이나 필사본과 같은 다양한 형태로 제작되어 전해지고 있는 이유는 무엇일까? 이는 아마도 천문도가 하늘의 별자리 지도일 뿐만 아니라, 농경이 주산업이었던 그 당시에 무엇보다 중요한 계절(시기)과 기상 변화를 관측하기 위한 도구였기 때문일 것이다. 즉 백성들 대부분이

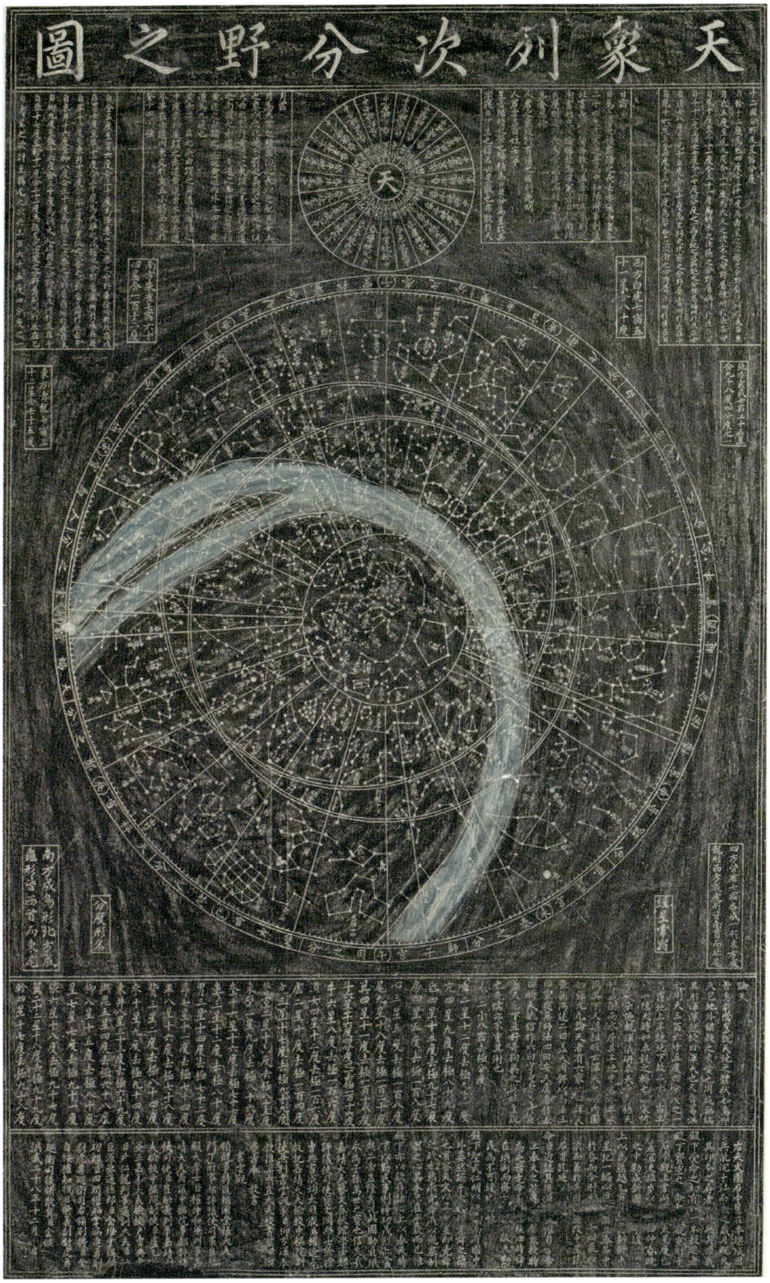

〈천상열차분야지도〉

농사를 짓던 그 시기에 천문도는 생존을 위한 수단이자 보다 풍요로운 삶을 향한 선물이기도 하였다. 지금은 농경 사회에서 산업·정보화 사회로 변화, 발전하였지만 청와대 본관 천장에 천문도가 새겨진 이유는 과거 백성들의 삶을 위한 노력의 결과로 제작된 천문도와 비슷하지 않았을까 생각한다.

지도 속 청와대 그리고 청와대가 그려나갈 지도……

지도에 표현된 공간은 지리 정보뿐만 아니라 그 시대의 문화, 역사, 철학 등이 투영된 장소성을 지닌다는 점에서, 지금까지 제작된 지도에 표현된 청와대가 갖는 의미를 파악하는 것은 앞으로 이 공간에 국민 모두가 장소성을 함께 만들어가기 위해 매우 중요한 일이다. 조선 건국 이후 1910년까지 지금의 청와대가 자리한 지역은 시기에 따라 차이는 있지만, 대체로 일반인들의 출입이 엄격하게 통제된 조선 왕실의 공간이었다. 조선 초기 경복궁의 북문인 신무문 밖은 임금에게 충성을 서약하던 의식이 행해졌던 곳이었으나, 임진왜란 이후 약 270년간은 인적이 드물고 황량한 폐허의 공간으로 전락했다. 고종 때 경복궁이 중건된 후에는 경복궁의 후원이자 융문당과 융무당을 중심으로 한 업무 공간으로 기능하였고, 경농재를 중심으로 국민을 생각하는 왕의 생각이 반영된 장소이자 오운각을 중심으로 임금이 휴식을 취하는 장소로 활용되었다. 이러한 내용들은 조선시대에 제작된 지도를 통해 확인할 수 있다.

18세기 중반에 제작된 《해동지도》, 18세기 후반 단독으로 제작된 〈도성도〉 등의 조선시대 지도를 통해 우리는 당시 서울의 모습을 그려볼 수 있음과 동시에, 청와대 등 오늘날 주요 장소에 대한 위치 정보를 확인할 수 있다. 지도에 경복궁이 표시되어 있어 청와대의 위치는 조선시대에 제작된 지도에서 쉽게 찾을 수 있다. 다만, 두 지도에서 경복궁의 모습은 주요 건물이 없고 비어 있거나 나무만으로 채워져 있는 것을 볼 수 있다. 이는 임진왜란 때 전소된 경복궁의 모습이며, 궁궐의 문 역시 남문인 광화문만 대표적으로 표시되어 있다. 19세기 중반 제작된 목판본 서울 지도인 〈수선전도〉에 표시된 신무문의 지리 정보를 통해서도 오늘날 청와대가 위치한 지역이 1426년(세종 8) 창건된 경복궁의 북문인 신무문 밖 후원이었던 곳임을 확인할 수 있다. 〈수선전도〉에는 경복궁의 북문인 신무문이 표시되어 있으며, 문밖으로부터 백악 아래까지의 공간이 당시 경복궁의 후원이자 오늘날 청와대가 자리 잡고 있는 곳이다. 서울대학교 규장각한국학연구원이 소장하고 있는 〈북궐후원도형〉에는 후원에 대한 정보가 상세히 수록되어 있다. 이 지도에는 후원 중앙에 융문당이 남향으로 자리 잡고 있고, 그 남쪽으로는 융무당이 서향으로 자리 잡고 있다. 융문당은 문과 과거시험을 시행하거나 군대 사열, 망배례 등이 행해졌던 곳이며, 융무당은 군병들의 활쏘기 시험, 호궤 포상, 훈련, 무예 시범 등을 목적으로 사용되었던 곳으로, 고종 때에는 융문당과 융무당이 있던 곳을 경무대라 불렀다.

한일강제병합 이후에는 다른 기능이 강제로 부여되었는데, 1912년 경복궁이 조선총독부의 소유가 되었고, 1929년 조선박람회가 경복궁과 지금의 청와대 자리에서 개최되었다. 1929년에 제작된 《경성안내도》 뒷면에는 〈조선박람회회장도〉가 수록되어 있는데, 지도를 보면 국립민속박물관 앞으로 옮겨진 광화문이 정문으로, 근정전은 식장으로, 경회루는 음악당과 휴게소로 사용되었음을 알 수 있다. 경복궁의 많은 전각이 헐려 있는데, 당시 일제가 경복궁을 고의적으로 훼손한 것을 보여준다.

1948년 8월 15일 대한민국 정부가 수립된 이후 이승만 대통령 내외는 이화장에서 일제 총독관저였던 경무대로 거처를 옮겼다. 경무대라는 명칭은 조선시대 후원의 모습에서 이어진 것으로서, 1948년부터 1960년 8월까지 대통령 관저를 뜻하는 이름으로 사용되었다. 1958년에 발행된 《지번입서울특별시가지도》는 6·25전쟁 후 복구가 마무리된 서울의 모습이 반영되어 있으며, 경복궁 북쪽에는 '경무대'라고 표기되어 있음을 확인할 수 있다. 제4대 윤보선 대통령이 재임하던 1960년에는 '경무대'라는 명칭이 '청와대'로 바뀌었다. 1968년에 간행된 《지번입서울특별시가지도》에는 경무대라는 명칭이 '청와대'로 표기되어 있다. 2022년 5월 9일 대통령실이 용산으로 이전하기 전까지 청와대는 대한민국 대통령의 집무 공간이자 관저로 사용되었기 때문에 대부분 지도에서 청와대와 관련된 상세한 정보를 얻을 수 없다. 예를 들어 국토지리정보원에서 2016년에 제작한 지도인 〈서울〉에는 경복궁의 주요 건물인 경회루, 근정전 등과 세종문화회관, 대한민국역사박물관 등을 볼 수 있지만, 경복궁 북쪽 청와대 부분은 등고선만 그려져 있을 뿐, 청와대와 관련된 정보는 찾아보기 힘들다.

1988년부터 청와대에 일반인을 초청하는 행사가 많아지고, 청와대 앞길 개방, 인왕산 등산로 출입 허용, 신무문 개방, 북악산 등산로 개방 등의 변화를 거치면서 청와대는 국민들에게 보다 친숙한 공간이 되었다. 이러한 변화는 지도에도 반영되었는데, 2011년 발행된 〈서울관광지도〉에는 경복궁 북쪽으로 청와대 앞길과 청와대 그리고 청와대 사랑채가 표시되어 있으며, 'Blue House'라는 영문 표기도 확인할 수 있다.

각 시기별로 제작된 지도가 청와대라는 공간의 장소성을 반영하는 동시에, 청와대 본관의 한 부분을 차지하고 있는 지도가 청와대 고유의 장소성을 만들기도 한다. 그 이유는 어떤 공간에서 이루어지는 건축, 예술, 문화, 철학 등의 활동이 그 공간 고유의 장소성을 만드는 중요한 요소이기 때문이다. 청와대 본관의 정문을 통해 들어설 때 연결되는 로비와 본관 계단 벽면에는 세로 1,146cm, 가로 533cm 크기의 〈금수강산도〉가 전시되어 있다. 〈금수강산도〉는 독도를 포함한 한반도의 지형을 아름답게 표현하고 있으며, 백두산에서부터 하나로 연결된 것처럼 보이는 산줄기 표현에는 전통적 자연관과 지형 인식이 반영되어 있다. 또한 이 지도는 조선시대 지도의 특징적인 요소를 반영하여 과거와 오늘을 연결해주고 있으며, 현재 우리나라의 표상이자 역사를 투영해주는 거울로서의 청와대의 역할까지 담고자 했다.

〈금수강산도〉 옆 천장에는 하늘의 별자리를 지도로 제작한 〈천상열차분야지도〉가 있다. 농경 사회에서 천문도는 하늘의 별자리 지도일 뿐만 아니라, 농사에 중요한 계절과 기상 변화를 관측하기 위한 도구이자, 보다 풍요로운 삶을 향한 선물이었다. 이를 청와대 본관 천장에 배치한 이유는 정치와 행정이 이뤄지는 중심 공간에 우리나라 하늘의 모습을 표현함은 물론, 백성들의 삶을 돌보는 마음을 담아내기 위함이라 짐작된다. 청와대 본관에 있는 〈금수강산도〉와 〈천상열차분야지도〉가 상징하는 것처럼, 온 국민이 함께하는 공간이 된 청와대에 어떤 의미를 부여할 것인가는 우리에게 남겨진 중요한 선물이자 과제이다.

제10강

청와대에 남아 있는 문화유산들

문화유산으로서 청와대의 장소성

지금까지 청와대의 주인인 문화유산

지금은 사라진 문화유산

청와대로 들어온 문화유산

글을 마치며-미래 문화유산으로서 청와대의 장소성

제10강

청와대에 남아 있는 문화유산들

박명호 서울역사편찬원 시사편찬과장

문화유산으로서 청와대의 장소성

문화유산은 그 장소의 역사와 문화의 성격을 그대로 보여주는 자산이다. 이 글에서 청와대의 문화유산을 살펴보고자 하는 것도 그러한 의도가 있다. 국가 권력의 핵심 장소인 청와대에는 어떤 문화유산이 있었고, 또 있으며, 앞으로는 어떤 문화유산이 남아 있을까?

문화유산이라는 개념은 상당히 넓은 의미를 가지는 용어이다. 글자 그대로 '남겨진 생산물'인 '유산遺産'은 문화적으로 가치 있는 유적, 유물뿐만 아니라 유무형의 다양한 소재와 지역을 포괄하는 개념이다. 2022년 5월 10일, 국민에게 전면 개방된 청와대는 다양한 유무형의 문화유산을 품고 있다. 그도 그럴 것이, 청와대 자리는 조선 왕조의 정궁인 경복궁을 고종이 중건한 이후 궁의 후원後苑 자리이기 때문이다. 더 거슬러 올라가면 고려시대 남경의 궁궐이 있던 자리이기도 하다. 이러한 역사적 사실이 청와대에 많은 문화유산을 남겨놓은 이유이다.

그렇다고 대단한 문화유산이 남아 있는 것은 아니다. 그럼에도 불구하고 청와대의 문화유산에 대한 글을 쓰고자 하는 것은 청와대 자리와 장소의 역사성을 드러내기에 더없이 좋기 때문이다. 단지 고단한 근대와 현대를 거치면서 국가 권력의 중심 지역이라는 상징성이 강하다 보니 청와대가 원래 어떤 곳인지를 인식하지 못했을 뿐이다. 문화유산을 하나하나 살피다 보면 청와대 지역이 갖는 역사성과 장소성을 조금이나마 느낄 수 있으리라 생각한다. 이것이 이 글의 목적이다.

이를 위해 문화유산을 네 가지 정도로 나누어보았다. 첫 번째는 아직도 당당하게 청와대의 주인으로 남아 있는 문화유산들이다. 아마도 국가 권력의 기립과 영광 그리고 오멸이 교차하는 숱한 나날을 오롯이 지켜보았으리라 생각한다.

그다음은 사라진 문화유산들이다. 대부분 일제강점기에 없어졌는데, 청와대의 장소성과 역사성을 여지없이 보여주는 문화유산들이다. 다행히 몇몇 문화유산은 다른 곳에 남아 있다고 한다. 가장 안타까운 문화유산들인데, 기회가 된다면 제자리를 찾아주는 것도 후손들의 할 일이라 생각한다.

세 번째는 청와대로 들어온 문화유산이다. 어찌 보면 기구하다고 할 수도 있는데, 머나먼 타지에서 욕심에 눈먼 권력자 때문에 이곳 서울까지 올라왔다. 이 역시 기회가 된다면 고향으로 돌려보내는 것이 인지상정이라 생각한다.

마지막은 청와대에 있는 미래의 문화유산들이다. 비록 아직은 문화유산으로서의 가치와 성격이 불분명하다 할 수 있지만, 아마도 청와대가 가지고 있는 장소성을 고려할 때 훗날 문화유산으로서의 값어치가 충분한 것들이라 생각한다. 이는 청와대가 국민들에게 개방되면서 지금 청와대 지역에 존재하는 건물들의 활용과 보존 논의가 활발해질 텐데, 이 과정에서 현존 건물들에 대하여 혹여 소멸이나 변형 등 생각지 못한 방향으로 논의가 나아갈 수도 있다는 우려 때문에 미래의 문화유산이라고 표현하였다. 청와대 지역이 차후 어떤 식으로 활용 또는 보존될지 아직은 알 수 없지만 20세기 대한민국의 근현대사가 철저히 투영된 곳임을 잊어서는 안 될 것이다.

지금까지 청와대의 주인인 문화유산

지금의 청와대가 자리한 지역은 역사적으로 고려시대부터 그 흔적을 알 수 있다. 고려의 수도는 개경이었지만 서울은 3경三京의 하나인 남경南京으로서 그 중요성을 인정받았다. 청와대 지역이 주목받기 시작한 시기는 11세기인 숙종 때이다. 숙종은 남경으로 천도하고자 궁궐을 지었는데, 그곳이 지금의 청와대 자리이다. 《고려사》를 보면 연흥전, 천수전 등의 건물 명칭도 나오지만 현재 그 흔적을 전혀 확인할 수가 없어 아쉽다.

다만 2022년 청와대 개방 이후 문화재청의 청와대 지역 기초 조사 때의 지표 조사 결과에 따르면, 일부 유물 산포지에서 고려시대 기와 파편 등을 확인할 수 있었다. 따라서 차후에 청와대 지역을 정밀하게 발굴할 기회가 생긴다면 고려 왕궁의 흔적을 확인할 가능성이 상당히 높다 할 수 있다.

조선시대 청와대 지역은 경복궁의 북문인 신무문 밖으로 회맹會盟을 실시하던 곳이었다. 즉 궁궐 지역이 아니었다. 임진왜란 때 경복궁이 화재로 폐허가 된 이후로는 더욱더 황량한 지역이 되었다. 그러나 1770년(영조 45) 무렵에 제작된 〈한양도성도〉를 보면 육상궁毓祥宮, 연호궁延祜宮, 회맹단會盟壇이, 1780년(정조 4) 무렵에 제작된 〈도성지도〉를 보면 육상궁이 존재하였음을 확인할 수 있다.

고종 때 경복궁이 중건되면서 청와대 지역은 경복궁 북문인 신무문 밖의 후원이 된다. 경복궁 영역으로 들어오게 된 것이다. 후원은 북원北苑이라고도 하였다. 이때부터 건물들이 들어서기 시작한다. 고종 때 발간된 《궁궐지》와 20세기 초에 제작된 것으로 짐작되는 〈북궐도형北闕圖形〉(서울대 규장각한국학연구원과 국립문화재연구원 소장본이 있는데, 이 글에 사용한 것은 국립문화재연구원 소장본)을 보면 건물의 수와 규모 그리고 배치 형태를 파악할 수 있다.

본격적인 청와대 지역의 파괴는 일제강점기에 이르러서이다. 1915년 경복궁에서 열린 조선물산공진회는 경복궁의 많은 건물들을 헐고 행사장으로 만들거나 가건물을 세웠다. 이때 후원인 청와대 지역도 많이 훼손되었다. 이후 1929년 경복궁 일대에서 개최된 조선박람회로 인해 청와대 지역의 후원 건물들은 완전히 없어져 버렸다. 당시 조선박람회 안내 지도를 보면 경복궁 일대가 온통 박람회 건물들로 가득한 모습을 확인할 수 있다. 이후 1939년에 청와대 지역에는 일본인 총독 관사가 건립되었는데, 이름은 경무대景武臺이다. 경복궁 후원에서 식민지 지배자의 거처로 바뀐 것이다.

청와대에 있는 일제강점기 총독관저는 광복 이후에도 권력자들의 거처로 계속 사용된다. 미군정기에는 주한미군 사령관의 관사로, 이후에는 대한민국 대통령들의 집무실 겸 관저로 쓰였다. 명칭도 일제강점기 때 부르던 경무대를 이승만 대통령이 그대로 사용하다가 윤보선 대통령 때에 이르러서야 청와대靑瓦臺로 개명한다. 이후 청와대는 대통령을 상징하는 명칭이 되었고, 2022년 5월 10일에 대통령 집무실과 관저를 용산으로 옮기면서 지금은 국민들에게 전면 개방된 상태이다.

그러니까 고려시대부터 생각해보면 지금의 청와대 지역은 궁궐 → 궁궐 밖 → 궁궐 후원 → 박람회장(행사장) → 권력자 집무실(관저) 순으로 장소의 기능과 성격이 바뀐 것이다. 지금의 청와대 자리는 앞으로 어떻게 불릴지, 그리고 어떤 장소로 기억될지 자못 궁금하다.

이러한 변화 과정에서 지금 남아 있는 문화유산이 있을까? 예상대로 거의 없다. 결정적인 계기는 일제강점기 때 박람회 장소로 사용했기 때문이다. 그래도 남아 있는 것이 있으니 한번 둘러보겠다.

먼저 살펴볼 것이 '천하제일복지天下第一福地'라는 각자刻字이다. 문화유산 중에서 가장 변하지 않고 자리를 굳건히 지키는 것이 '돌'이다. 사실 청와대 뒤쪽의 북악산과 인왕산 아래에는 옛 선조들이 돌에 새긴 글자들이 있다. 요즘 사람들의 최고 인기 지역인 삼청동에 가면 큰 바위에 '삼청동三淸洞'이라 새겨진 글자를 볼 수 있고, 인왕산 아래 자락인 청운동에 가면 '백세청풍百世淸風'이라 새겨진 글자가 있다. 그러니까

'천하제일복지' 각자

'천하제일복지' 각자 역시 북악산과 인왕산 아래 새겨진 여러 글 가운데 하나이다. 그 고진풍랑의 청와대 근현대사에서 지금까지 남아 있는 이유도 돌이기 때문에 가능했을 것이다.

'천하제일복지' 각자는 대통령 관저 뒤의 북악산 기슭에 있다. 《경향신문》 1990년 2월 23일자에 따르면, 대통령 관저 신축 공사 중 발견되었다고 한다. 20세기 초에 제작된 〈북궐도형〉에는 지금은 없어진 오운각과 옥련정 사이에 위치하고 있다. 아마 시민들이 청와대를 방문하여 관람해도 쉽게 찾을 수 있는 위치는 아니다. 가로 2m, 세로 1.3m 네모난 구획 안에 글자를 새겼으며, 언제 글자를 새겼는지는 알 수가 없다.

이 각자의 왼쪽에는 작은 글씨로 '연릉오거延陵吳琚'가 새겨져 있다. '연릉'은 중국 강소성 단도현에 있는 지명이고, '오거'는 남송 때의 인물 이름이다. 아마도 오거의 글자를 집자集字했다는 의미인 듯싶다. 이와 관련하여 중국 강소성 진강시의 감로사라는 절에 오거의 '천하제일강산'이라는 큰 글자가 걸려 있는데, '천하제일'은 감로사의 글씨, 그리고 '복지'는 오거의 서첩이나 글자에서 가져왔을 것이다. 그래서 '연릉오거'라고 표시해두었을 것이다. 언제 이 글자를 새겼는지 알 수는 없지만 이 글자를 새긴 사람들은 이곳 청와대 자리를 제일 좋은 복된 땅으로 생각하거나, 아니면 그랬으면 좋겠다는 소망을 가지고 있었나 보다. 지금 우리들은 이 청와대 땅을 어떤 자리로 생각하고 있을까?

지금의 오운정 모습

그 외에 서울시 유형문화재인 오운정五雲亭과 침류각枕流閣이 있다. 두 건물 모두 1997년에 문화재로 지정되었는데, 원래 지금의 대통령관저 자리에 있던 것을 현재의 자리로 옮겨놓은 것이다. 〈북궐도형〉을 보면 오운각이라는 건물은 확인할 수 있으나, 오운정은 고종 때에는 없었다. 오운정을 고종 때의 옥련정으로 추측하기도 하는데 아무런 근거가 없다. 아마도 후대에 오운각의 이름을 흉내 내어 오운정이라 이름 붙인 듯하다. 현판에 이승만 전 대통령의 도장이 찍혀 있는 것으로 보아 그의 글씨이고, 그의 재임 시에 건물이 지어진 것이 아닐까 추측하지만 정확한 기록이 없어 건립 연대는 알 수가 없다.

지금의 침류각 모습

서울시 유형문화재인 침류각도 〈북궐도형〉에서는 확인할 수 없는 건물이다. 또한 건립 관련 기록도 남아 있는 것이 없어서 언제 건립되었는지 통 알 수가 없다. 침류각을 고종 때의 오운각으로 추측하기도 하는데 구체적인 근거는 없다. 침류각 설명 표지판에는 침류각에 1920년대의 한옥 건축 양식이 남아 있어 이 시기의 건물로 추정하였는데 역시 정확하지는 않다. 앞면 4칸, 옆면 2칸의 몸채에 좌측 앞과 우측 뒤에 각각 1칸씩 돌출된 'ㄱ'자 형태의 건물이다. 두 건물 모두 서울시 유형문화재로 지정되어 있지만 건물의 품격이나 건축 양식의 우수함은 쉽게 느껴지지 않는다. 청와대 자리의 건물이라는 사실이 유형문화재로 지정되는 데 큰 몫을 한 것은 아닌지 모르겠다.

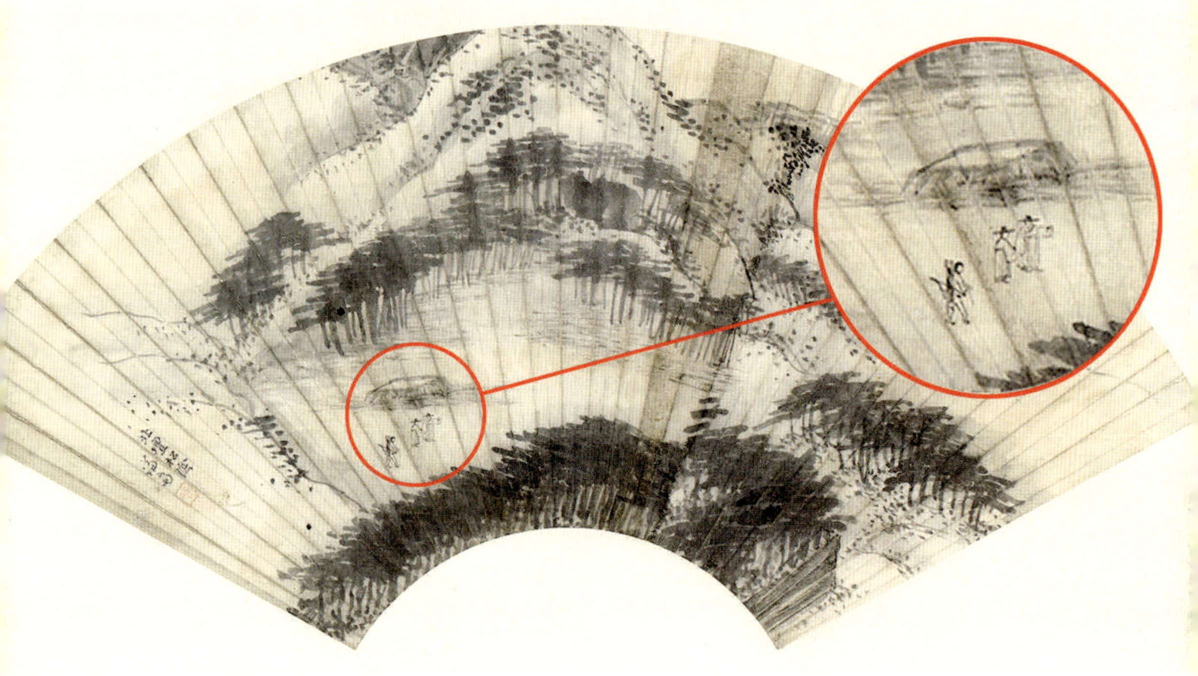

정선의 〈선면북단송음도〉

지금은 사라진 문화유산

고종 이전 조선시대 신무문 밖은 회맹제會盟祭를 지내는 회맹단會盟壇이 있던 지역이다. 회맹은 국왕과 신하가 충성을 맹세하고 서로 결속을 도모하는 의식으로, 이러한 회맹의 공식적인 행사를 회맹제라고 한다. 회맹제는 회맹례會盟禮라고도 하는데, 조선왕조실록을 보면 국왕이 신무문 밖에서 회맹제를 지냈다는 기록을 많이 확인할 수 있다. 조선시대 지도를 보아도 회맹제를 지내는 제단인 회맹단이 표시되어 있다. 지금의 청와대 자리에 있던 회맹단은 줄여서 맹단盟壇, 경복궁 북쪽에 있다 하여 북단北壇으로도 불렀다. 지금은 흔적을 찾을 수 없지만 국왕과 신하가 서로의 신의를 확인하는 중요한 역할을

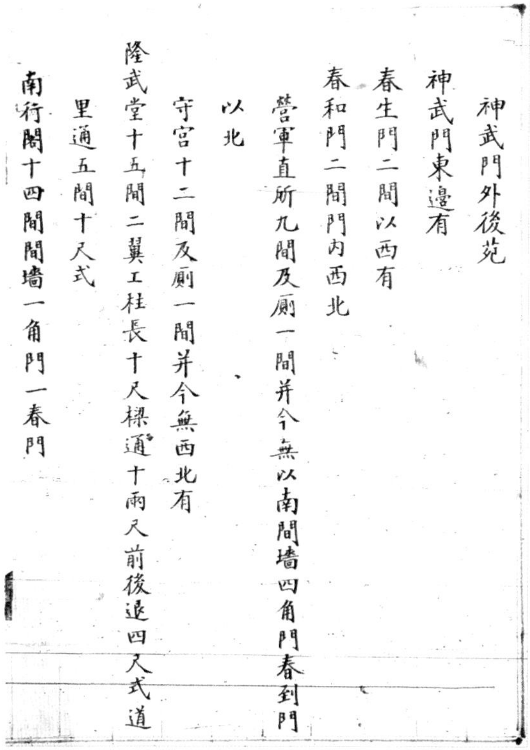

神武門外後苑
神武門東邊有
春生門二間以西有
春和門二間門內西北
營軍直所九間及廁一間并今無以南間墻四角門春到門
以北
守宮十二間及廁一間并今無西北有
隆武堂十五間二翼工柱長十尺樑通十兩尺前後退四尺式道
里通五間十尺式
南行閣十四間間墻一角門一春門

《궁궐지》의 신무문 밖 후원 관련 기록

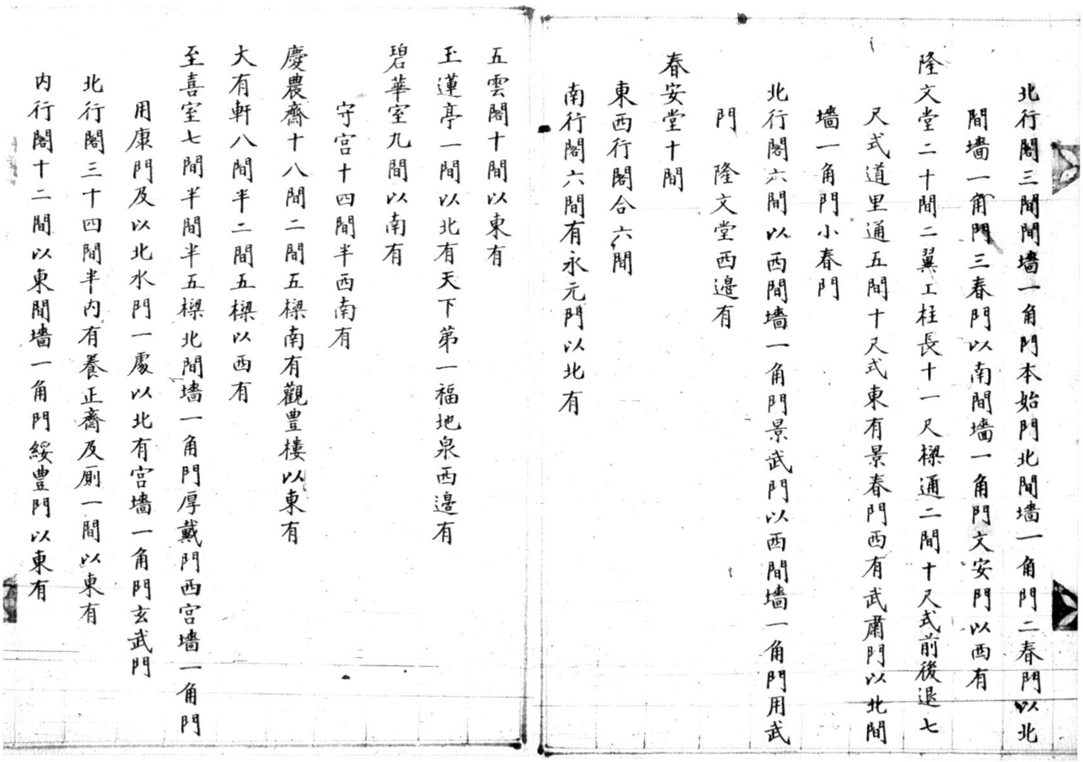

北行閣三間間墻一角門本始門北間墻一角門二春門以北
間墻一角門三春門以南間墻一角門文安門以西有
隆文堂二十間二翼工柱長十一尺樑通二間十尺式前後退七
尺式道里通五間十尺式東有景春門西有武肅門以北間
墻一角門小春門
北行閣六間以西間墻一角門景武門以西間墻一角門用武
門 隆文堂西邊有
春安堂十間
東西行閣合六間
南行閣六間有永元門以北有
五雲閣十間以東有
玉蓮亭一間以北有天下第一福地泉西邊有
碧華室九間以南有
守宮十四間半西南有
慶農齋十八間二間五樑南有觀豊樓以東有
大有軒八間半二間五樑以西有
至喜室七間半間半五樑北間墻一角門厚載門西宮墻一角門
用康門及以北水門一處以北有宮墻一角門玄武門
北行閣三十四間半內有養正齋及廁一間以東有
內行閣十二間以東間墻一角門綏豊門以東有

〈북궐도형〉에 보이는 후원 건물 배치도(① 영군직소, ② 수궁(1), ③ 융무당, ④ 융문당, ⑤ 춘안당, ⑥ 오운각, ⑦ 옥련정, ⑧ 천하제복지천, ⑨ 벽화실, ⑩ 수궁(2), ⑪ 경농재, ⑫ 관풍루, ⑬ 대유헌, ⑭ 지희실, ⑮ 양정재, ⑯ 중일각)

하던 곳이었다.

이후 지금의 청와대 자리는 고종 때 경복궁을 중건한 이후 경복궁의 후원으로서 그 역할을 하였다. 고종 때 발간된 《궁궐지》 '신무문 밖 후원[神武門外後苑]'의 내용을 기록된 건물 순서대로 보면 ①영군직소, ②수궁(1), ③융무당, ④융문당, ⑤춘안당, ⑥오운각, ⑦옥련정, ⑧'천하제복지천天下第福地泉'(샘물), ⑨벽화실, ⑩수궁(2), ⑪경농재, ⑫관풍루, ⑬대유헌, ⑭지희실, ⑮양정재, ⑯중일각이 있었음을 알 수 있다. 이 중 영군직소와 수궁(1)은 당시 기록에도 지금은 없다고 기록되어 있다. 이러한 후원의 건물 배치 형태와 규모는 20세기 초에 제작된 것으로 짐작되는 〈북궐도형〉과 고종 때 발간한 《궁궐지》를 통해 좀 더 정확히 확인할 수 있다. 하지만 지금은 남아 있는 것이 없고, 그 흔적이나 터 등만 확인할 수 있다. 이 중 융무당과 융문당은 다른 지역으로 이전되어 지금 고스란히 그 건물들을 볼 수 있다. 《궁궐지》의 기록 순서대로 살펴보겠다.

영군직소營軍直所(①)는 후원을 지키는 군사들의 근무처라 할 수 있다. 《궁궐지》에 따르면 9칸 규모이고, 〈북궐도형〉에는 금위군직소禁衛軍直所라 표시되어 있다. 수궁(2)와 상당히 가까이 위치해 있다.

수궁守宮(②, ⑩)은 경복궁 후원을 지키는 군사들을 위한 건물로 두 곳에 있다. 융문당과 경농재 사이, 후원의 거의 중앙에 위치한 수궁(1)은 규모가 12칸으로 고종 당시에 이미 건물이 없다고 기록되어 있다. 수궁(2)는 융무당 아래 후원의 오른쪽 끝 쪽에 위치하는데 규모는 14.5칸이다. 이 중 수궁(1) 자리에는 일제강점기 조선 총독의 관사 건물이 들어섰고 이후 미군정의 최고 책임자인 하지 중장의 관사, 이승만 대통령의 관저로 사용하다 1993년 철거되었다. 지금 이 자리에는 안내판과 기념 표석이 있어 이곳의 역사적 의미 등을 설명해놓았다.

융무당隆武堂(③)은 무과 시험과 활쏘기 시합, 군사 사열 때 사용하던 건물이다. 《궁궐지》 기록에 따르면 15칸 규모이다. 고종 때 융무당 관련 최초 기록은 1869년(고종

1930년 발간한 《조선고적도보》 제10권에 실린 융무당

전남 영광군 원불교의 우리삶옥당박물관에 있는 융무당

1930년 발간한 《조선고적도보》 제10권에 실린 융문당

전남 영광군 원불교 영산 성지 내의 원불교 창립관으로 사용하고 있는 융문당

6) 4월 8일에 현감 윤영신에게 가자加資하는 내용이 있고 이후에도 열무閱武, 시사試射 등의 기록이 1894년(고종 31)까지 확인된다. 융무당의 일춘문一春門과 문안문文安門, 본시문本始門 현판은 지금 국립고궁박물관에서 소장하고 있다.

융문당隆文堂(④)은 국왕과 문관들이 글을 지으면서 연회를 하는 곳으로, 20칸 규모의 건물이다. 융문당 관련 최초 기록은 《고종실록》 1869년(고종 6) 3월 23일에 융문당에 나아가 열무한 내용으로, 이후 융문당 기록은 1893년(고종 30)까지 확인된다. 융문당의 경무문景武門, 소춘문小春門, 경춘문景春門, 용무문用武門, 무숙문武肅門 현판은 지금 국립고궁박물관에서 소장하고 있다. 두 건물은 일본 와세다 대학교 도서관이 소장하고 있는 《경복궁 영건일기》의 1868년(고종 5) 1월 12일 "융문당과 융무당 양당을 세웠다."라는 내용을 통해 이때 건립하였음을 확인할 수 있다.

그런데 고종 때 두 건물은 같은 구역, 같은 공간으로 인식하여 '경무대'로 불린 듯하다. 경무대는 바로 일제강점기부터 이승만 대통령 때까지 사용하던 대통령 관저 명칭으로 청와대 이전 명칭이다. 경무대 관련 최초 기록은 《고종실록》 1869년(고종 6) 3월 20일에 경무대에서 경과정시慶科廷試를 행하여 문과에서 도석훈 등 15인, 무과에 원세욱을 뽑았다는 내용이다. 《고종실록》을 보면 경무대에서 과거 시험을 행하여 문과와 무과 누구누구를 뽑았다는 기록이 꽤 많은데, 1894년(고종 31)까지 확인된다. 이로 보아 두 건물은 각각의 기능도 하였지만, 문과와 무과 등 과거 시험을 치르는 공간으로 여겨, 이 두 건물 일대를 경무대라고 한 듯하다.

그러나 두 건물은 1928년 8월 13일자 《동아일보》 기사를 보면 보존 가치가 부족하다 하여 총독부에서 철거하였다. 1930년에 발간한 《조선고적도보》 제10권에서 철거되기 이전 융무당과 융문당의 모습을 확인할 수 있다. 〈북궐도형〉을 보면 융문당은 지금의 상춘재 건물 자리에, 융무당은 지금의 녹지원 일대에 있었던 것 같다.

이 두 건물은 전남 영암에 가면 볼 수 있다. 융무당은 전남 영광군에 있는 원불교의 우리삶옥당박물관에, 융문당도 전남 영광군에 있는 원불교 영산 성지 내의 원불교

새롭게 만든 '천하제일복지천' 샘물

창립관으로 존재하고 있다. 예전 사진과 비교하면 원형의 손상은 거의 없는 듯하다. 이러한 사실을 긍정적으로 받아들여 불행 중 다행이라고 생각해야 할까? 아니면 서울에서 전남으로 이전된 문화재의 수난사로 봐야 할까? 어떻게 두 건물은 멀고 먼 영광군까지 가게 된 것일까?

앞의 신문 기사에 따르면, 두 건물은 1928년 철거되었고, 이후 진언종眞言宗(일본의 불교 종단)에 무상으로 대여되어 용산구에 있던 용광사龍光寺(일본 사찰)의 본전과 객전으로 사용하였다. 그리고 광복 이후에는 원불교의 서울교당 법당과 생활관으로 사용하다가 2009년에 지금의 전남 영광군으로 이전된 것이다.

두 건물은 청와대 자리에 있던 건물 중 유일하게 살아남은 건물들이다. 현재 국가나 지방자치단체에서 문화재로 등록하지도 않았다. 이후 청와대 자리가 어떤 공간으로 자리매김될지 아직은 모르지만 건물의 원형이 잘 남아 있다는 면을 고려하면 제자리를 찾아주는 것이 상책이 아닐까? 두 건물 모두 영광군보다는 서울의 경복궁 후원이었던 청와대 자리가 더 잘 어울린다.

춘안당春安堂(⑤)은 융문당 서쪽에 있으며 10칸이다. 《승정원일기》 1890년(고종 27) 3월 6일 기록을 보면 고종이 세자와 대보단大報壇에 제사를 지내며 서계誓戒를 받을 때 고종은 융문당에, 세자는 춘안당에 머물렀다고 한다. 그러나 《승정원일기》와 《고종실록》의 다른 기사를 보면 내용은 같은데 세자가 머무르던 곳이 추안당秋安堂으로 기록되어 있는 것이 많다. 오히려 춘안당 기록보다 더 많다. 하지만 《궁궐지》 기록이나 〈북궐도형〉에서 추안당이라는 명칭이나 건물은 확인할 수 없어 안타까울 뿐이다. 춘안당 현판은 지금 국립고궁박물관에서 소장하고 있어 그 실체가 확실하다. 사실 융무당과 융문당의 문 이름들에 '춘春'자가 많이 들어가고 건물들의 위치도 동쪽에 가까워서 건물에 '추秋'자가 들어가는 것이 어색하다. 더 이상 확인할 수는 없지만 《승정원일기》와 《고종실록》에 보이는 추안당이 춘안당의 오기는 아닐지 조심스럽게 추정해본다.

오운각五雲閣(⑥)은 지금의 대통령 관저 위쪽에 있던 건물로 규모는 10칸이다. 옥련정玉蓮亭(⑦)도 오운각과 나란히 있던 건물로 규모는 1칸이다. 두 건물 모두 후원의 가장 북쪽 끝에 위치해 있고, 건물의 명칭으로 보아 고종과 신하들이 쉬고 즐기던 누각과 정자 역할을 했을 것으로 생각된다.

'천하제복지천天下第福地泉'(⑧) 샘은 '천하제일복지' 각자가 있는 바위와 대통령 관저 뒤쪽 사이에 있다. 《궁궐지》에 그 존재가 기록되어 있지만 자세하지는 않다. 반면 〈북궐도형〉에서는 존재를 확인할 수 없다. '천하제일복지' 글자 아래쪽에 있는 것으로 보아 《궁궐지》의 '천하제복지천'은 '천하제일복지천天下第一福地泉'의 오기로 생각된다. 1990년 대통령 관저를 지을 때 이 샘물도 지금의 모습으로 새롭게 단장했다. 샘물

관련 다른 기록이나 사진 등이 남아 있지 않은 까닭에 원래의 형태를 알 수 없어 아쉬움이 있다.

벽화실碧華室(⑨)은 오운각, 옥련정과 함께 위치해 있는 건물로 규모는 9칸이다. 그 기능을 정확히 알 수는 없지만 두 건물과 유사한 기능을 하였을 것으로 생각된다.

경농재慶農齋(⑪)는 이름 그대로 농사와 관련 있는 건물로 경농재 앞에는 고종이 직접 농사를 짓는 친경전親耕田인 팔도배미가 있다. 건물 규모는 18칸으로 고종의 문집인 《주연집珠淵集》의 내용과 1939년 3월 7일자 《동아일보》의 경농재 부속 건물인 대유헌 관련 기사에서 고종 30년인 1893년에 건립되었다는 내용으로 보아 이때 경농재가 건립되었음을 추정할 수 있다. 또 다른 부속 건물로 관풍루, 지희실, 양정재와 중일각이 있다. 말 그대로 고종이 친경親耕할 때 사용하기 위한 건물로 이해된다.

관풍루觀豊樓(⑫)는 경농재의 부속 건물로 규모는 확인할 수 없다. 경농재 건물 왼쪽 한편에 반루半樓 형식으로 지은 건물로 풍년을 바라는 마음이 가득한 건물 이름이다.

대유헌大有軒(⑬)은 경농재의 부속 건물로 규모는 8.5칸이다. '대유'라는 이름 역시 경농재의 부속 건물임을 보여주는, 풍년을 바라는 명칭이다. 특이하게도 《승정원일기》를 보면 1895년(고종 32) 5월부터 8월까지 네 차례에 걸쳐 이곳 대유헌에서 신하들에게 칙지勅旨를 내린 기록도 있다. 1939년 3월 7일자 《동아일보》 기사에 따르면, 대유헌은 이때 총독 관저 신축을 위해 헐린 뒤 삼청동 뒷산 약수터 부근으로 이전시켰다고 한다.

지희실至喜室(⑭)은 경농재의 부속 건물로 규모는 7.5칸이다. 양정재養正齋(⑮)도 경농재의 부속 건물로 규모는 확인할 수 없다. 중일각中日閣(⑯)은 경농재 담장 밖에 있는 건물로 여느 부속 건물들과는 성격을 달리 볼 여지가 있으나 정확히 알 수는 없다. 규모는 6칸이다.

경농재와 관련하여 친경전에 대해서도 살펴보겠다. 《궁궐지》에서는 구체적인 기록이 없지만 〈북궐도형〉을 보면 경농재 앞에 세로로 길게 총 8칸으로 나누어진 형태가

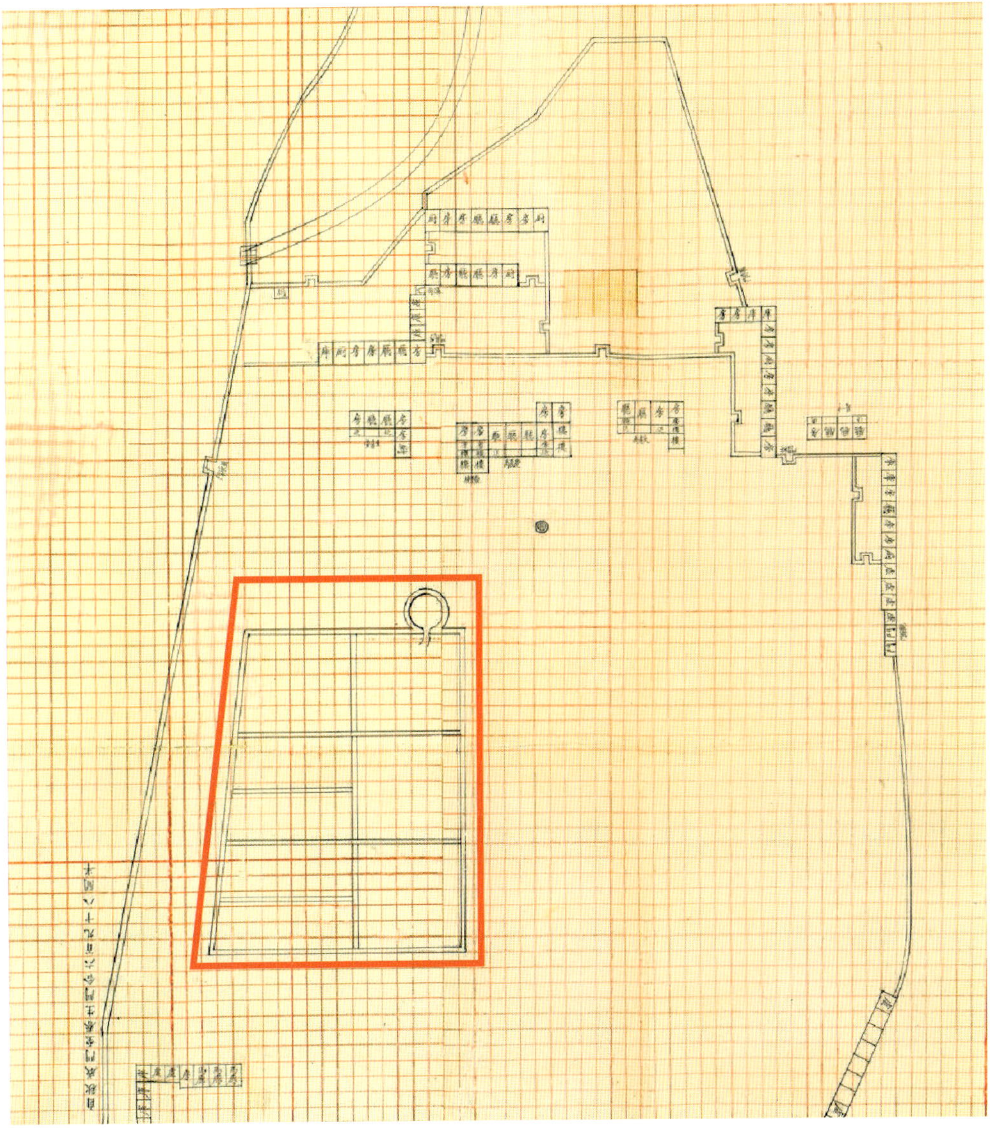

〈북궐도형〉의 친경전 모습

새롭게 조성한 팔도배미 모습

보인다. 고종이 직접 농사를 지으면서 체험하고 풍년을 기원하는 친경전이다. 적전籍田이라고도 하고 순 한글로는 '팔도배미'라고도 한다. 팔도배미는 명칭 그대로 조선의 팔도인 경기도, 충청도, 전라도, 경상도, 강원도, 함경도, 평안도, 황해도를 말하는 것으로, 그래서 8면으로 나누어진 것이다. 기록을 보면 이러한 친경이 조선 초기부터 시행되었음을 알 수 있다. 경농재 건물이 1893년에 건립되었으니 고종은 이때쯤부터 경복궁 후원인 이곳에서 친경을 행한 것으로 추측할 수 있다. 위치는 지금 영빈관 앞쪽인데, 1998년부터 2000년까지 새롭게 조성되었다. 팔도배미를 흉내 내어 만들었는데, 그 모양이 〈북궐도형〉에 보이는 형태와는 많이 다르다. 원래 친경전은 왼쪽에 5칸, 오른쪽에 3칸으로 구성되어 있는데, 지금 조성된 모양은 좌우 모두 8칸씩 만들었고, 더욱이 8칸 사이에 궁궐에서 보이는 삼도三道를 가운데에 만들어놓아 모양이 이상하다.

경주 방형대좌 석조여래좌상

혹시 나중에 기회가 된다면 이곳이 고종이 친경을 하던 팔도배미임을 정확히 보여줄 필요가 있다.

이상의 내용을 보면 지금의 청와대 자리는 고종 때 경복궁의 후원으로서, 크게 세 영역으로 나누어 이해할 수 있다. 첫 번째 영역은 신무문에서 북악산을 바라보았을 때 왼쪽으로 경농재와 그 부속 건물들인 관풍루, 대유헌, 지희실, 양정재, 중일각과 팔도배미인 친경전이 있다. 고종이 직접 농사를 지으며 풍년을 기원하고 농사의 어려움을 알기 위한 곳이다.

두 번째 영역은 북악산을 바라보며 오른쪽으로 융문당과 융무당이 있는 경무대 지역이다. 문무과 과거 시험을 치르고 활쏘기 시합과 군사 사열 등을 하던 곳이다. 고종이 나라의 인재들을 뽑고 부강한 국가를 꿈꾸며 군사 훈련을 하던 곳이다.

마지막으로 후원의 가장 북쪽 끝 쪽이자 북악산 자락 아래에 있는 오운각과 옥련정이 있는 영역이다. 누각과 정자가 있는 경치 좋은 곳으로 아마도 이곳에서 고종은 신하들과 함께 가끔씩 휴식을 취하며 편안한 시간을 갖기도 했을 것이다.

지금은 사라져 보기 어려운 문화유산들이지만 지금의 청와대 자리는 궁궐의 후원으로 다양한 기능을 하였다. 혹시 청와대에 갈 기회가 생긴다면 예전 고종 때 경복궁 후원에 있었던 여러 건물들과 그 안에서 분주히 오가는 궁궐 사람들과 군사들을 함께 상상해보라. 청와대라는 근현대사의 껍질을 벗기면 궁궐의 후원이라는 속살을 볼 수 있을 것이다.

청와대로 들어온 문화유산

청와대 내부에는 보물로 지정된 잘생긴 부처님 한 분이 있다. 그래서 '미남불'이라는 애칭도 갖고 있다. 정식 명칭은 '경주 방형대좌 석조여래좌상慶州方形臺座石造如來坐像'이다. '여래如來'가 부처라는 뜻이니 이름을 조금 쉽게 풀이하면 '경주의 네모난 받침에 앉아 있는 돌부처'라 할 수 있다. 보통 줄여서 '석조여래좌상'이라 불린다. 1974년에 서울시 유형문화재로 지정되었다가 2018년에 보물로 지정되었다. 청와대로 들어온 외부 문화유산이지만 청와대에 있는 유일한 보물이다.

이 불상의 제작 시기는 9세기 통일신라시대이다. 균형 잡힌 신체 비례와 당당한 모습이 우리가 경주에 갔을 때 흔히 볼 수 있는 신라의 불상들과 많이 닮아 있다. 아마 이 불상을 직접 보면 석굴암의 석불이 생각날 것이다. 그만큼 통일신라시대 불상 조각의 높은 수준과 9세기의 시대적 조형 감각을 보여주고 있다. 이러한 신체적 특징 때문에 별명이 '미남불'이다.

그러면 경주가 고향인 부처님이 어떻게 고향을 떠나 이곳 서울까지 왔는지 궁금하다.

그 궁금증을 풀려면 일제강점기까지 거슬러 올라가야 한다. 이 불상은 일제강점기인 1917년 발간한 《조선고적도보》 제5권 582쪽에 실려 있는데, '경주석조석가여래상'이라고 기록되어 있다. 같은 쪽에 있는 또 다른 불상의 명칭이 '경주남산석조여래상'이라 표기되어 있는 것으로 미루어 이 불상이 있던 위치도 남산일 가능성이 높다. 불상 사진 옆에 부기하여 "총독 관저에 안치하였다."라는 기록으로 보아 1917년 이전에 당시 서울 남산에 있던 일본인 총독 관저인 왜성대로 옮겨졌다고 볼 수 있다.

1917년 발간한 《조선고적도보》 제5권에 실려 있는 석조여래좌상
이 책에서는 명칭이 '경주석조석가여래상'이다

아마도 이후 1939년 총독 관사를 청와대 지역으로 옮길 때 이 불상도 함께 들어온 것으로 추측된다. 식민지 권력자의 탐욕이 멀리 이곳 서울 타향까지 부처님을 오게 만든 것이다.

최근에 조선총독부 경주 분관 초대 관장을 지냈던 모로가 히사오[諸鹿央雄]가 1916년에 발간한 《신라사적고》에서 이 불상과 관련된 내용이 확인되었다. 책에 따르면, 1913년 경주 도지리의 이거사 절터에서 서울 총독부로 불상을 옮겼다는 것이다.

이 불상이 있었던 원위치가 어디인가에 대해서는 계속 논쟁이 끊이지 않을 것이고,

원래 자리를 파악하기는 쉽지 않을 것 같다. 그러나 이 부처님은 원래의 자리로 돌아가는 것이 순리이다. 청와대 자리에 불상은 어울리지 않는다. 지금이라도 이 부처님의 고향인 경주로 가야 한다.

글을 마치며 - 미래 문화유산으로서 청와대의 장소성

청와대에 있던 많은 문화유산들이 사라졌다. 어려운 서울의 근현대사를 거쳤으니 어찌 보면 당연한 결과라고도 할 수 있다. 그러면 나중에 청와대는 어떤 장소로 기억될까? 청와대가 근현대 한국의, 서울의 권력 중심 공간임은 앞서 말했다. 그것이 청와대의 장소성이다. 그러면 현재 청와대에 남아 있는 건물들은 미래에 건물 이상의 의미를 띤, 역사성을 가지는, 문화유산으로서의 가치를 가질까? 이와 관련하여 지금 남아 있는 건물들을 간단히 살펴보겠다.

먼저 본관은 외부 손님들을 맞이하고 집무도 보는 공간이다. 광복 이후에도 일제강점기 일본인 총독의 관사를 대통령 집무실과 관저로 사용하였는데, 철거하고 지금의 본관 자리에 1991년 새롭게 건립하였으니 이제 30년이 조금 넘었다.

관저는 대통령과 그 가족들이 생활하는 공간으로, 1990년 건립되었다. 이전까지의 관저는 대통령 집무실과 구분하지 않고 같은 건물에 있었는데, 이때에 이르러 관저가 분리된 것이다. 지금의 관저 자리는 원래 침류각, 오운정, 석조여래좌상이 있던 곳이다.

영빈관은 건물 이름 그대로 외국의 국빈들을 맞이하여 행사를 치르거나 큰 회의를 하는 곳이다. 1978년 건립하였으니 약 45년이 된 건물이다. 이처럼 본관, 관저, 영빈관은 광복 이후 한국 현대사의 중심이었던 대통령과 주요 인물들 그리고 외빈들이 생활하고, 모이고 거쳐간 정치, 경제, 문화의 장소였다. 비록 건물이 오래되지는 않았지만 그 장소성은 미래 문화유산으로서의 값어치가 충분해 보인다.

상춘재는 주로 외빈들을 위해 소규모 공식 의전 행사가 진행되던 곳으로, 일제강점기에 일본인 총독의 관사 별관(매화실)이었다가 상춘실, 상춘재로 명칭이 변경되었으며, 현재의 건물은 1983년 건립되었다. 원래 융문당이 있던 자리이다.

녹지원은 1968년에 처음으로 조성되어 점차 영역이 확장되었는데, 청와대의 정원이자 야외 행사장이라 할 수 있다. TV에서 대통령 내외가 어린이날 행사를 하던 곳으로 청와대에서 가장 멋진 장소라 할 수 있다. 위치상으로 융문당과 융무당이 있던 곳이다. 문화유산으로서 건물 자체는 큰 의미가 있다고 할 수 없지만, 융문당과 융무당이 있었던 곳임은 간과할 수 없다. 더욱이 두 건물이 모두 외지에 지금까지도 존재한다는 면에서 차후 이 두 곳의 활용 방안에 대해서는 좀 더 고민해야 할 듯싶다. 자기 자리를 차지하고 있는 융문당과 융무당의 모습은 꽤 그럴듯해 보일 것이다. 그 외에 춘추관, 여민관, 청와대 분수대, 대고각 등이 있지만 미래의 문화유산으로서는 별 의미가 있어 보이지 않는다.

앞으로 청와대가 어떻게 자리매김될지 아직은 모른다. 각계에서 다양한 의견과 문제의식은 물론 활용 방안, 복원 등의 논의가 심도 있고 치열하게 이루어지길 바랄 뿐이다. 차분하게 지금의 청와대 지역이 역사적으로나 문화적으로 어떤 의미와 성격을 가지고 있는지 고민하기를 바랄 뿐이다.

참고문헌

제1강 청와대의 역사적 입지 조건은 어떠했나

《고려사》, 《고려사절요》, 《태조실록》, 《정종실록》, 《태종실록》, 《세종실록》, 《신증동국여지승람》, 《동국여지지》, 《한경지략》

김창현, 《고려의 남경 한양》, 2006.

대통령 경호처, 《청와대와 주변 역사·문화유산》, 2007.

문화재청 국립강화문화재연구소, 《백악산의 자연유산과 역사문화 종합학술보고서》, 2021.

장지연, 《경복궁, 시대를 세우다》, 너머북스, 2018.

최혜숙, 《고려시대 남경연구》, 경인문화사, 2004.

김인호, 〈고려말 공양왕대 한양 천도의 배경과 정치운영〉, 《서울과역사》 106, 2020.

김철웅, 〈고려 국왕의 남경 순행과 의례〉, 《서울과역사》 85, 2013.

나각순, 〈고려말 남경복치와 한양천도〉, 《강원사학》 17·18, 2002.

박종기, 〈고려 중기 남경 건설의 배경과 경영〉, 《향토서울》 68, 2006.

오동선·김동희, 〈고려시대 남경 궁궐의 위치 비정〉, 《한국중세사연구》 71, 2022.

이원명, 〈고려중·후기 이후 천도 논의와 조선조 한양천도의 의미〉, 《인문논총》 28, 2014.

이익주, 〈무학 자초의 정치 활동에 대한 재검토-한양 천도에서의 역할을 중심으로-〉, 《서울학연구》 85, 2021.

이태진, 〈한양 천도와 풍수설의 패퇴〉, 《한국사시민강좌》 14, 1994.

홍영의, 〈고려시대 남경 경영의 배경과 공간 영역〉, 《한국중세사연구》 68, 2022.

문화재청(heritage.go.kr).

제2강 조선시대 경복궁 후원의 모습은 어떠했나

조선왕조실록, 《오례통편》, 《춘관통고》, 《회맹등록》, 《지봉집》, 《패관잡기》, 《도곡집》, 《동국여지비고》, 《신증동국여지승람》, 《한경지략》, 《국조오례의》, 《연암집》, 《석루유고》

신명호, 《조선의 공신들》, 가람기획, 2003.

안대회·이현일 편역, 《한국산문선》 7, 민음사, 2020.

________________, 《한국산문선》 8, 민음사, 2020.
박용만, 〈조선시대 공신회맹제〉, 《조선의 공신》, 한국학중앙연구원 장서각, 2012.
정경희, 〈조선 후기 궁원제의 성립과 변천〉, 《서울학연구》 23, 2004.
이현진, 〈영·정조대 육상궁의 조성과 운영〉, 《진단학보》 107, 2009.

제3강 경복궁 중건으로 궁궐 영역이 되다

《궁궐지》, 《북궐도형》, 《북궐후원도형》
김성도, 〈고종조 중창된 경복궁 후원 영역 및 건축 규모 분석 연구〉, 《대한건축학회논문집》 34-8, 2018.
_____, 〈고종조 중창된 경복궁 후원 규모 및 건축 구성에 관한 연구〉, 《고궁문화》 15, 2022.
김윤주, 〈조선 고종 대 경복궁 중건의 풍경과 일상〉, 《서울과 역사》 103, 2019.
김지영, 〈영조 대 친경 의식의 거행과 친경의궤〉, 《한국학보》 28-2, 2002.
이혜원, 〈경복궁 중건 이후 전각구성의 변화: 「경복궁 배치도」와 「북궐도형」을 중심으로〉, 경기대학교 박사학위논문, 2008.
윤　정, 〈18세기 경복궁 유지의 행사와 의례-영조 대를 중심으로-〉, 《서울학연구》 25, 2005.
정우진, 〈조선시대 궁궐 후원의 체제와 운용 양상〉, 고려대학교 박사학위논문, 2015.
조재모, 〈고종 대 경복궁의 중건과 궁궐 건축 형식의 정형성〉, 《서울학연구》 29, 2007.
홍순민, 〈고종 대 경복궁 중건의 정치적 의미〉, 《서울학연구》 29, 2007.

제4강 식민지기 경무대 총독관저 이야기

《대한매일신보》, 《동아일보》, 《매일신보》, 《시대일보》, 《조선과 건축》, 《조선신문》, 《조선일보》, 《조선총독부 관보》, 《한성주보》, 《황성신문》
경성사진통신사 편, 《순종국장기념사진첩》, 1926.
藤村德一, 《居留民之昔物語》1, 朝鮮二昔會, 1927.
조선박람회경성협찬회, 《조선박람회경성협찬회보고서》, 1930.
대통령비서실, 《청와대건설지》, 1992.
문화재청, 《사진으로 보는 경복궁》, 2006.
박찬승·김민석·최은진·양지혜 역주, 《국역 조선총독부 30년사》 하, 민속원, 2018.
윤일주, 《한국·양식건축 80년사》, 야정문화사, 1966
윤치호, 《국역 윤치호 영문 일기》10, 국사편찬위원회, 2016.

김명숙, 〈일제시기 경성부 소재 총독부 관사에 관한 연구〉, 서울대학교 석사학위논문, 2004.
안주영, 〈일제강점기 지역축제로서의 단오의 지속과 변화-서울을 중심으로-〉, 《동아시아고대학》 50, 2018.
이강근, 〈고종대 궁궐 후원의 정치적 기능과 거둥 문路 연구〉, 《백산학보》 125, 2023.
이규연, 〈1930년대 아동관념의 변화와 유치원 원유회〉, 연세대학교 석사학위논문, 2023.
이순우, 〈누구도 살지 않는 불가사의의 아방궁, 용산총독관저〉, 《민족사랑》 2018.
전영욱, 〈일제의 광화문통 재편〉, 《광화문 앞길 이야기》, 서울역사편찬원, 2021.
국가기록원 일제시기 건축도면 아카이브(theme.archive.go.kr).
한국사데이터베이스(db.history.go.kr).

제5강 경무대 시절의 청와대 지역

《경향신문》, 《동아일보》, 《마산일보》, 《조선일보》, 《중앙일보》, 《월간조선》
박용만, 《경무대 비화》, 내외신서, 1986(1965년 초판).
서울역사편찬원, 《서울2천년사》 31, 2016.
서중석, 《이승만과 제1공화국》, 역사비평사, 2007.
윤보선, 《구국의 가시밭길》, 한국정경사, 1967.
이남일, 《괴물이 된 권력》, 지식공감, 2015.
정재환, 《한글의 시대를 열다》, 경인문화사, 2013.
김은정, 〈제1·2공화국 대통령 경호의 역사적 재조명〉, 《시큐리티연구》 47, 2016.
김일영, 〈이승만 정부의 산업 정책과 렌트 추구 그리고 경제 발전〉, 《세계정치》 8, 2007.
김진흠, 〈1950년대 중후반기 이승만 대통령의 언론 이미지 변화〉, 《역사문제연구》 26-1, 2022.
남기현, 〈'경무대 앞 발포 사건' 책임자 처벌 재판에 관한 고찰〉, 《인문과학연구》 22, 2016.
박선영, 〈1960년대 후반 정치 드라마의 불/가능성〉, 《한국문학의 연구》 64, 2018.
신희섭·한승훈, 〈대통령 경호 책임자의 월권 사례 분석을 통한 경호 제도 개편 방안에 관한 연구〉, 《치안정책연구》 35-2, 2021.
국가기록원(archives.go.kr).
민주화운동기념사업회(kdemo.or.kr).

제6강 1·21사태와 청와대 지역의 요새화

김신조, 《나의 슬픈 역사를 말한다》, 동아출판사, 1994.

김창호, 《한국경호발달사》, 백산출판사, 2006.
노가원, 《청와대 경호실》 1-2, 월간 말, 1994.
서울역사편찬원, 《서울은 지금 공사 중-서울을 바꾼 공무원들의 이야기-》(서울역사구술자료집 15권), 2022.
양재열, 《국가 원수 경호 시스템의 변화와 개선 방안》, 명지대학교 박사학위논문, 2004.
이문항, 《JSA-판문점(1953-1994)》, 소화, 2001.
조갑제, 《박정희의 결정적 순간들》, 기파랑, 2009.
중앙정보부, 《북한대남공작사》 1-2권, 광명출판사, 1973.
홍석률, 《분단의 히스테리: 공개 문서로 보는 미중 관계와 한반도》, 창비, 2012.
손정목, 〈싸우면서 건설하자-1·21사태와 그 영향-〉, 《도시문제》 37-12, 2002.
조광래, 〈대통령 경호실장에 관한 연구-경호실장의 역할 및 경호 조직의 변화를 중심으로-〉, 고려대학교 대학원 박사학위논문, 2011.
주일엽, 〈대통령 경호 기관의 변천 과정 및 발전 방안〉, 《시큐리티연구》 68, 2021.

제7강 1990년대 이후 점진적인 청와대 개방 확대

국정홍보처 편, 《참여정부 국정운영백서》 7, 국정홍보처, 2008
대통령 경호실 편, 《청와대와 주변 역사·문화유산》, 대통령경호실, 2007
이원구 외, 《문재인 정부 국정백서》 14, 문화체육관광부, 2022
정부간행물제작소 편, 《청와대의 봄》, 공보처, 1993
제20대 대통령직인수위원회 편, 《겸손하게 국민의 뜻을 받들겠습니다: 제20대 대통령직인수위원회 백서》, 제20대 대통령직인수위원회, 2022
네이버 뉴스 라이브러리(newslibrary.naver.com).
대통령 기록관(pa.go.kr).
대한민국 신문 아카이브(nl.go.kr/newspaper).

제8강 청와대 시설의 확대와 기능

《강원일보》, 《경향신문》, 《국민일보》, 《뉴시스》, 《동아일보》, 《문화일보》, 《조선일보》, 《한겨레》, 《한국일보》
대통령 경호처, 《청와대와 주변 역사·문화 유산》, 2007.
백승렬, 《청와대의 모든 것》, 아라크네, 2022.
이성우, 〈이성우의 청와대와 주변의 역사·문화 이야기〉 9·10, 《월간중앙》, 2010년 8·9월호.

조순용, 〈청와대와 춘추관, 그리고 기자들〉, 《관훈저널》 71, 1999.
주일엽, 〈대통령 경호 기관의 변천 과정 및 발전 방안〉, 《시큐리티연구》 68, 2021.
대통령기록관(pa.go.kr).
정책주간지 공감(gonggam.korea.kr).
청와대(19president.pa.go.kr/about/history).
〈노무현 대한민국 대통령 1부 청와대 사람들〉, 문화방송, 2008년 2월 21일 방영.

제9강 지도 속 청와대, 청와대가 그리는 지도

양보경·양윤정·이명희, 《고지도와 천문도》, 성신여자대학교 출판부, 2016.
이우평, 《Basic 고교생을 위한 지리 용어사전》, 신원문화사, 2002.
Edward Relph 지음, 김덕현·김현주·심승희 옮김, 《장소와 장소상실》, 논형, 2005.
Jeremy Harwood 지음, 이상일 옮김, 《지구 끝까지 세상을 바꾼 100장의 지도》, 푸른길, 2014.

제10강 청와대에 남아 있는 문화유산들

《경복궁 영건일기》, 《고종실록》, 《궁궐지》, 〈북궐도형〉
서울역사편찬원,《경복궁 영건일기》(국역), 2019.
문화재청 궁능유적본부, 《경복궁 후원 기초 조사 연구》, 2022.
국립문화재연구소, 〈북궐도형〉, 2006.
조선총독부, 《조선고적도보》 5, 1917.
조선총독부, 《조선고적도보》 10, 1930.
대통령 경호처, 《청와대와 주변 역사·문화 유산》, 2019.
문화재청(heritage.go.kr).
국사편찬위원회(history.go.kr).

찾아보기

(가)

(사)

(아)

(자)

저자약력

김윤정

서울역사편찬원 전임연구원. 〈고려·원 관계 추이와 복식문화의 변천〉으로 박사학위를 받았다. 〈조선의 冕服: 정치와 외교의 修辭〉, 〈13~14세기 고려 지식인의 시대 인식과 정체성〉, 〈李穀의 사회관계망과 在元 고려인 사회〉, 〈고려의 문화의식과 土風·華風의 관계〉, 〈14세기 고려·원 관계 확장과 고려의 원 복식문화 수용〉 등이 있으며, 저서로는 《고려에서 조선으로》(공저)·《고려의 국가의식과 동아시아》(공저) 등이 있다.

이상배

서울역사편찬원 원장. 〈조선후기 掛書硏究〉로 박사학위를 받았다. 〈고종의 장충단 설립과 역사적 의미〉, 〈삼연 김창흡의 삶과 운곡〉, 〈중근세 동해안의 교통과 삼척〉, 〈구암 한백겸의 삶과 역사 인식〉 등의 논문이 있으며, 저서로는 《조선의 정치와 괘서》, 《한국 중근세 정치사회사》, 《조선시대 서울과 지식인》, 《조선을 읽다, 서울을 느끼다》, 《서울의 하천》, 《서울의 누정》 등이 있다.

한보람

대전대학교 역사문화학전공 강사. 〈고종대 전반기 시무개혁 세력 연구〉로 박사학위를 받았다. 〈고종 친정 주도세력의 개방 정책 추진과 조일수호조규 체결〉, 〈개항 전후 申櫶의 시무개혁론 연구〉, 〈고종대 '時務'의 개념과 그 의미〉, 〈고종정부의 만국박람회 인식과 파견 인물의 성격〉, 〈대원군 집권기 신헌의 정치적 지향과 역할 연구〉 등의 논문이 있으며, 《국역 경무요칙 일보》 등 역서가 있다.

전영욱

동북아역사재단 연구위원. 〈일제시기 制令의 위상과 정치적 역할〉로 박사학위를 받았다. 〈식민지 조선의 制令 연구를 위한 예비적 고찰〉, 〈1920~30년대 '조선적 법치'의 성립과 制令의 역할〉, 〈전시체제기 '식민지' 조선의 위상과 법의 위치〉 등의 논문이 있다. 《질문하는 한국사 4 근대: 근대는 아픈 역사일까?》, 《광화문 앞길 이야기》(공저) 등의 저서가 있다.

류상진

서울역사편찬원 전임연구원. 〈전시체제기 조선 내 석유통제와 배급단체: 서울지역을 중심으로〉, 〈중일전쟁 이후 조선총독부의 대용연료차량 보급 정책과 운용: 차량용 목탄가스·아세틸렌가스발생장치를 중심으로〉 등의 논문이 있으며, 《서울2천년사27: 일제강점기 서울의 항일운동》(공저), 《쉽게 읽는 서울史: 일제강점기 편》(공저) 등의 저서가 있다.

홍석률

성신여자대학교 사학과 교수. 〈1953~61년 統一論議의 전개와 성격〉으로 박사학위를 받았다. 미국 메릴랜드 대학 및 우드로 윌슨 센터 방문연구원 등을 역임하며, 한반도 냉전사를 연구하였다. 《통일문제와 정치·사회적 갈등: 1953–1961》, 《분단의 히스테리: 공개문서로 보는 미중관계와 한반도》, 《민주주의 잔혹사–한국 현대사의 가려진 이름들–》, 《1970년대 UN에서의 UNCURK 해체문제》 등의 저서와 다수의 논문이 있다.

이창현

신라대학교 역사교육과 교수. 〈1960년대 초 피학살자유족회 연구〉로 박사학위를 받았다. 〈제2대 국회와 제4대 국회의 학살사건 처리 비교 연구〉, 〈서울시의 시민아파트 건설과 와우아파트 붕괴 사건 처리〉, 〈전국피학살자유족회의 조직과 활동〉 등의 논문이 있으며, *Koreans in Central Europe: To Yu–ho, Han Hŭng–su, and others*(공저) 등 저서가 있다.

김웅호

서울역사편찬원 전임연구원. 〈조선초기 중앙군 운용 연구〉로 박사학위를 받았다. 〈조선후기 도성중심 방위전략의 정착과 한강변 관리〉, 〈조선 초 도성의 축조와 수도 경계 기능〉, 〈조선 태조대 단묘 건립과 운영〉, 〈조선초기 경군 재편과 '수도방위'〉 등의 논문이 있으며, 저서로는 《조선초기 중앙군 운용 연구》, 《조선시대 서울의 관청》, 《역사 속 행정 개혁과 소통》(공저), 《신보수교집록》(공역서) 등이 있다.

양윤정

서울대학교 통일평화연구원 객원연구원. 〈미국 의회도서관 소장 19세기 후반 한반도 비밀군사지도〉로 박사학위를 받았다. 고지도와 근대지도를 활용하여 〈'조선왕조실록' 홍수 기록의 시·공간적 특성과 대응 양상 분

석: 홍수 리질리언스 사료로서의 가능성 탐색〉, "Resilient cultural heritage through digital cultural heritage cube: Two cases in South Korea", 〈고지도와 시계열 공간정보를 활용한 문화재 리질리언스에 대한 연구〉 등의 논문이 있으며, 저서로는 《고지도와 천문도》(공저), 《규장각 소장 고지도로 조선시대를 살아보다》(공저), 《김대건 신부의 조선전도 연구》(공저) 등이 있다.

박명호

서울역사편찬원 시사편찬과장. 〈신라 중대 지배체제 연구〉로 박사학위를 받았다. 〈신라촌락문서에 보이는 내시령의 성격〉, 〈신문왕의 교서를 통해 본 김군관의 정치적 성격〉, 〈신라 진덕왕대 대사 설치와 그 정치적 의미〉 등의 논문이 있으며, 저서로는 《7세기 신라 정치사의 이해》, 《삼국유사의 세계》(공저), 《한국고대사입문 3》(공저), 《서울의 발굴현장》 등이 있다.

도판출처

쪽	도판명	출처
15	《청구도》〈고려오도양계주현총도〉의 개경과 남경	서울대학교 규장각한국학연구원
17	흥복전지 내 고려시대 유구 출토 명문기와와 청와대 내 출토기와편	문화재청
18	광화문부터 청와대까지의 경사단면도	S-MAP
20	서울 종로구 신영동 유적과 출토된 '承安三年' 명문 기와편	재단법인 수도문물연구원
24	〈계룡산전도〉	국립중앙박물관
27	《광여도》〈도성도〉	서울대학교 규장각한국학연구원
31	김윤겸의 〈백악산〉	국립중앙박물관
32	안중식의 〈백악춘효〉	국립중앙박물관
37	한양도성의 백악 구간	서울특별시 문화본부 문화재관리과
39	정선의 《장동팔경첩》〈청송당〉, 〈독락정〉, 〈대은암〉	국립중앙박물관
45	〈한양도성도〉에 표시된 회맹단	리움
47	정선이 그린 〈선면북단송음도〉	국립중앙박물관
49	《이십일공신회맹록》	한국학중앙연구원 장서각
53	정선이 그린 〈대은암〉	간송미술문화재단
55	정선이 그린 《장동팔경첩》 중 〈대은암〉	국립중앙박물관
57	박지원이 지은 〈대은암창수시서〉	국립중앙도서관
61	칠궁 전경	문화재청 궁능유적본부
68	정선이 그린 〈경복궁도〉	고려대학교 박물관
73	〈수진보작기〉	서울역사박물관
75	〈경복궁도〉	서울역사박물관
80	1920년대(추정) 융문당과 융무당	문화재청
81	〈수선전도〉에 보이는 경무대	연세대학교 박물관
83	오련정 추정 정자	국립중앙박물관
87	이방운의 〈빈풍칠월도〉	국립중앙박물관
89	《동아일보》 1921년 5월 22일자에 실린 경농재	동아일보
90	〈북궐후원도형〉의 경농재	국립문화재연구원
94	'행복한' 안병식	대한민국 신문 아카이브
96	1929년 조선박람회장의 경무대 구역	국립중앙도서관
98	1920년대로 추정되는 경무대 전경	문화재청
98	경무대에서 연습하는 여사꾼	국립중앙도서관

쪽	도판명	출처
100	우가키 가즈시게 총독대리의 문패	대한민국 신문 아카이브
100	야마나시 한조 총독의 문패	대한민국 신문 아카이브
101	용산 총독관저 앞 제초작업	대한민국 신문 아카이브
102	경무대 총독관저에서 짐을 푸는 미나미 총독의 부인	대한민국 신문 아카이브
104	1943년 5월 1일자 《매일신보》에 게재된 조선용재수여식 기사	대한민국 신문 아카이브
104	관저의 논에서 벼를 베는 고이소 총독	대한민국 신문 아카이브
104	방송하는 미나미 총독	대한민국 신문 아카이브
111	광복에 환호하는 시민들	국가기록원
112	신탁 통치에 반대하는 반탁 시위 행렬	국가기록원
113	1948년 8월 15일 정부수립 기념식	국가기록원
115	6·25전쟁 초기 서울을 점령한 북한군	국가기록원
116	경무대 개방으로 몰려드는 인파들	국가기록원
117	이승만 대통령 동상 제막 기념식	국가기록원
120	1950년대 미국으로 부터 들어오는 식량원조를 환영하는 행사	국가기록원
121	이승만 대통령과 함께 하고 있는 곽영주의 모습	국가기록원
127	1960년 이승만 대통령에게 신년 인사를 하는 이기붕 일가	국가기록원
128	4·19 유족들의 시위 모습	국가기록원
129	윤보선 대통령	국가기록원
130	1950년대 경무대 전경	국가기록원
136	북한 124군 특수 부대원들이 휴대한 무기들	국가기록원
137	북한 124군 특수 부대원들의 침투 경로	국가기록원
138	투항한 북한 특수 부대원 김신조	국가기록원
143	푸에블로호	국가기록원
147	청와대 경호실 회의를 주관하는 박종규 경호실장	국가기록원
149	중앙청 출입기자 사격대회	국가기록원
150	1968년 설정된 청와대 경호구역	국가기록원
154	북악 스카이웨이 공사현장을 시찰 중인 김현옥 서울시장	서울기록원
156	남산 2호 터널 기공식	국가기록원
165	경무대를 구경하는 시민들을 맞이한 이승만 대통령과 프란체스카 여사	국가기록원
166	경무대로 들어오는 윤보선 대통령 탑승 차량	국가기록원
168	청와대 관람객들과 어울리는 육영수 여사	국가기록원
170	1965년 울릉도 어린이 청와대 방문	국가기록원
171	1988년 청와대 일반인 개방	e영상역사관
173	1993년 문민정부 출범에 맞춰 개방한 청와대 앞길	국가기록원
174	궁정동 안가를 철거하는 모습	e영상역사관

쪽	도판명	출처
176	김영삼 정보 경내개방 알림문 및 청와대배치도	대통령기록관
177	청와대 경내 길놀이 광경	e영상역사관
188	본관의 중앙계단	문화체육관광부 청와대관리활용추진단
192	대정원에서 거행된 국빈 환영행사	국가기록원
196	1962년 3월 작성된 대통령 접견실 인수인계 목록표	대통령기록관
205	청와대 정문	문화체육관광부 청와대관리활용추진단
209	〈청와대 관람 안내시설 신축〉의 '청와대 배치도'	대통령기록관
216	《해동지도》에 수록된 〈경도〉	서울대학교 규장각한국학연구원
217	〈도성도〉	서울대학교 규장각한국학연구원
219	〈수선전도〉	서울역사박물관
220	〈북궐도형〉	서울대학교 규장각한국학연구원
220	〈북궐후원도형〉	서울대학교 규장각한국학연구원
222	〈경성안내도〉	서울역사박물관
223	〈지번입서울특별시가지도〉	서울역사박물관
224	〈최신서울특별시가지도〉	서울역사박물관
226	2016년 국토지리정보원에서 제작한 〈서울〉	국토지리정보원
227	서울관광지도〉	서울특별시
228	청와대 일대 2D 지도와 3D 지도	스마트서울맵
232	《팔도총도》	서울대학교 규장각한국학연구원
232	《대동여지도》	서울대학교 규장각한국학연구원
233	〈금수강산도〉의 파도 무늬와 유사한 《요계관방지도》의 파도 무늬	서울대학교 규장각한국학연구원
235	천상열차분야지도 각석	국립고궁박물관
237	〈천상열차분야지도〉	서울역사박물관
250	『궁궐지』의 신무문 밖 후원 관련 기록	서울대학교 규장각한국학연구원
251	「북궐도형」에 보이는 후원 건물배치도	국립문화재연구원
255	1930년 발간한 《조선고적도보》 10권에 실린 융무당	국립문화재연구원
256	1930년 발간한 《조선고적도보》 10권에 실린 융문당	국립문화재연구원
261	〈북궐도형〉의 친경전 모습	국립문화재연구원
264	1917년 발간한 《조선고적도보》 5권에 실려있는 석조여래좌상	국립문화재연구원

* 표기하지 않은 도판은 서울역사편찬원 소장이미지입니다.